Ruth Koren
Der kleine Vogel heißt Goral

Ruth Koren

Der kleine Vogel heißt Goral

Eine jüdische Familiengeschichte

Bibliografische Information der Deutschen Nationalbibliothek
Die Deutsche Nationalbibliothek verzeichnet diese Publikation
in der Deutschen Nationalbibliografie; detaillierte bibliografische Daten
sind im Internet über http://dnb.d-nb.de abrufbar.

Originalausgabe
© 2010 Haland & Wirth im Psychosozial-Verlag
Walltorstr. 10, D-35390 Gießen
Fon: 06 41 - 96 99 78 - 18; Fax: 06 41 - 96 99 78 - 19
E-Mail: info@psychosozial-verlag.de
www.psychosozial-verlag.de
Alle Rechte vorbehalten. Kein Teil des Werkes darf in irgendeiner Form
(durch Fotografie, Mikrofilm oder andere Verfahren)
ohne schriftliche Genehmigung des Verlages reproduziert
oder unter Verwendung elektronischer Systeme
verarbeitet, vervielfältigt oder verbreitet werden.
Fachliche Mitarbeit: Elisabeth Vorspohl
Umschlagabbildung: Ruth Korens Eltern,
1945 im Hinterhof des Krankenhauses in Beuthen (Oberschlesien)
Umschlaggestaltung & Satz: Hanspeter Ludwig, Gießen
www.imaginary-art.net
Druck: Majuskel Medienproduktion GmbH, Wetzlar
www.majuskel.de
Printed in Germany
ISBN 978-3-8379-2072-7

*Zur Erinnerung an meinen Vater, Leo Freier,
und meine ermordeten Verwandten,
die ich niemals kennenlernte.*

Für meine Kinder Schira, Arie und Dana

Dank

Ich danke meinen Kindern, ohne deren hartnäckige Fragen nach ihrer Familiengeschichte dieses Buch nie zustande gekommen wäre. Meinen Cousinen Michal, Anat, Hila und Vera danke ich für die Fotos, Dokumente und Briefe, die sie mir zur Verfügung stellten. Ich bedanke mich bei meinem Freund Roman Frister, der mir jederzeit mit Rat und Tat zur Seite stand. Und bei meiner wundervollen, geduldigen Lektorin Elisabeth Vorspohl, die ich durch meine Freundin Minka Pradelski kennenlernte. Frau Gabriele Wilke, der Leiterin der Abteilung der Konzentrationslager des Internationalen Suchdienstes in Bad Arolsen, und den Archivarinnen von Yad Vaschem, der Holocaust-Gedenkstätte in Jerusalem, danke ich für ihre Hilfe bei der Beschaffung von Dokumenten.

Unendlich dankbar bin ich meiner geliebten Mutter, die mir so viele Geschichten erzählte, und meinem Bruder, der das Manuskript gelesen und mir viele wertvolle Ratschläge gegeben hat.

Vorgeschichte

Es ist nicht mein erster Besuch in Yad Vaschem, dem Holocaust-Museum in Jerusalem, doch jedes Mal umfängt mich die Trauer um meine ermordeten Verwandten und die Millionen anderer Menschen, die im Holocaust vernichtet wurden. Der erste Ministerpräsident Israels, David Ben Gurion, sagte einmal in einem Interview: »Für alles, was passiert, gibt es einen Grund.« Mussten sechs Millionen Juden umkommen, damit Theodor Herzls Vision von einem Judenstaat verwirklicht werden konnte? Meine Großeltern, meine Tanten und Onkel wären in Leipzig geblieben, als Kürschner, Altmetallhändler und Dekorateure. Und mein Vater wäre mit Sicherheit Rabbiner geworden. Meine Cousinen und Cousins haben schon Enkel und Urenkel. Vielleicht hätten wir alle in Leipzig gelebt. Welch eine große Familie wären wir gewesen. Ich weine, ich muss jedes Mal weinen, wenn ich aus der großen Glastür des Museums trete, auf das grüne Jerusalem schaue, mich meinen Erinnerungen überlasse und daran denke, wie anders alles gekommen ist.

Mein Vater hat den Holocaust als gequälter, geschundener Mensch überlebt, aber er ist ihm nie entkommen. Er hat seine Beine verloren und seinen Seelenfrieden. Wie sollte er in ein normales Leben zurückfinden? Mein Vater, der mich über alles liebte und mit Zärtlichkeiten überschüttete, konnte sich von einer Minute zur nächsten in ein wild um sich schlagendes Ungeheuer verwandeln. Seine Vergangenheit war zu Hause immer gegenwärtig. Sie hat meine Kindheit begleitet. Viele Jahre später erst verstand ich, dass es Erlebnisse gibt, die den Menschen bis an sein Lebensende nicht mehr loslassen.

Meine eigenen Kinder fragten mich über das Leben ihrer Großeltern und Urgroßeltern aus, und ich versprach ihnen, unsere Familiengeschichte aufzuschreiben. So begann ich zu recherchieren, Fotos zu suchen, Briefe, Urkunden, Erinnerungsstücke. Ich befragte Cousins und Cousinen und konnte mancherlei Material zusammentragen. Ich fühlte mich wie eine Schatzsucherin und gewann ein klareres Bild über mein Dasein, meine Herkunft, meine Familie.

Ich halte die Geburtsurkunde meiner Großmutter Emma Rachel in den Händen, ein Dokument aus starkem, vergilbtem Papier, datiert auf den 24. Juli 1879. Unterzeichnet hat sie Markus Seile, Beamter der jüdischen Gemeinde in Glogow. Ein Eisenbahnbillet von meinem Großvater Hersch und ein Musterungsbescheid, ausgestellt vom österreich-ungarischen Militär. Eine Rechnung auf den Namen meines Großvaters Hersch Freier, Metallgroßhandlung Leipzig C1, über die Summe von 2.252,98 Reichsmark. Sie ist mit dem Datum 10. November 1938 versehen. Die Führungszeugnisse meiner Großeltern, zum Zwecke der Auswanderung nach Palästina, abgestempelt am 23. Januar 1939. Die Aufstellung des Umzugsgutes, das durch die Speditionsfirma Züst und Bachmeier von Leipzig nach Palästina verschifft wurde. Kissen, Decken, Gardinen, Porzellan, Bettwäsche, Tischdecken, ein Grammophon, Gebetbücher, Hausrat mit einem Gesamtgewicht von mehr als 920 Kilogramm. Sämtliche Geburtsurkunden der Familie meines Vaters und die Geburtsurkunde von Adele, seiner Schwester, in deutscher und in hebräischer Ausfertigung. Dazu ein Brief vom Auswanderungsamt in Leipzig von 1939, der die Mitteilung enthält, dass zurzeit keine Möglichkeit bestünde, Adele aus Deutschland herauszubringen. Postkarten aus dem Lager in Belgien von meinem Onkel Max. Hoffnungsvolle Briefe von Tante Anna aus Chemnitz an ihre Eltern in Palästina.

Ich schaue mir die Fotografien der Familie meines Vaters an. Da sitzt meine Oma zwischen ihren Kindern in ihrer Wohnstube. An der Wand im Hintergrund hängt das vergrößerte Bild meiner Urgroßmutter Deborah Rivka, mit Perücke, hochgeschlossenem Kleid und Spitzenjabot. Deborah wurde schon in jungen Jahren Witwe und konnte dank der Initiative ihrer Tochter (meiner Oma Emma Rachel) ein zweites Mal heiraten.

Auf einer Bank sitzen meine Tanten mit ihren Kindern auf dem Schoß. Fröhlich lachen sie in die Kamera. Keiner von ihnen hat überlebt. Meinen Onkeln Max und Schloime ist nur die Erinnerung an sie geblieben.

Ich telefonierte mit dem ITS, dem Internationalen Suchdienst in Bad Arolsen. Die Leiterin der Abteilung der Konzentrationslager, Frau Gabriele Wilke, schickte mir alle noch vorhandenen Unterlagen meiner ermordeten Verwandten: Listen der Deportationen von Berlin und Leipzig nach Riga, Transportlisten von Belgien nach Auschwitz, Buchenwald und Stutthof. Und ich fuhr mit meiner Cousine Michal nach Yad Vaschem, dem Holocaust-Museum in Jerusalem. Dank der Hilfe der Archivarinnen hatten wir binnen vier Stunden sämtliches Material, das wir benötigten, beisammen.

Mein Vater stammte aus einer jüdisch-religiösen, kinderreichen Familie in Leipzig. Er erzählte mir viele Geschichten und Anekdoten aus seiner Kindheit und Jugend, die mit dem Naziregime ein jähes Ende nahm. Er sprach von seinen grausamen Erlebnissen aus den Lagern, Erinnerungen, die ich nicht hören wollte, weil ich zu jung war und sie mich ängstigten. Erst vor zwei Jahren entdeckte mein Bruder einen Aktenordner, in dem unser Vater Rechnungen aufbewahrte, aber auch Briefe von Verwandten und ehemaligen Schulfreunden aus Leipzig, geschrieben in den Fünfzigerjahren. Der Ordner enthielt außerdem einen handschriftlichen Bericht, in dem mein Vater seine Zeit im Lager schildert. Wir hatten nicht gewusst, dass diese Papiere existieren.

Ein Teil meiner Familie väterlicherseits war durch die Jewish Agency nach Palästina gelangt. Die Hälfte der zehn Geschwister meines Vaters und deren Familien wurden in verschiedenen Lagern ermordet. Ich kenne sie nur aus den Erzählungen meiner Tanten und Onkel und aus den Geschichten meiner Großmutter Emma Rachel, die ich kennenlernte, als ich mit fünfzehn Jahren zum ersten Mal nach Israel reiste. Jahre später, als ich bereits selbst in Israel lebte, drängte ich sie immer wieder, mir von ihrer Vergangenheit zu erzählen. Ihre Geschichten sind in meinem Gedächtnis gespeichert.

Sie erzählte mir von Opa Herschale, den ich niemals kennenlernte, denn er starb 1953 in Israel im Kibbuz Sade Nahum. Und voller Schmerz sprach sie von ihren Kindern, Enkelkindern und Schwiegertöchtern, die es nicht geschafft hatten, aus Nazideutschland herauszukommen. Nie konnte sie sich damit abfinden, dass sie 1939 nach Palästina emigrieren konnte und die Hälfte ihrer Kinder umkam.

Meine Mutter ist heute dreiundachtzig Jahre alt. Sie stammt aus einer christlichen Familie in Beuthen, Oberschlesien, dem heutigen Bytom (Polen). Meine Großeltern mütterlicherseits kenne ich nur von Bildern, weil sich nie eine Möglichkeit ergab, sie zu besuchen. Auch viele Briefe von ihnen sind erhalten geblieben. Sie starben kurz nacheinander Anfang der Sechzigerjahre.

Meine Mutter erzählt aus ihrer Kindheit und Jugend, von den Kriegsjahren voller Angst, dem ständigen Hunger, vom Einmarsch der russischen Armee Mitte Januar 1945. Damals war sie neunzehn Jahre alt. Sie arbeitete als Zwangsarbeiterin in einem von den Russen besetzten Krankenhaus und traf dort meinen Vater. Aus dieser Zeit stammen die ersten Fotos meiner Eltern, aufgenommen vor über sechzig Jahren, so auch das Bild auf dem Buchumschlag: Meine Mutter trägt einen hellen Rock und eine geblümte Bluse, sie liegt bäuchlings auf einer Decke im Garten des Hospitals, mein Vater, in Patientenkleidung, neben ihr. Beide sehen sehr glücklich aus. Ein anderes Bild zeigt meine Eltern als Brautpaar. Meine Mutter hält einen Strauß Chrysanthemen im Arm. An ihrer Seite mein Vater in dunklem Anzug, mit Hut.

Auf einem noch älteren Foto sehe ich meinen Vater zusammen mit seiner Mutter an seinem ersten Schultag. Ein ernstes kleines Kindergesicht, eine bunte Zuckertüte.

Mein Vater war vierundzwanzig Jahre alt, als er von der Roten Armee mit vereiterten Beinstümpfen und hohem Fieber aus dem Lager Stutthof (Danzig) befreit wurde. Sie brachten ihn zunächst in ein Lazarett. Im Spätsommer 1945 wurde er in das Krankenhaus in Oberschlesien verlegt, wo er meiner Mutter begegnete. Aus Mitleid entwickelte sich Liebe. Nach seiner Genesung brachte meine Mutter meinen Vater in das Haus ihrer Eltern, die ihn wie einen eigenen Sohn aufnahmen.

Meine Eltern fuhren nach Leipzig, weil mein Vater nach seinen Geschwistern forschen wollte. Meine Mutter sah ihre eigenen Eltern nie wieder. Sie konnte meinen Vater nicht alleinlassen, der an chronischen Druckstellen und Entzündungen der Beinstümpfe litt und im Laufe der

Jahre immer wieder operiert werden musste. Sie wich nie von seiner Seite. Mein Vater starb am 8. April 1969, mit achtundvierzig Jahren, während eines Besuchs in Israel.

Meine Großeltern

Der kaiserliche Grenzbeamte Krüger verleibte sich gerade den dritten Schnaps an diesem Vormittag ein. Er strich über seinen runden Bauch, zwirbelte seinen dichten Schnurrbart und schaute aus dem Fenster seines Holzhäuschens. Da kam jemand des Weges. Krüger setzte sein Monokel vors rechte Auge und erblickte einen schlanken, jungen Mann mit Baskenmütze und einem Rucksack über der Schulter. Er machte vor Krüger halt.
»Einen schönen guten Morgen, junger Mann, Ihre Papiere bitte.«
Der junge Mann antwortete auf jiddisch: »Ich hob keijne Papiere.«
»Name der Eltern?«
»Maan Tatte heijßt Jankl Gross, meijn Mamme heijßt Rachel Freier.«
Krüger dachte bei sich: »Wer soll dieses Gemauschel verstehen?« Er wiederholte: »Ihren Namen bitte!«
»Ich heiß Hersch Gross un bin a freier Mensch.«
Krüger zog ein Formular aus seiner Schublade und fragte: »Wann und wo geboren?«
Krüger schrieb: »Hersch Freier geboren 1878 in Wolczynez Sereth Bukowina.«
Hersch bedankte sich und passierte die deutsche Grenze.

Niemand aus unserer Familie wusste, warum Opa ohne Papiere an den Grenzübergang kam. Entweder wollte er sie aus irgendwelchen Gründen nicht vorzeigen oder er wurde bestohlen.
In Wolczynez, einem Stadtteil von Sereth, wuchs Opa in einer jüdisch-orthodoxen Familie auf. Juden heirateten auf dem Rabbanut, dem jüdisches Ehegericht, und wurden deshalb nicht auf dem Standesamt des städtischen Rathauses eingetragen. Sereth war eine Kleinstadt mit 10.000 Einwohnern, einem Wochenmarkt und zwei Brücken, die über

Land ....

Gemeinde ....

Politischer Bezirk ....

Fortlaufende Zahl ....

Ausland.

K. u. k. Mission / K. u. k. Konsular-amt } in Leipzig.

Landsturmlegitimationsblatt S/T.

Meldung bei der k. u. k. Vertretungsbehörde.

Vor- und Zuname:	Hersch Gross p. Freier		Vor- und Zuname des Vaters:	Jankl
			Vor- und Familienname der Mutter:	Rachel Freier
Geburtsdaten	Jahr:	1878	(Heimatberechtigung) [Zuständigkeit] Gemeinde:	
	Ort:	Wolczynec	Politischer Bezirk (Komitat):	Cz. C.
	Politischer Bezirk (Komitat):	Sereth	Land:	
	Land:	Bukowina	Sprachkenntnisse:	deutsch
Schulbildung:		V Kl.	Lebensberuf, Gewerbe:	Handelsmann
a) Musikkundig: b) des Telegraphierens kundig:			Aufenthaltsort (genaue Adresse):	Leipzig Münzgasse 3/III
Anmerkungen:				

Leipzig, am 23/6 (Datum.) (Unterschrift.)

Amtssiegel der Vertretungsbehörde

Ergebnis der Musterung:

Von der Musterungskommission auszufüllen:		Von der Musterungskommission nicht auszufüllen:
Zum Landsturmdienst mit der Waffe	Körpergröße in cm	Zuteilung
~~geeignet~~ — nicht geeignet.*)	176.	Gemeinsames Heer. — Landwehr.*)

Der Obgenannte hat sonach ~~einzurücken~~ nicht *) einzurücken ... am 23. Juli 1917 beim k. k. Landwehr-Landsturm-Bezirkskommando — k. ung. Landwehrergänzungskommando — k. u. k. Ergänzungsbezirkskommando in ... zu melden.

Leipzig, am 23/6 1917. (Datum.)

(Unterschrift des Vorsitzes der Musterungskommission.)

(Unterschrift des Gemusterten.)

Musterung meines Großvaters Hersch Gross Freier

den gleichnamigen Fluss führten, eine für Fußgänger und Fahrzeuge aller Art, eine andere für die Eisenbahn.

Ich begab mich zum Verband der ehemaligen Bukowiner in Tel Aviv und fand heraus, dass mehrere Personen gleichen Namens in dieser Zeit in der Bukowina lebten. Da die Geschwister meines Vaters alle verstorben sind, kann ich niemanden mehr fragen.

Die Juden in der Bukowina waren treue Anhänger der Monarchie und nahmen an den Kämpfen um die Selbständigkeit aktiv teil. Im Gegenzug genossen sie volle Gleichberechtigung. Im 17. Jahrhundert siedelten sich viele deutsche Bauern und Handwerker in den Ortschaften an. 1861 wurde die Bukowina ein Herzogtum mit eigenem Wappen.

Die sozialen Verhältnisse besserten sich zunehmend, und im Jahre 1867 waren Schankwirtschaft und Handel die Haupteinnahmequelle der jüdischen Bürger. In einem Bericht der zeitgenössischen jüdischen Presse heißt es über das Wirtschaftsleben der Bukowiner Juden, dass diese wohlhabender seien als die Juden in Galizien. Im Laufe der Jahre prosperierte vor allem der Holzhandel.

1880 machten die Juden mehr als zehn Prozent der Gesamtbevölkerung aus. Synagogen, Spitäler und Schulen wurden errichtet. Deutsche Siedler und jiddischsprachige Juden bildeten im 19. Jahrhundert in Sadaroga das Zentrum der religiösen Bewegung des Chassidismus.

Hersch wollte nicht in der Jeschiwa (Talmudschule) lernen. Ihm stand nicht der Sinn danach, Rabbiner zu werden wie sein Vater, der Rebbe Jakob Gross. Hersch wollte arbeiten und eine Existenz aufbauen. Er beschloss, Sereth zu verlassen und in die berühmte Handelsstadt Leipzig zu fahren. Mehrere Jugendfreunde hatten ihm begeisterte Briefe aus den Großstädten geschrieben, die weit bessere Verdienstmöglichkeiten boten als das Schtetl. Hersch reiste also nach Leipzig, besorgte sich einen Handkarren und sammelte, tauschte, kaufte und verkaufte Altmetall. Schnell knüpfte er Verbindungen, schaffte einen Gaul an, spannte ihn vor einen Wagen, fuhr über Land und kaufte Schrott. Es wunderte ihn immer wieder, wie viel die Menschen wegwarfen, obwohl jedes Stück Metall verwertbar war. Er sammelte Töpfe, Pfannen, Nägel, Schrauben, alte Ofenplatten und zerbrochene Speichen. Damit ging er zu Eisenhütten und Schmieden, die ihm den Schrott abkauften, um ihn wieder zu verarbeiten.

Auf dem regen Leipziger Markt konnte er seine Geschäftstüchtigkeit ausleben. Er verließ sich stets auf seinen Spürsinn. Er hatte ein Ziel: ein anständiges jüdisches Mädchen zu finden und eine Familie zu gründen. Dazu brauchte er die nötigen Mittel, denn er wollte seiner Familie das Beste bieten.

Glogow ist eine polnische Stadt in der Woiwodschaft Niederschlesien. Das einstige Herzogtum Glogau erlebte viele Umstürze. 1499 bis 1506 wurde es vom polnischen König Sigismund regiert, während des Dreißigjährigen Krieges um 1632 von den Protestanten erobert und 1642 von den Schweden besetzt. Im 17. Jahrhundert wurde die Stadt von der preußischen Armee eingenommen, 1806 von den Franzosen erobert. Nach kurzer Zeit wurde sie erneut preußisch. In Glogow kam meine Großmutter Emma Rachel im Jahr 1879 als älteste Tochter von Deborah Rivka Schull und Chaim Nadel zur Welt. Nach ihr gebar ihre Mutter zwei weitere Töchter, Helene und Chana.

Oma trug weite Röcke, mehrere übereinander, und bedeckte ihre Schultern mit großen Umschlagtüchern. Die Füße steckten in Schnürstiefeletten. Sie war ein energisches junges Mädchen mit dunklen Augen und schwarzen Haaren, die sie zu einem Knoten band.

Oma erzählte:

Mein Vater war Religionslehrer in der Jeschive (Talmudhochschule) und ein angesehener Mann in der Gemeinde. Er war groß und sehr kräftig und sprach mit dröhnender, weit tragender Stimme. Die Nachbarn pflegten zu sagen: »Zuerst hört man Reb Chaim Nadel, danach erst sieht man ihn.« Er half Mama beim Einkaufen auf dem Markt. »Wie kann ich mein kleines Weibele die schweren Körbe tragen lassen, dazu sind die Männer da. Nur das Kinderkriegen kann ich ihr nicht abnehmen«, lachte er und ließ seine weißen Zähne blitzen. Eines Tages wurde er krank. Kein Arzt konnte ihm helfen. Er wurde von Tag zu Tag schwächer. Die Leute sagten: »Wie ein gefällter Baum liegt er da, der arme Rebbe.« Bei seiner Beerdigung war der Friedhof überfüllt. Alle waren gekommen, um ihm die letzte Ehre zu erweisen. Meine Mama sagte damals: »Ich werde nicht dasitzen und mich bemitleiden, das Leben geht weiter, was auch immer passiert.«

Ein Haushalt kostete Geld: Man brauchte Bohnen, Kartoffeln und ein winziges Stück Fleisch für den wöchentlichen Tscholent,

Mehl und Fett für Brot und die Challes (Hefezöpfe) – drei Kinder wollten satt werden.

Nach der Schiwah (siebentägige Trauerzeit) begann Mama zu arbeiten. Sie bestickte Bettwäsche, Tischdecken und Gardinen. Sie verkaufte sie allein, denn Kontaktpersonen verlangten Prozente. Bald befanden sich Mamas Handarbeiten in vielen Häusern der Stadt, sie markierte jedes Kunstwerk mit einem kleinen »D«, dem Anfangsbuchstaben ihres Vornamens, Deborah. Sie arbeitete schwer, meine kleine Mama. Ich tröstete sie und sagte ihr, sie solle sich keine Sorgen machen, zusammen würden wir es schaffen.

Zum Markt ging man eine halbe Stunde zu Fuß. Ich fragte an jedem Stand und hatte Glück. Der Landwirt Holler suchte eine Arbeitskraft, denn seine Frau war hochschwanger. Jeden Morgen holte er mich mit seinem Pferdewagen ab. Kurz vor Sonnenaufgang hörte ich schon von weitem das bekannte Geräusch der eisernen Räder und das Getrappel der Pferde. Holler sagte: »Sitz auf, Mädel, wir sind spät dran.« Auf der Fahrt konnte ich mich noch ein wenig ausruhen, danach begann die harte Arbeit auf dem Markt. Holler und sein ältester Sohn Otto luden ab, und wir schichteten die Ware auf den Verkaufsstand. Der Bauer war sehr zufrieden mit meiner Arbeit, denn verkaufen konnte ich. Man musste die Ware lächelnd anbieten, um die Kunden zu animieren. Otto stand da wie ein schwerfälliger Holzklotz, und ich verkaufte dreimal so viel wie er.

Von dem, was übrig blieb, durfte ich einen Teil mit nach Hause nehmen. Meine Mutter freute sich und war dankbar. Wir konnten es gut gebrauchen. Nach der Arbeit auf dem Markt half ich Mama bei der Hausarbeit. Obst und Gemüse wurden eingekocht und in den kühlen Kellerräumen gelagert, Brotteig zubereitet und an den Wochenenden Hefezöpfe geflochten. Es wurde gekocht, gebacken, gerieben und gehackt, die Wäsche musste eingeweicht und gewaschen werden. Mein Rücken schmerzte, meine Hände waren wund, und abends fiel ich todmüde ins Bett.

Im Jahre 1896 machte ich mir Gedanken über meine Zukunft. Ich träumte davon, einmal zu heiraten und eine eigene Familie zu gründen. Dazu brauchte man eine Nedunia (Mitgift), und diese wollte ich mir alleine erarbeiten. Ich überlegte tage- und wochenlang und fasste einen Entschluss. Meine Mama kochte gerade das Obst für den Winter ein. Sie stand in unserer kleinen Küche und rührte mit einem langen Holzlöffel in den Töpfen. Ich schaute auf ihren gesenkten Kopf, die sorgfältig frisierte Perücke, sah ihre verbrauchten Hände und wusste nicht, wie sie mein Vorhaben aufnehmen würde.

»Mama, ich habe mich entschlossen, nach Leipzig zu fahren. Dort habe ich viel größere Möglichkeiten, eine Arbeit zu finden und Geld zu sparen. Helene und Chana sind alt genug, dir im Haushalt zu helfen, ich muss an meine Zukunft denken.« Mama erwiderte: »Warum willst du in eine andere Stadt fahren? Du kannst hier genauso gut arbeiten und einen feinen religiösen jungen Mann kennenlernen.« »Mama, ich will keinen Talmid Chacham (Schüler der Talmudschule) heiraten, der den ganzen Tag über den Heiligen Büchern sitzt. Etwa Berl, den Sohn vom Fischhändler Salman Rabinowitz? Er sieht selbst aus wie ein Fisch. Oder den blassen Emil, der so stark schielt, dass ich immer nach hinten schaue, weil ich nie weiß, wen er anguckt? Neben der Synagoge wohnt der Uhrmacher Hannoch, der kein Wort herausbringt. Immer, wenn ich ihm begegne, sperrt er den Mund auf, wird rot wie Borschtsch und klappt ihn wieder zu.«

Da sagte Mama: »Emma, du musst auf die Tugenden schauen, nicht auf das Äußere.« Doch ich gab zurück: »Mama, ich weiß, was ich will und was ich nicht will. Ans Heiraten denke ich noch nicht, und wenn die Zeit kommt, wünsche ich mir einen jüdischen Mann, der arbeitet und eine Familie ernähren kann. Meine Kinder, so Gott will, sollen ebenfalls Berufe erlernen. Man kann arbeiten, ein jüdisches Haus führen und nach den Mitzwot, den jüdischen Gesetzen, leben. Außerdem will ich mich der Umgebung anpassen, in der ich lebe.« Mama nahm mich in ihre Arme und sagte: »Mein kleiner Akschen (Dickkopf), ich hoffe, dass deine Entscheidung die richtige ist.«

Ich gab Mama einen Teil meines gesparten Geldes: »Nimm es, du wirst es brauchen.« Helene und Chana waren sehr traurig, als ich mich von ihnen verabschiedete. Ich tröstete sie: »Seid brav und helft Mama, ich verspreche euch, dass wir uns bald wiedersehen.« Ich packte meine wenigen Sachen zu einem Bündel, kaufte mir ein Eisenbahnbillet und fuhr nach Leipzig.

Meine Großeltern

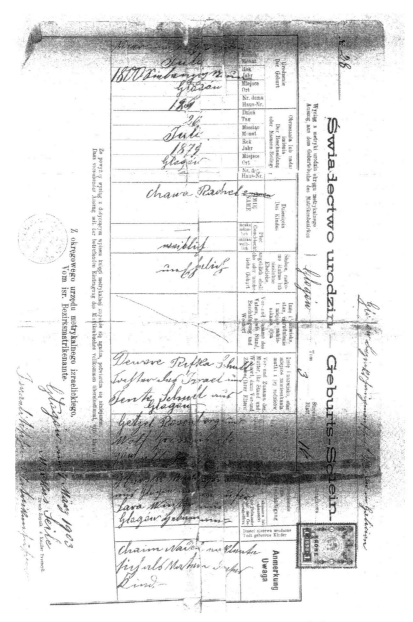

Die Geburtsurkunde meiner Großmutter Emma Rachel, 1879

Meine Urgroßmutter Deborah Rivka

Meine Großeltern

Das Grab meiner Urgroßmutter

Meine kleine, tapfere Oma kam vor über hundert Jahren allein nach Leipzig. Zur damaligen Zeit war so etwas ganz und gar nicht üblich, denn sobald die Töchter aus jüdischen Häusern ins heiratsfähige Alter kamen, wurden sie durch einen Schadchen, einen Heiratsvermittler, an den Mann gebracht. Aber Oma hatte einen starken Charakter und tat nur das, was sie wollte. Aus ihren Erzählungen entnahm ich, dass die infrage kommenden jungen Männer in ihrer Heimatstadt nicht eben zahlreich waren. Vor allem aber entsprachen sie nicht ihrem Geschmack. Oma wusste schon damals, dass sie sich ihren eigenen Weg bahnen musste.

Oma erzählte:

Bei Frau Laufer, einer alleinstehenden Witwe, fand ich Unterkunft. Ihre blassblonden, lockigen Haare versuchte sie mit Spangen zu bändigen, aber die Löckchen lösten sich in alle Richtungen und verliehen ihrem Gesicht ein jugendliches, weiches Aussehen. Doch der Schein trog, sie war einsam und verbittert. Sie verlangte eine Vorauszahlung für drei Monate und erklärte, dass sie keinen Herrenbesuch dulde. Ich beruhigte sie: Ich sei nach Leipzig gekommen, um zu arbeiten.

Ich war neugierig auf die Stadt und machte mich auf den Weg. Ich sah Denkmäler, Caféhäuser, elegante Speiselokale, in denen Stehgeiger aufspielten. Straßenverkäufer boten Würstchen und Zeitungen feil, Droschken fuhren neben Straßenbahnen, die von Pferden gezogen wurden.

Ich kam zum großen Markt und beobachtete die rege Betriebsamkeit. Ich sah Bauernfamilien mit ihren Pferdewagen, elegante Damen mit Sonnenschirmen in Begleitung ihrer Haushälterinnen, die gefüllte Körbe trugen, laut schreiende Verkäufer, die ihre Ware anboten, und arbeitende Kinder. Hier gab es viele Möglichkeiten, Geld zu verdienen. Ich suchte die jüdische Gemeinde auf und fand Händler, die mir Arbeit verschafften. Ich arbeitete schwer und sparte jeden Taler. Nach einem knappen Jahr kaufte ich einen Leiterwagen und eröffnete meinen eigenen Stand. Frau Laufer bedachte mich nun mit respektvollen Blicken und erhöhte mir nicht die monatliche Miete, trotz steigender Preise.

Hersch Freier war ein stattlicher Mann. Seine aschblonden widerspenstigen Haare bändigte er jeden Morgen mit einer duftenden Haarcreme.

Meine Großeltern in Karlsbad

Und für seinen dichten Schnurrbart hatte er in seiner Jackentasche immer ein kleines Bürstchen parat. Er achtete auf sein Äußeres, denn Kunden sahen nicht nur auf die Ware, sondern auch auf den Menschen, der sie ihnen verkaufte.

Eines Tages geriet ihm ein junges Mädchen in den Blick, das unweit von seinem Stand Geschäfte abwickelte. Er schaute auf die kleine, temperamentvolle junge Dame und bewunderte ihre Geschäftstüchtigkeit. Mit Charme und Geschick bot sie ihre Ware an, und viele Kunden verließen schwer beladen ihren Stand. Dieses Mädchen fesselte seine Aufmerksamkeit. Er wartete auf die passende Gelegenheit, und diese ergab sich sehr bald. Herumtollende Kinder stießen an eine Obstkiste. Die Früchte rollten in alle Richtungen. Hersch war sofort zur Stelle. Er sammelte das Obst vom Boden auf und stellte die Kiste an ihren Platz zurück. Emma Rachel bedankte sich lächelnd und hielt ihm einen Apfel hin. Hersch verbeugte sich: »Darf ich mich vorstellen, mein Name ist Hersch Freier. Ich möchte keinen Apfel, und ich bitte darum, Sie näher kennenzulernen.«

Er verwickelte sie in Gespräche, und sie erzählte ihm von ihrer Heimatstadt, ihrem Vater, der so jung gestorben war, und ihrer Pflicht, ihre Familie zu unterstützen. Um die Jahrhundertwende war es so weit. Emmas Mutter und ihre Schwestern zogen nach Leipzig. Nun suchte Emma einen Schadchen auf, denn ihre Mutter war zu jung, um alleine zu bleiben. Außerdem musste ein Ernährer ins Haus. Der Heiratsvermittler war erfolgreich, er fand einen Witwer namens Aron Wachsmann, und Deborah Schull heiratete ein zweites Mal. Jetzt konnte Emma an sich selbst denken, zumal jener charmante junge Mann, den sie auf dem Markt kennengelernt hatte, schon lange um ihre Hand anhielt. Oma und Opa heirateten zuerst auf dem Leipziger Rabbanut (dem Ehegericht der jüdischen Gemeinde) und danach auf dem Leipziger Standesamt. Sie mieteten eine kleine Wohnung, und binnen Kürze war Oma schwanger.

Oma erzählte:

Gott hatte mir den Weg gewiesen und mir einen arbeitsamen jüdischen Mann beschert, Jeden Tag dankte ich ihm dafür. Herschale war aufmerksam und gütig, ich liebte und bewunderte ihn. Ich wurde jedes Jahr schwanger und gebar elf gesunde Kinder: Jetti, Max, Sara, Anna, Heinrich, Elias, Nathan, Adele, Mosche, Leo und Isidor. Als ich Herschale unser erstes Baby, Jetti, in den Arm legte, sagte er: »So klein und verschrumpelt, muss das so sein?« Ich lachte und beruhigte ihn: »So sehen alle Babys aus.« Er stand oft vor dem Körbchen, schaute seine Tochter an und sah mit Freude, wie sie wuchs und gedieh. »Es is a Ness, a Ness (Wunder)«, sagte er immer wieder.

Weil die Familie so schnell größer wurde, gestaltete sich die Wohnungssuche schwierig. Kein Hausbesitzer wollte es mit so vielen Kindern aufnehmen. Wir begriffen, dass die Wahrheit nicht immer angebracht war, und verheimlichten einige Kinder, die sich dann erst spät abends nach Hause schlichen.

Mein Herschale, der aus dem Schrotthandel ein einträgliches Geschäft gemacht hatte, tauschte zuerst den Schubkarren gegen einen Pferdewagen ein und legte sich später sogar einen Lastwagen mit Anhänger zu. Seine Ware verkaufte er an Eisenwerke, in denen die Metalle zu Guss und Schmiedestahl verarbeitet wurden.

Ich saß in meiner gemütlichen Küche und wärmte mir den Rücken an den Ofenkacheln. Das Mittagessen köchelte sacht vor sich hin. Meine Familie liebte die Suppe aus dicken weißen Bohnen, in der Fleischstückchen und breite Lokschen (Nudeln) schwammen. Stolz schaute ich auf meine Kinder, die sich rund um den Tisch versammelt hatten. Ich bentschte (segnete) sie bei jeder Gelegenheit. »Meine guten Kinder, möge sie der Ewige beschützen und vor allem Bösen bewahren!« Ich wünschte mir, dass sie zu anständigen, pflichtbewussten Menschen heranwachsen, Familien gründen und mit ihren Ehepartnern glücklich werden würden, so wie ich mit meinem Herschale, der so gütig und fürsorglich war, mich verwöhnte, umwarb und beschenkte. Als er damals um meine Hand anhielt, wusste ich, dass ich es niemals bereuen würde. Simches, Naches (Feste und Vergnügen) und Gesundheit, was kann man mehr vom Leben verlangen!

Im Nebenhaus wohnte Familie Eberhard mit ihren fünf Kindern. Jede Nacht kam der Mann aus irgendeiner Spelunke todschicker (stockbetrunken) nach Hause und verprügelte seine Frau. Schrecklich, diese Zustände, dieser grobschlächtige, rotbackige Trampel. Niemals grüßte er die Nachbarn, die armen Kinder taten mir leid, und die Frau war immer bedrückt nebbich (bemitleidenswert).

Im Sommer 1914 saßen wir in den Abendstunden in unserer Wohnstube. Ich stopfte Strümpfe, Herschale schmauchte seine Pfeife und sagte: »Der Mord am ungarisch-österreichischen Thronfolger Ferdinand und seiner Frau Sophie in Sarajewo wird sehr ernste Folgen haben. Und da das Deutsche Kaiserreich mit Österreich-Ungarn verbündet ist, wird es sich an dem Krieg gegen Serbien beteiligen. Russland hat seine Armee mobilisiert und steht auf der Seite Serbiens. Ich betrachte es als meine Pflicht, dem Kaiserreich zu dienen.«

Im Schlafzimmer begann Nathan – er war gerade ein Jahr alt – zu weinen. Ich hob ihn aus seinem Bettchen und gab ihm die Brust. Herschale schaute liebevoll zu und sagte: »Es soll dir und den Kindern an nichts fehlen, sorge dich nicht.«

Er fuhr in die Dörfer und kehrte jeden Tag mit haltbaren Lebensmitteln nach Hause zurück. Wir begannen, Mehl, Kartoffeln und Hülsenfrüchte zu horten. Ebenso Holz und Kohle. Am 1. August 1914 brach der Erste Weltkrieg aus, und die Männer marschierten unter großem Jubel der Bevölkerung aus der Stadt. Ihre Gewehre waren mit Blumen geschmückt, und ihren Gesichtern war die Kampfbereitschaft abzulesen.

Ich verstand nicht, wie sich Menschen freuen konnten, wenn ihre Männer und Söhne in den Krieg ziehen mussten. Herschale war überzeugt, dass es nur zu einem kurzen Kampf kommen würde. Er rückte zum Landessturmdienst ein. Viele Juden meldeten sich freiwillig, um endlich eine Anerkennung und Gleichberechtigung in Deutschland zu erhalten. Ich hatte sieben kleine Kinder und machte mir Sorgen um die Zukunft. Ich dachte an meine Mama, die immer sagte: »Unser Glaube an Gott stärkt uns und lenkt alles in die richtige Bahn. Das Leben geht weiter, was auch immer passiert.«

Meine Mama hatte es schwer, aber sie nahm ihr Leben in die Hand und zog uns ohne jegliche Hilfe groß. Sie war mein Vorbild. Ich ging zum Markt, kaufte Stoffreste und nähte in den Abendstunden, wenn die Kleinen schliefen, Kinderkleider und Hemden, die ich auf dem Markt und später auch von Tür zu Tür verkaufte. Es war nicht leicht, doch meine Kinder wurden satt.

1917 kam Herschale aus dem Krieg zurück. Er war vom Landsturmlegitimationsamt mit dem Stempel des österreich-ungarischen Konsulats als nicht geeignet entlassen worden, nachdem er sich eine Fußverletzung zugezogen hatte. Ich war glücklich, meinen Mann zu Hause zu haben! Die Kinder hatten ihren Vater wieder, und ich brauchte keine Schmattes (Kleidung, Lumpen) mehr zu verkaufen.

1918 war der Erste Weltkrieg zu Ende. Er hat weltweit neun Millionen Menschenleben gekostet.

Für Deutschland war der verlorene Krieg eine demütigende Niederlage. Das Volk war zermürbt und demoralisiert und brach unter dem Gewicht der Reparaturleistungen zusammen. Die Menschen hungerten, hamsterten, tauschten und schworen: »Nie wieder Krieg.« Damals ahnte niemand, dass ein zweiter zerstörender Weltkrieg folgen wurde.

Der letzte deutsche Kaiser, Wilhelm II., floh. Die erste deutsche Republik wurde ausgerufen. Friedrich Ebert, ein Mann, der Zuverlässigkeit und Pflichterfüllung verkörperte, wurde Reichspräsident, angegriffen von Rechten und Linken, von radikalen Parteien und Splittergruppen. Eine Welle von politischen Morden und Demonstrationen überflutete Deutschland. Das Volk war verwirrt, enttäuscht und unschlüssig. Man suchte einen Schuldigen. Der Antisemitismus lebte wieder auf.

Oma erzählte:

Eurer Opa versuchte, mich zu beruhigen: »Unsere Eltern haben schon schlimmere Zeiten erlebt, sorge dich nicht, die wirtschaftliche Lage wird sich wieder normalisieren, und sie werden uns Juden in Ruhe lassen.«

1922 folgte die Hyperinflation, unser Geld war nichts mehr wert. Die Preise der Lebensmittel stiegen von Tausenden Rentenmark in die Millionen. Die Banken ließen wertlose Noten verbrennen oder zu Pappe verarbeiten. Und die Menschen verwerteten sie als Heizmaterial. Herschale verdiente wenig in dieser Zeit, aber zu essen hatten wir immer, denn er fuhr in die Dörfer und tauschte Altmetall gegen Lebensmittel.

1924 trat die Wende ein. Die Rentenmark wurde durch die Reichsmark ersetzt. Herschale kaufte ein altes Lager, dort wurde der Schrott sortiert und aufbewahrt. Er verkaufte viel Ware an die

Metallgroßhandlung M. Broder & Söhne, mit deren Familie wir eine jahrelange Freundschaft pflegten. In den darauf folgenden Jahren ging es langsam aufwärts, wir zogen in eine größere Wohnung, denn ich war jedes Jahr schwanger. Herschale erstand einige antike Möbelstücke, auf die wir sehr stolz waren. Sorgen aber bereitete uns unsere älteste Tochter Jetti. Sie war schon als Kleinkind kränklich und launisch. Sie stritt sich mit ihren Geschwistern, wenn die nicht ihre Meinung teilten, denn Jetti wollte grundsätzlich Recht behalten. Nach tränenreichen Ausbrüchen lenkten alle ein, bis zum nächsten Mal. Herschale war der Ansicht, es würde sich schon auswachsen.

Nach ihrem Schulabschluss arbeitete Jetti als Buchhalterin, sie führte ihre Arbeit gewissenhaft und ordentlich aus, und ihr Chef war hochzufrieden. Als sie ihr achtzehntes Lebensjahr erreichte, suchte ich einen Heiratsvermittler auf. Ich gab ihm den Auftrag, einen feinen und besonders geduldigen jungen Mann auszuwählen, denn dieses schwierige Kind würde sich erst entfalten, wenn es einen guten Mann bekäme. Der Schadchen, Herr Wasserstein, fand nach gründlicher Suche den aus Berlin stammenden Szysza Siegmund Haar.

Wir beobachteten Jetti und waren zufrieden. Unsere Tochter fand Gefallen an dem ruhigen, zurückhaltenden Siegmund. Sie kaufte sich neue Kleider, neue Schuhe, war guter Laune und summte zufrieden vor sich hin. Die Liebe hatte sie verwandelt. Nach zwei Monaten sagte Jetti: »Mama, du kannst Herrn Wasserstein ausrichten, dass er gut gewählt hat.« Dies geschah im Jahre 1922, und ich war mit meinem letzten Kind Isidor schwanger. Bei der Verlobungsfeier sagte Jetti laut vor allen Gästen: »Jetzt ist es aber genug, Mama, elf Kinder reichen.« Wahrscheinlich war es ihr unangenehm, mit ihrer hochschwangeren Mutter unter der Chuppe (Baldachin) zu stehen.

Alle Kinder hatten Pflichten zu erfüllen. Meine Jungens machten Einkäufe, erledigten Reparaturen und passten auf die jüngeren Geschwister auf. Die Mädels halfen im Haushalt, machten Schulaufgaben mit den Jüngeren, nähten und stickten für die Nedunia (Mitgift).

Unsere Nachbarin, Trude Weiß, half mir, die Berge von Wäsche zu waschen, und war als Geburtshelferin zur Stelle, denn alle Kinder wurden zu Hause geboren. Sie war unentbehrlich. Unter der Woche war Hersch viel unterwegs, und ich war sozusagen der Herr im Haus. Meine Kinder hatten zu parieren, ich duldete keine Widerrede. Um meine Taille trug ich einen Gürtel, an dem Schlüssel und Geld befestigt waren, sonst hätte ich den ganzen Tag danach suchen müssen. Wir lebten in einer geräumigen Wohnung. Der Salon war mit einem weinroten, gemusterten Teppich ausgelegt, und in dem wuchtigen Schrank mit geschnitzten Ziererein bewahrte ich das Geschirr auf. Silberleuchter und Gebetbücher standen auf der oberen Ablage, den massiven Esstisch umstellten braune Stühle.

In den Abendstunden verwandelte sich unsere ganze Wohnung in einen Schlafsaal. In der großen Wohnküche stand der Ofen, auf dem ich kochte, briet und buk. Unser Haus war immer voll, meine Schwestern kamen mit ihren Familien, die Kinder brachten Schulkameraden mit, und in den Abendstunden besuchten uns Freunde. Mein Mann trank nie mehr als ein Glas Wein an unseren Freitagabenden. Er war arbeitsam, treu und ein Familienmensch, aber einmal wurde er von einem Nachbarn zu einem nächtlichen Streifzug verführt. Ich wartete zornig und besorgt zugleich am Fenster. Als ich die beiden zu später Stunde, leicht angetrunken, erblickte, ergriff ich wutentbrannt den vollen Nachttopf und entleerte ihn über ihren Köpfen. Fortan verzichtete mein Herschale auf nächtliche Ausflüge.

Oma erzählte mir immer wieder ihre Geschichten von ihrem geliebten Mann. Sie lächelte und sagte:
Ich hatte einen sehr heißblütigen Mann, und nicht immer war ich bereit für glühende Liebesnächte, die regelmäßig zu einer Schwangerschaft führten. Denn das Judentum schreibt Enthaltsamkeit an den unreinen Tagen der Frau vor. Nach deren Beendung begeben sich die religiösen Frauen in die Mikwa (das rituelle Tauchbad), und danach ist die Empfangsbereitschaft der Frau am größten, gemäß dem Vers in der Genesis: »Seid fruchtbar, und vermehret Euch.«

Ich liebte meinen Mann, aber manchmal war mein Körper müde. Dann fragte mich mein Herschale feierlich: »Soll ich zu einer anderen Frau gehen?« Konnte ich das als religiöse Frau zulassen? Ich war sehr stolz auf meinen Mann und auf meine Kinder.

Zweimal im Jahr fuhr ich mit meinem Herschale zur Kur nach Karlsbad oder Bad Wildungen, beide Orte waren wegen ihrer Heilquellen berühmt. Wir wohnten im Kurhotel, nahmen Bäder und ließen uns massieren. In den dichten Wäldern machten wir ausgedehnte Spaziergänge und genossen die frische Luft. An den Nachmittagen trafen wir uns mit Bekannten im Café des Kurhauses. Viele Gäste kannten wir schon von früheren Aufenthalten, doch wir knüpften auch neue Bekanntschaften an. Derweil lief zu Hause alles wie am Schnürchen, denn auf meine Töchter konnte ich mich verlassen.

Meine Schwestern Helene und Chana waren verheiratet, Helene gebar vier Kinder: Hermann, Joachim, Heini und Ruth. Chana hatte fünf Kinder: Charlotte, Pepi, Hanni, Max und Siegmund. Sie besuchten uns häufig, und immer war Leben im Haus. Wir hatten jüdische und christliche Gesellschaft. Die verwitwete Else Pabst war meine beste und treuste Freundin. Wir besuchten uns gegenseitig, gingen ab und zu in den Parks spazieren und tauschten Rezepte aus. Else liebte meine Gerichte, aber sie verstand niemals, wie man ohne Speck kochen oder braten konnte. Ich erklärte ihr die Gesetze der koscheren Küche. Else beneidete mich um meine vielen Kinder. Ihr einziger Sohn, Alfred, und mein Max wurden gute Freunde.

Eigentlich lebte ich nur für meinen Mann und meine Kinder, sie waren mein Lebensinhalt. Meine guten Kinder! An den Freitagabenden saßen wir zusammen, und jeder hatte etwas zu erzählen. Heini sagte jedes Mal: »Mama, so gut wie heute war das Essen noch nie!« Elias knuffte ihn in die Seite und meinte: »Sag mal was anderes.«

Heini und Elias waren immer zusammen, sie lernten gemeinsam und arbeiteten später in derselben Kürschnerei. Sie wirkten wie eineiige Zwillinge. Nathan, mein schöner impulsiver Junge mit den schwarzen, glühenden Augen, wollte über nichts als Politik reden. Manchmal machte ich mir Sorgen, denn was er sagte, klang so überzeugend. Max, mein Ältester, war schon von klein auf ein sehr ernsthafter Junge. Er entwickelte sich immer mehr zum zweiten Familienoberhaupt. Herschale machte ihn schon sehr früh zum Geschäftsführer und konnte sich fortan mit ruhigem Gewissen auf seine Reisen in andere Städte begeben. Das Geschäft lief so gut, dass Herschale einen zweiten Lastwagen kaufte.

Max war groß, blond und kräftig. Er war ein leidenschaftlicher Boxer, und die Mädchen liefen ihm buchstäblich hinterher. Als aufmerksame Mutter konnte ich oft beobachten, wie die jungen Damen vor unserem Haus hin- und herflanierten! Max rasierte sich, zog sich schick an und lief polternd die Treppe hinunter. Er verschwand und kehrte Stunden später fröhlich pfeifend heim. Er war eben ein Frauenliebling, und da wir uns eine jüdische Schwiegertochter wünschten, musste Herr Wasserstein bald wieder in Aktion treten.

Mosche war mein Sportsjunge, er nahm an Wettbewerben im Schnelllauf teil. Außerdem war er Mitglied der jüdischen Jugendorganisation HABONIM und bei all ihren Veranstaltungen und Aktivitäten zugegen. Er war ein ernstes Kind, korrekt, verantwortlich und ehrlich. Ich wusste von seinem Geheimnis: An den Sonntagen schlich er sich heimlich in die Sankt Thomas Kirche, um dem Kinderchor zu lauschen. Wenn das mein Herschale gewusst hätte!

Meine gutmütige Sally war immer fröhlich und überall beliebt. Sie half bei der nie endenden Stopf- und Flickarbeit, denn sie liebte Handarbeiten. Sally war ein hübsches, früh entwickeltes Mädchen, und viele junge Männer schauten ihr hinterher. Sie machte ihre Lehre in dem Leipziger Hutsalon »Josefine Schmidt«, in dem sie insgesamt elf Jahre lang arbeitete.

Um Adele sorgte ich mich. Sie war mollig und groß für ihr Alter, aber der äußere Schein trog. Sie war sehr krankheitsanfällig. Wenn sich die übrigen Kinder erkälteten, bekam sie sofort eine starke Grippe. Unser Hausarzt sagte: »Frau Freier, das Mädel ist eben empfindlicher als andere Kinder, ansonsten ist es kerngesund.« Das Lernen fiel ihr schwer, sie war übersensibel, hilflos und unentschlossen. Sie war mein Sorgenkind, doch ich war zuversichtlich, dass wir einen passenden jungen Mann für sie finden würden. Sie hing an Anna wie eine Klette. Anna war ihre Ratgeberin und Vertraute, sie wusch und bügelte ihre Wäsche und sagte zu ihr: »Anna, ich will so sein wie du, schlank und von Kopf bis Fuß Dame.« Anna küsste und umarmte sie: »Du bist ein süßes Pummelchen, bleib so, wie du bist, und versuch niemals, einen anderen Menschen zu kopieren.«

Anna war ganz aus der Art geschlagen, sie war die geborene Lady, legte viel Wert auf ihr Äußeres und wurde von allen Geschwistern neidlos bewundert. Jahrelang arbeitete sie als Abteilungsleiterin in einem Warenhaus, wo man sie sehr schätzte.

Mitte der Zwanzigerjahre hörten wir zum ersten Mal den Namen Adolf Hitler. Kämpfe zwischen Braunen und Roten, Inflation und Streiks waren an der Tagesordnung. Wir verstanden nicht, wie die Massen einem Menschen so zujubeln konnten. Herschale sagte über ihn: »Ein neuer Koppdreher, der wird bald wieder abgesetzt.«

Doch Hitler erkannte seine Chance. In seinen Hetzreden bezeichnete er die Juden als Blutsauger und Verschwörer. Er hatte einen Sündenbock für die wirtschaftliche Misere gefunden und schürte den Antisemitismus. Die Weltwirtschaftskrise, die mit dem New Yorker Börsenkrach im November 1929 begonnen hatte, gab ihm Auftrieb. Schreiend und geifernd brachte er sein Publikum gegen Juden und Marxisten auf und nahm seine Zuhörer für sich ein. In aller Öffentlichkeit wurden Juden belästigt und gedemütigt. Große Bevölkerungsteile standen hinter Hitler, betrachteten ihn als einen der ihren, als Mann aus dem Volk, als Arbeiter. Sein Fanatismus imponierte und schüchterte ein. Die Deutschen hatten einen starken Mann, einen Führer, gefunden. Sie folgten ihm auf dem Weg in den Zweiten Weltkrieg, der fünfundfünfzig Millionen Menschen das Leben kostete.

Oma erzählte:

Anna war ins heiratsfähige Alter gekommen, und Herr Wasserstein sprach wieder einmal in der Münzgasse vor. »Schulem Aleichem (Friede sei mit euch)«, sagte er und ließ sich, unter seinem Gewicht ächzend, in einen Sessel plumpsen. »Ich war heute schon in der Nordstraße«, berichtete er. »Es gibt viel Arbeit. Glauben Sie mir, Frau Freier, mein Beruf ist nicht so leicht, wie man denkt. Es erfordert viel Menschenkenntnis, um einen geeigneten Schidduch zu finden, denn er soll ja ein Leben lang halten.«

Er lobte den Mohnstollen in höchsten Tönen und kippte zwei Gläser Brandy hinterher. »Wo ist die Kallemoid (heiratsfähiges Mädchen)?«, fragte er. Anna trat in die Wohnstube, und Wasserstein war sichtlich beeindruckt. »So ein elegantes Mädel braucht einen feinen Chussen (Bräutigam)! Einen Herrn, einen Mann von Welt mit guten Manieren und einer anständigen Parnusse (Einkommen). Ich werde mich bald bei Ihnen melden.« Er machte sich eilig davon, denn mit jedem gelungenen Schidduch wartete sein Honorar.

Nach einer Woche kehrte er mit der Fotografie eines jungen Mannes zurück. Herschale schaute auf das Foto und sagte: »Er macht einen guten Eindruck, a scheiner Jink (schöner Junge).« Herr Wasserstein meinte: »Es gibt einige passable Männer, die für Ihre Tochter infrage kommen. Aber er«, und er deutete auf das Foto, »scheint mir am geeignetsten. Ich kenne die Familie, und der junge Mann zeigt großes Interesse. Vergessen Sie nicht, dass ich ein erfahrener Mann auf meinem Gebiet bin.« Ich sagte: »Die Entscheidung liegt bei meiner Tochter, sie weiß am besten, was zu ihr passt. Gott wird helfen, dass sie die richtige Wahl trifft.«

Anna war fünfundzwanzig Jahre alt, als sie dem aus Chemnitz stammenden Salomon Glicksmann begegnete. Er besaß eine gut gehende Schneiderwerkstatt, und sein Name war über die Grenzen von Chemnitz hinaus bekannt. Er war ein Kavalier der alten Schule und umwarb Anna, bis sie seinem Charme erlag.

Bei ihrem ersten Treffen sagte er: »Ich hoffe, es stört Sie nicht, dass ich etwas kleiner bin als Sie.« Anna lächelte: »Ich bin eine Frau, die Wert auf Charakter legt, außerdem sind Sie ein gut aussehender Mann.« Anna gestand ihm später: »Mein Herz klopfte ganz stark, als ich dich zum ersten Mal sah.«

Kurz darauf wurde der Hochzeitstermin festgelegt. Auf dem Hochzeitsfoto sitzt das Paar umringt von vielen Gästen, die Männer tragen schwarze Zylinder. Annas Brautkleid ist aus schlichtem weißen Satin, mit gerafften Ärmeln, selbstverständlich von Schloime entworfen.

Es war eine schöne Hochzeitsfeier, von der die Familie noch lange erzählte. Anna nannte ihn Salo, und für die übrige Familie war er Schloime. Adele vergoss Tränen, als Anna zu ihrem Salo nach Chemnitz zog, aber die Jungvermählten wurden sehr glücklich miteinander. Oma erzählte:

Wir waren hochzufrieden mit unserem Schwiegersohn. Schloime war ein feiner junger Mann und stammte aus einer guten Familie. Er würde unsere Anna zweifellos auf Händen tragen und ihr ein sorgenfreies Leben bereiten.

Anna, die Schwester meines Vaters, mit ihrem Mann Salomon Glicksmann

Meine Kinder waren grundverschieden, aber alle waren herzensgut. Leo war ein schüchterner Junge, der zwar gerne Fußball spielte, aber am liebsten bei mir in der Küche saß. »Mama, ich will dir helfen«, sagte er. In Wirklichkeit wollte er naschen, er war immer dünn und sah aus, als bekäme er nichts zu essen. Sein größter Wunsch war es, in einer Jeschiwa (Talmudhochschule) zu lernen und Rabbiner zu werden. »Mama, wenn ich die Thorarollen berühre, fühle ich mich so nah zu Gott.« Ich antwortete ihm: »Es wäre schön, einen Rabbiner in der Familie zu haben.«

Ich kam aus einer religiösen Familie und wollte meine Kinder zu gläubigen Juden erziehen. Deshalb wählten wir eine Wohnung in der Nähe der Synagoge, damit wir diese am Schabbat zu Fuß erreichen konnten. Ich führte einen streng koscheren Haushalt, und am Pessach aßen wir nur Mazzot und kein Brot. Aber äußerlich wollten wir uns der Umgebung anpassen, damit man uns akzeptierte.

Isi, mein Kleinster, hatte meine dunklen Farben geerbt. Er war frech und wild. Mit seinem Ball rannte er die Treppen rauf und runter und war eigentlich kaum zu Hause. Als er sein neuntes Lebensjahr erreichte, schlugen seine Interessen in eine andere Richtung um. Er entwickelte eine Leidenschaft für Musik, lernte Geige spielen und übte stundenlang mit großer Ausdauer. Es schien, als wolle er ein großer Künstler werden. Seine Musiklehrerin empfahl ihn einem Musiklehrer höheren Ranges, und als er im Leipziger Gewandhaus auftreten durfte, war er der Stolz der ganzen Familie.

Hitler kommt an die Macht

Bei den Wahlen im November 1932 wurde die NSDAP stärkste Partei, und 1933 wurde Adolf Hitler von Hindenburg zum Reichskanzler ernannt.

Oma erzählte:

Damals nahmen wir die neuesten Ereignisse mit gemischten Gefühlen auf. Aber als der erste Boykott gegen die jüdische Bevölkerung stattfand, waren wir entsetzt. Die SA-Truppen grölten in den Straßen, drangen in Wohnhäuser ein, verprügelten jüdische Bürger und zerschlugen die Fensterscheiben ihrer Geschäfte. Dennoch weigerten wir uns, der Wahrheit ins Auge zu sehen. Wir glaubten nicht, dass sich Hitler an der Regierung halten könne. Wir verfolgten die politischen Ereignisse mit Interesse und Spannung. Die Ereignisse überstürzten sich so schnell, dass niemand ahnte, welch ein gefährlicher Wahnsinn sich bereits eingenistet hatte.

Herschale kam eines Tages nach Hause und sagte: »Heute waren Gesandte von der Zionistischen Organisation bei mir und schlugen mir vor, nach Palästina auszuwandern. Das ganze Unternehmen nennt sich Haawara (Umsiedlung). Man darf einen gewissen Geldbetrag und Waren mitnehmen, und die Finanzen werden durch jüdische und deutsche Treuhandgesellschaften geregelt. Damit werden zwei Interessen verfolgt. Deutschland will die Juden loswerden, und Palästina ist an jüdischen Einwanderern interessiert.« Herschale fuhr fort: »Wir haben uns im Laufe der Jahre eine Existenz aufgebaut, und ich bin nicht bereit, in Palästina von vorne zu beginnen. Wer weiß, ob es dort Arbeit in meinem Bereich gibt. Treuhandgesellschaften? Wer kennt sie? Kann man der Sache trauen? Antisemitismus habe ich schon in meiner Heimatstadt erlebt, ebenso wie unsere Eltern, das ist für uns nichts Neues. Ich bin sicher, dass es sich sehr schnell wieder ändern wird.«

Etwa 20.000 Menschen verdankten dem Haawara-Abkommen ihr Leben. Die Nazis wurden die unerwünschten Juden los, und außerdem unterliefen sie den Wirtschaftsboykott, zu dem jüdische Organisationen im Ausland aufgerufen hatten.

Oma erzählte:

Bei unseren Familientreffen wurde heftig diskutiert, denn Meinungen und Standpunkte lagen weit auseinander. Heini und Elias meinten, dass die Hetze gegen Juden nicht von Dauer sein könnte. Sie waren in Deutschland geboren und galten als Deutsche. Nathan wurde laut und sagte, dass es nicht um Deutsche oder Nichtdeutsche gehe, sondern um Rasse. Er verstehe diese Regierung überhaupt nicht mehr. Eine ganze Nation sei von diesem Wahnsinn besessen, schon gebe es Nachbarn, die nicht mehr grüßten. Er habe sich innerlich von seiner Heimat bereits abgenabelt, so weh es auch täte, er sei nicht gewillt, zu warten, bis es ihm an den Kragen ginge, er wolle Deutschland verlassen. Er sagte: »Wir Juden müssen uns darüber im Klaren sein, dass wir hier nicht mehr erwünscht sind.« Heini konterte: »Natürlich gibt es viele Spekulationen, aber wegzulaufen, ein europäisches Land zu verlassen, um einen heißen, öden Orient fruchtbar zu machen, nein. Mit einer solch schwerwiegenden Entscheidung kann man wirklich noch warten.«

Nathan fuhr nach Frankreich und fand Arbeit in seinem Beruf als Dekorateur. Er schrieb in seinen Briefen, dass sich die gesamte Familie Gedanken über ihre Zukunft machen solle, denn er höre von beängstigenden Entwicklungen in der Hitlerregierung.

Heini hielt Nathan für einen Dramakönig, der alles zu schwarz sehe, und Elias schloss sich wie immer seiner Meinung an. Max schlug vor, dass man sich um Ausreisevisa bemühen solle. Falls sich die Lage bessern würde, könne man es sich immer noch anders überlegen.

Max hatte im kleinsten Familienkreis Betty Kauber geheiratet. Beide waren der Meinung, dass man in diesen Zeiten auf große Feiern verzichten sollte, außerdem hatte Max schon eine Ehe hinter sich, die nach kurzer Zeit gescheitert war.

Anna meinte: »Was hier geschieht, ist viel mehr als Antisemitismus, er wird von der Regierung unterstützt. Man sollte Hitler und sein Gefolge nicht unterschätzen, sondern beobachten, wie sich die Lage weiter entwickelt.« Und Schloime erzählte, dass einige seiner ehemaligen Kunden ihm erklärt hätten: »Ich lasse mir meine Garderobe nur noch von Ariern nähen.«

Unsere deutschen Freunde meinten, dass sich eine gefährliche, fanatische Bewegung in der neuen Regierung gebildet habe, die sich unmöglich halten könne. Andere sagten, dass man so schnell wie möglich emigrieren solle, um sich in Sicherheit zu bringen. Immer wieder endeten die Gespräche mit dem Satz: »Mal sehen und abwarten.« Wir wollten die Gefahren nicht wahrhaben.

An einem Sonntagmorgen häufte Adele die noch warmen Brötchen in eine Schüssel, und wir saßen schon fast vollzählig am Esstisch, als es an der Tür Sturm klingelte. Jetti kam mit Siegmund zur Tür herein. Sie hielt ihren Entlassungsbrief in den Händen. »Mama,

Papa, wir müssen hier weg, in diesem Land haben wir nichts mehr zu erwarten, die Nationalsozialisten sind zu einer parlamentarischen Macht aufgestiegen, und Hitler verteufelt die Juden und den Marxismus. Siegmund und ich haben beschlossen, nach Palästina zu emigrieren. Die Gesandten der Zionistischen Organisation haben uns überzeugt, dass Juden nicht mehr in Deutschland bleiben können.«

Ich sagte zu Jetti: »Mein liebes Kind, wir sind etwas älter und erfahrener als ihr. Antisemitismus gibt es seit ewigen Zeiten, es ist wie ein Gespenst, das immer wieder auftaucht und verschwindet, du wirst sehen, dass sich die Lage wieder beruhigen wird. Wir leben nicht im Schtetl, sondern in einer hochkulturellen Großstadt. Hier wird sich der aufgebrachte Pöbel nicht behaupten können. Hitler kann sich nicht halten. Seit der Abdankung des Kaisers gab es so viele Unruhen und politische Veränderungen, es wird sich alles wieder beruhigen.«

Jetti antwortete: »Ich nehme diese Geschehnisse nicht auf die leichte Schulter, ich habe ganz einfach Angst und schäme mich nicht, es auszusprechen.« Und Siegmund gab zu bedenken: »Sogar meine Arbeitskollegen benehmen sich sonderbar, sie haben sich fast alle von mir distanziert. Nein, ich will nicht mehr hier leben, wer weiß, was uns noch erwartet.«

Unser Frühstück, das wir wie an allen Sonntagen gemeinsam einnahmen, verlief ruhig, aber die gewohnte ausgelassene Atmosphäre wollte nicht aufkommen. Jeder einzelne war mit seinen Gedanken beschäftigt.

Heini meinte: »Ich würde nicht so schwarzsehen. Ich glaube kaum, dass sich die NSDAP lange halten wird.« Jetti und Siegmund aber reichten ihre Ausreisegenehmigungen beim Leipziger Palästinaamt ein und fuhren nach Paris, um von dort aus nach Palästina zu emigrieren. Damals wussten sie noch nicht, dass sie mit diesem Entschluss ihr Leben retteten. Zwei Wochen später schrieb Jetti einen Brief an Sally, die wenige Tage zuvor, nachdem sie elf Jahre für ihren Chef gearbeitet hatte, fristlos entlassen worden war.

Hitler kommt an die Macht

Von rechts nach links: Tante Jetti mit ihrem Mann Siegmund Haar, Tante Sally mit ihrem Mann Pinchas Spiegler, Paris 1934

Meine liebe Schwester Sally   Paris 1934
Paris ist eine bezaubernde Stadt, wir entdecken sie jeden Tag aufs Neue. Wir besuchen Ausstellungen und Museen, gehen in Parks spazieren und essen die längsten Weißbrote der Welt. Der Eiffelturm ist ein imposanter Bau, der täglich von hunderten Besuchern besichtigt wird. Als wir oben standen, hatten wir das Gefühl, ganz nah zum Himmel zu sein. Bis zu unserer Abreise nach Palästina wird es wohl noch 1 Monat dauern. Da das Wetter sehr angenehm ist, nutzen wir unsere Zeit mit langen Spaziergängen.

Vor einigen Tagen saßen wir in einem Café und lernten einen sympathischen jungen Mann kennen. Er heißt Pinchas Spiegler und stammt aus Bschemisch (Polen). Er hat ebenfalls die Absicht, nach Palästina zu emigrieren. Wir haben ihm ein Foto von dir gezeigt und er ist sehr interessiert, dich kennenzulernen. Berate dich mit Mama und komme so schnell wie möglich nach Paris, es könnte dein Glück bedeuten.

Mit vielen Küssen
Jetti

Oma erzählte:
Ich las Jettis Brief und sagte: »Sally, wir fahren, ich werde den jungen Mann persönlich unter die Lupe nehmen. Pack deine schönsten Kleider ein, wir nehmen den Frühzug.« Am 4. Oktober 1934 fuhren wir nach Paris. Sally war ganz aufgeregt. Ich sagte zu ihr: »Wenn sich eine solche Gelegenheit ergibt, muss man sie ergreifen. Schau dir den Mann an, und wenn er dir nicht gefallen sollte, fahren wir wieder zurück. Dann haben wir eben eine Reise nach Paris gemacht. Es kommt, wie es kommen soll, alles ist Bestimmung.«

Als sich Sally und Pinchas begrüßten, konnte man sehen, wie ihre Augen miteinander verschmolzen. Sallys Wangen glühten wie im Fieber, und der junge, gut aussehende Mann lächelte sie an. Ich fühlte, dass sie füreinander bestimmt waren.

Pinchas Spiegler war ein feiner Mann mit guten Manieren, und ich war sehr zufrieden mit dem Schidduch. Nach einer kurzen Verlobungszeit heirateten die beiden, und ich fuhr beruhigt nach Leipzig zurück.

1935 emigrierten beide Paare nach Palästina und ließen sich im Norden Tel Avivs nieder. Ende 1935 ebbte der Antisemitismus deutlich ab, denn die Vorbereitungen für die Olympiade hatten begonnen, und Deutschland wollte sein Ansehen im Ausland nicht aufs Spiel setzen. Das Propagandaministerium ließ alle Hetzschilder, die jüdischen Bürgern das Betreten öffentlicher Einrichtungen und Anlagen verboten, entfernen. Die antisemitische Propaganda wurde vorübergehend eingefroren.

Opa sagte: »Seht ihr, die Lage hat sich wieder beruhigt. Ich bin nicht mehr der Jüngste. In ein anderes Land gehen, und dazu noch nach Palästina? Was soll ich dort tun, wovon sollen wir leben?«

Jede Familie erhielt ein Familienstammbuch, in das alle Geburten und der Stammbaum der Familie einzutragen waren. Herschale sagte: »Lest mal, was ein Universitätsprofessor über Rassenhygiene schreibt. Was ist Rasse? Ein Mensch bleibt ein Mensch, was soll dieses Gefasel!«

Max hatte sich inzwischen selbständig gemacht und arbeitete zusammen mit Betty in seiner Alteisen- und Metallgroßhandlung, die in der Rackwitzer Straße 5 lag. Am 14. Januar 1935 gebar Betty einen Sohn, Heinz, das erste Enkelkind der Familie Freier. Die Großeltern waren stolz, und Max war ganz vernarrt in seinen Jungen. Das erste Lächeln, der erste Schritt, der erste Zahn, all dies trug Betty in ein kleines Büchlein ein. Sie nannten ihn zärtlich »Dunsel«.

Das Geschäft lief gut, doch Max' Versuche, Heini und Elias zum Einstieg in den Metallhandel zu überreden, waren vergeblich. Die beiden entschieden sich für das Kürschnerhandwerk. Sie liebten die weichen, glänzenden Felle, aus denen Jacken, Mäntel und Hüte entstanden. Damals trugen die Frauen ganze Nerze und Füchse über den Schultern. Die Pelze waren in Mode gekommen und sehr begehrte Produkte. Heini und Elias arbeiteten zusammen bei der Kürschnerei Schramm. In einer Mittagspause sagte Heini: »Nathan fehlt mir. Jetzt tut es mir leid, dass ich oft so ungehalten ihm gegenüber war oder grob zu Jetti und Sally. Unsere Familie wird immer kleiner. Und das Leben in Palästina ist bestimmt nicht leicht, viele Menschen schuften in der Landwirtschaft. Die Hitze soll unerträglich sein, und unter diesen Bedingungen ist es schwer, zu arbeiten. Trotz allem aber ist es immer noch besser, dort unter Juden zu leben. Man weiß nicht, was hier noch alles passieren wird. Unsere Anträge beim Auswanderungsamt haben wir bereits gestellt, jetzt warten wir mal ab, wie sich die Lage weiter entwickelt. Vor kurzem lernte ich eine junge Dame kennen, sie heißt Ursula Raschfall und arbeitet als Sekretärin bei

Familienstammbuch

Zum Geleit

In dem Deutschen Einheits-Familienstammbuch, eine Weiterführung der schon lange bestehenden Aufzeichnungen über die Familie und Sippe in den Familienbibeln, werden die notwendigen Unterlagen zusammengefaßt, aus denen die Zusammengehörigkeit der Familie und der Sippe stets nachgewiesen werden soll. Derjenige Teil, der die wichtigsten Beurkundungen des Familienlebens enthält, ist die Grundlage des Buches. Demgemäß sind alle amtlichen Beurkundungen durch eine rote Umrahmung hervorgehoben. Neben den Beurkundungen der Eheschließung der Buchinhaber und der Geburts- und Sterbefälle von Eltern und Kindern ist auch die Möglichkeit vorgesehen, solche Kinder in geeigneter Form zu beurkunden, die in den Verband der Familie aufgenommen worden sind, aber nicht biologisch zu ihr gehören. Die Eintragung über die Staatsangehörigkeit, die zum ersten Male in geeigneter Form im Deutschen Einheits-Familienstammbuch erschienen ist, hat durch die neue Gesetzgebung erhöhte Bedeutung gewonnen. Die sorgfältige Eintragung der Staatsangehörigkeit des Buchinhabers, die der Standesbeamte unter Beachtung der im Buch gegebenen Vorschriften nicht unterlassen darf, sollte deshalb nie unterbleiben.

Die beigegebenen Sippen- und Ahnentafeln ermöglichen es jedem, das Notwendigste über Herkunft und Sippenzusammenhang einzutragen. Pflegen Sie auch für Ihre Nachkommen die Aufzeichnungen Ihrer Familiengeschichte! Hierzu soll das Deutsche Einheits-Familienstammbuch eine erste grundlegende Anregung geben.

In der Zeit der völkischen Gemeinschaft des deutschen Volkes darf niemand mehr ohne Familiengeschichte sein. Wenn früher manche verspottet wurden, weil sie allzu große Mühe auf die Aufstellung ihrer Sippen- und Ahnentafeln verwandten, so ist aus solchem unendlich wertvollem freiwilligen Beginnen heute eine Pflicht für jeden Volksgenossen geworden und besonders für jedes deutsche Ehepaar, das sich bewußt ist, mit der Gründung seiner Ehe nicht nur Pflichten gegen sich selbst, sondern auch gegen die Nachkommenschaft, sondern insbesondere gegen die Gemeinschaft und das Volksganze zu übernehmen. Deswegen ist es von größter Bedeutung, alle Aufzeichnungen mit Ehrlichkeit und Treue zu machen. Wenn irgendwo in der Familie eine Krankheit aufgetaucht ist, körperlicher oder geistiger Natur, die früher als Makel verschwiegen worden ist, so muß man sich darüber klar werden, daß Krankheit in irgendwelcher Form nie ein Makel sein kann, daß der einzige Makel und das einzige Unrecht gegen sich selbst, seinen Ehegatten und seinen Kindern gegenüber darin besteht, ihnen die Erkenntnis vom geistigen und körperlichen Zustand jedes Familienmitgliedes vorzuenthalten und damit die Möglichkeit zu rauben, in der überwiegenden Mehrzahl der Fälle durch geeignete Maßnahmen helfen und ausgleichen zu können. Verschweigen bedeutet immer eine Schwäche, die sich einmal rächen wird. Auch

Familienstammbuch

einer Speditionsfirma, sie könnte sehr gut zu dir passen.« Heini zog einen Zettel aus seiner Hosentasche: »Hier ist ihre Adresse.«

Max und Heini waren in ihren jungen Jahren große Schürzenjäger. Sie waren charmant, flirteten und hatten schon manches zarte Frauenherz gebrochen. Mittlerweile aber waren sie glücklich verheiratet. Elias war zurückhaltend und schüchtern. Junge Damen anzusprechen, hielt er für ungehörig. Deshalb war er auf einen Mittelsmann angewiesen, und diese Rolle übernahm sein redegewandter Bruder Heini.

Heini war mit der aus Düsseldorf stammenden Else Blumenstock verheiratet. Die beiden ergänzten sich gut, denn Heini war sehr temperamentvoll, und Else schuf durch ihr sanftes Wesen einen gewissen Ausgleich. Am 21. November 1937 gebar sie eine Tochter, die sie Renate nannten.

Die Gesetze gegen die jüdische Bevölkerung wurden immer schärfer. Herschale sagte: »1914 durften wir Uniformen anziehen und mitkämpfen, dafür waren wir gut genug. Damals sind 12.000 jüdische Soldaten fürs deutsche Vaterland gefallen, und jetzt wollen sie uns loswerden.« Hitler schrie: »Ein neues Weltreich kann nur durch Blut und Eisen geschaffen werden, mit stahlhartem Willen und unter dem Zeichen rücksichtsloser Gewalt!«

Oma erzählte:

Auf der gegenüberliegenden Straßenseite wohnte Familie Böhme. Herr Böhme arbeitete als Angestellter bei der städtischen Post. Seine Miene war stets griesgrämig und verschlossen, und seine Frau beklagte sich dauernd über den Kinderlärm. Besonders gern wies sie meine Kinder zurecht: »Sucht euch einen anderen Platz zum Spielen oder geht nach Hause, eure Mutter ist Lärm gewohnt.«

Herr Böhme stolzierte neuerdings mit wichtigem Gesicht durch die Straße, denn seine neue Parteiuniform verlieh ihm das Selbstbewusstsein, das ihm vorher gefehlt hatte. Sie hatten zwei magere blasse Töchter, die morgens zur Schule gingen, mittags nach Hause kamen und zu Hause blieben. Niemals sah man sie mit anderen Kindern spielen. Jetzt trugen sie dunkelblaue Röcke, weiße Blusen und deutlich sichtbar das Parteiabzeichen. Sie waren Hitlermädchen geworden und grüßten überhaupt nicht mehr.

Der Antisemitismus wurde dem deutschen Volk buchstäblich

eingeimpft. Sicher war es bequemer, mit den Wölfen zu heulen, als gegen einen starken Strom zu schwimmen.

Ich stand am Fenster und schaute auf das geschäftige Treiben. Männer schoben Karren mit Waren vor sich her, Pferdewagen mit aufgetürmten Bierfässern fuhren rasselnd über das Kopfsteinpflaster, und Nachbarinnen schüttelten ihre Bettdecken an den Fenstern aus. Für alle ging das Leben seinen gewohnten Gang, nur für uns gab es keinen Alltag mehr. Wir waren zu Außenseitern geworden.

Die Braunhemden marschierten in endlosen Reihen durch die Straßen, die Hände zum Hitlergruß erhoben. Juden durften nicht mehr in öffentlichen Diensten arbeiten, Anwälten und Ärzten war es verboten, zu praktizieren, Professoren wurden aus den Universitäten verbannt und jüdische Geschäfte boykottiert. In allen Großstädten Deutschlands wurden Tausende von Büchern jüdischer Schriftsteller öffentlich verbrannt.

Herschale sagte: »Wir müssen genau überlegen, was wir tun. Weggehen können wir jederzeit, aber ich kann immer noch nicht glauben, was hier passiert.«

Nun überstürzten sich die Ereignisse. Jeder Tag stellte uns vor neue Tatsachen. 1937 begaben wir uns alle zum Auswanderungsamt, wo sich die Menschen verzweifelt drängten, um Visa zu beantragen. Wir saßen an einem grauen Winterabend zusammen, die Stimmung war sehr gedrückt, und Heini sagte: »Nie hätte ich geglaubt, dass unsere Heimatstadt für uns Juden zum Albtraum würde. Nathan und Jetti wollten wir nicht ernst nehmen, jetzt können wir nur hoffen, möglichst bald rauszukommen. Beim Palästina-Amt komme ich mir schon vor wie ein Schnorrer, aber ich bin sicher, dass sie ihr Möglichstes tun.«

Elias stand kurz vor seiner Hochzeit mit Ursula Raschfall, sie entschieden sich für eine Feier im kleinsten Familienkreis. Ursula war ein liebes Mädel, wir schlossen sie schnell ins Herz. Sie war gut erzogen, hilfsbereit und intelligent dazu. Wir hatten viel Massel (Glück) mit unseren Schwiegertöchtern und Schwiegersöhnen. Aus unserem Freundeskreis hörten wir andere Geschichten, deshalb erzählten wir nichts aus unserer Familie. »Bei uns ist gottlob alles in Ordnung«, sagte ich allen und wechselte das Thema, denn neidische, böse Augen können viel Schaden anrichten. In normalen Zeiten hätten wir eine größere Hochzeit arrangiert, aber als Juden wollten wir so wenig wie möglich auffallen, und unsere finanziellen Mittel gingen langsam zur Neige.

Wir versuchten, Ausreisevisa zu erhalten, und warteten auf Antwort, doch über uns brauten sich dunkle Wolken zusammen. An einem Nachmittag klopften zwei Freunde von Mosche an unserer Tür. Sie berichteten atemlos, dass Mosche zusammen mit einigen Freunden mitten aus einer Versammlung seiner Jugendgruppe heraus verhaftet worden sei.

Max lief zu seinem Freund Alfred, der sagte: »Gib mir zwei Tage Zeit, ich habe Kontakte, aber es ist sehr gefährlich.« Alfred hörte sich um, und dank seiner Hilfe gelang es mir, einen Beamten zu bestechen, der Mosche einfach weglaufen ließ.

Noch am selben Tag fuhr Mosche mit der Jugend-Alijah nach Dänemark, wo er in einer jüdischen Jugendgruppe auf das Leben in Palästina und die landwirtschaftliche Arbeit vorbereitet wurde. 1939 emigrierte er mit der Gruppe nach Palästina.

Trude Weiß blieb treu an meiner Seite. Als den Juden untersagt wurde, Arier zu beschäftigen, schlich sie sich in den Abendstunden heimlich zu mir und half mir, wo es nur zu helfen gab. Es gelang ihr sogar, mich moralisch zu unterstützen.

Auch Herr Albanos bot uns immer wieder seine Hilfe an. »Wenn Sie irgendetwas benötigen, werde ich alles tun, um es zu beschaffen«, sagte er. Meine gute Else sagte: »Wie kann ich meine Freundin jetzt im Stich lassen, es ist einfach unfassbar, was hier passiert. Du wirst sehen, Emma, dass letzten Endes das Gute siegt und nicht das Böse. Alle, die sich heute schuldig machen, bekommen die Rechnung präsentiert, das fühle ich als gläubige Christin. Aber vielleicht wäre es ratsam, für ein paar Jahre in ein anderes Land zu gehen, wo die Juden geschützt sind, bis dieser Rassenwahn ein Ende hat.«

Die Wohnungstüren unserer Nachbarn hatten früher immer offengestanden. Wir besuchten uns gegenseitig, die Kinder waren Schulkameraden, machten gemeinsam Schulaufgaben und spielten miteinander. Nun waren die Türen verschlossen. Die Nachbarn drehten uns den Rücken zu. Wenn sie wenigstens ein Wort gesagt hätten, dass es ihnen leid tue oder sie aus Angst nicht anders handeln könnten ... Aber dieses Abwenden, das tat uns sehr weh.

Die Gesetze schränkten unser Leben immer stärker ein. Wir wussten nicht mehr, wie es weitergehen sollte. Sitzbänke in Parks, Schwimmbäder und alle öffentlichen Gebäude – alles war den Juden untersagt, wir fühlten uns hilflos und unglücklich. Wir waren nichts mehr wert, Hitler hatte uns zu Untermenschen erklärt.

Am 20. Juni 1938 gebar Anna ihre Tochter Ruth. Sie hielt ihr Baby in den Armen und klagte: »In welcher Welt muss mein armes Kind aufwachsen! Wir müssen so schnell wie möglich hier raus!« Schloime nahm sie in die Arme und sagte beruhigend: »Wir haben einige Optionen zu emigrieren, wir warten nur noch auf die Visa. Meine Familie in der Schweiz und ein Cousin in Kanada bemühen sich sehr, uns zu helfen.«

Schloime fuhr nach Frankreich und in die Schweiz. Er versuchte es bei Behörden und Freunden. Überall hörte er die gleichen Worte: »Wir tun alles, was wir können.«

Meine Schwester Helene fuhr mit ihren Kindern nach Palästina, und auch viele unserer jüdischen Bekannten hatten Deutschland schon verlassen. Wir hofften auf unsere Emigrationsvisa vom Leipziger Auswanderungsamt. Meine Schwester Chana kam jeden Tag zu mir und weinte: »Emma, was soll werden, wie ist so etwas möglich? Wo ist unser schönes, ruhiges Leben geblieben, das wir hatten, bevor dieser wildgewordene Schreihals auftauchte? Sind die Menschen blind? Sie jubeln einem Verrückten zu, und er gewinnt immer mehr Anhänger. Jahrelang baten uns die Delegierten der Jewish Agency, nach Palästina auszuwandern, sie warnten uns vor verschärften Judenverfolgungen, und wir wollten nichts davon hören. In einem kultivierten Land wie Deutschland könne so etwas nicht passieren, glaubten wir, aber wir haben uns geirrt. Außerdem gehen Gerüchte um, dass man Juden in Arbeitslager sperrt, ich habe große Angst.« Ich umarmte meine Schwester und versuchte, uns beide zu beruhigen: »Gott wird uns helfen, wir werden schon hier rauskommen.«

In dieser Zeit spielten sich Tragödien in Tausenden Familien ab. Kinder wurden von ihren Eltern getrennt und ins Ausland geschleust, mittels Geld und Gold hoffte man, an Ausreisevisa heranzukommen. Manche schafften es, viele andere wurden bestohlen oder denunziert. Nach der Reichspogromnacht brach auch in unserer Familie Panik aus. Die niedergebrannten Synagogen, die rauchgeschwängerten Straßen, die eingeschlagenen Scheiben und die Blutspuren waren ein verheerender Anblick. Dazu das Grölen des Pöbels. Wir hatten Angst, auf die Straße zu gehen. Unbekannte warfen einen Ziegelstein durch unser Küchenfenster. Die beißende Januarkälte strömte in die Küche und vermischte sich mit unserer Angst.

Am nächsten Tag kam Alfred Pabst mit seinem Freund Willi, der uns eine neue Fensterscheibe einsetzte. Willi sagte: »Was hier passiert, Frau Freier, das wird sich bitter rächen, so viel Unrecht kann nicht ungesühnt bleiben.« Als er seine Arbeit beendete, drückte er mir eine Tüte in die Hand: »Die Kekse hat meine Mama für Sie gebacken«, sagte er und verschwand. Willi wollte nur das Geld für das Material, für die Arbeit nahm er keinen Pfennig. Er sagte, das gesamte deutsche Volk müsse aufstehen und gegen diesen Rassenwahn protestieren, aber die meisten hätten keine eigene Meinung, und die anderen hätten Angst, den Mund aufzumachen.

Unsere Familie war eine von Millionen, die in dem Glauben lebten, dass alles gut gehen werde. Wir warteten zu lange. In dieser Nacht verwüsteten die Nationalsozialisten Hunderte von jüdischen Geschäften und Wohnhäusern. Sie setzten Synagogen in Brand und verprügelten jüdische Bürger. Am nächsten Tag wurden wir zum Auswanderungsamt in die Humboldtstraße gebeten. Die Büroräume waren zum Bersten gefüllt, überall drängten sich die Bittsteller. Unsere Namen wurden aufgerufen. Man übergab uns einen Brief vom Palästina-Amt in Berlin.

Ich weinte und war todunglücklich, ich konnte weder essen noch schlafen und sah aus wie mein eigener Schatten. »Ich fahre nicht, ich fahre erst, wenn ich weiß, dass ihr eure Visa habt.« Max wurde ärgerlich: »Mama, bitte mach es uns nicht schwerer, als es ist. Wer ein Visum hat, der muss fahren, denn das Abfahrtsdatum verfällt, die Zeit drängt. Das Amt bearbeitet unsere Papiere. Leo und Isi fahren mit der Jugend-Alijah, und Adele bleibt bei Anna und Schloime.« Die gesamte Familie beteiligte sich am Packen. Was sollte man

PALÄSTINA-AMT BERLIN
der JEWISH AGENCY FOR PALESTINE

Vom Herrn Reichsminister des Innern durch
Verfüg. v. 25.7.1924 Nr. 6174 B als gemeinnützige
Auswanderer-Beratungsstelle anerkannt.

BERLIN W 15, MEINEKESTRASSE 10

משרד ארצישראל

TELEGR.-ADR. ORGHIP PALAMT
FERNSPRECHER: SAMMEL-NR. 91 90 31
POSTSCHECK BERLIN 167 08

Herrn
Heras Freier
und Frau
L e i p z i g
Minzgasse 3

ABTEILUNG
Passage

UNSERE ZEICHEN: Li/Ka.
TAG: 13.12.38

Im Antwortschreiben sind anzugeben:
Abteilung, Zeichen, Datum und Betrifftvermerk

Sehr geehrter Herr und Frau Freier,

wir können Ihnen die erfreuliche Mitteilung machen, dass für Sie ein Zertifikat zur Einwanderung nach Palästina bei uns eingegangen ist.

Um das Visum für Sie besorgen zu können, benötigen wir:

    Ihren Pass,
    2 Lichtbilder,
    je 1 Gesundheitsattest in doppelter Ausfertigung
    sowie Dokumente, aus denen Ihr Verwandtschafts-
    verhältnis zu dem Anfordernden in Palästina
    hervorgeht.

Wir haben Ihren Ausreisetermin auf den 8. Februar 1939 festgesetzt.

Mit diesem Schreiben wollen Sie sich - sofern Sie nicht im Besitz eines gültigen Passes sind - sogleich zur zuständigen Auswanderer-Beratungsstelle (für Berlin: W.9, Linkstr. 15) begeben und daselbst um ein Gutachten für Ihre Auswanderung ersuchen.

Sowie Sie dieses in Händen haben, begeben Sie sich zu Ihrem Polizei-Revier und erbitten die Ausstellung eines Auswanderungs-Passes.

Unabhängig davon beantragen Sie beim Finanzamt, zu dem Sie gehören, sowie dem Bezirksamt (Städtische Steuerkasse) die Ausstellung der Unbedenklichkeits-Bescheinigungen, und es empfiehlt sich, diese, da sie öfters gebraucht werden, je in dreifacher Ausfertigung zu erbitten.

Schreiben des Palästina-Amts Berlin

Der kleine Vogel heißt Goral

ZÜST & BACHMEIER A.G.
Zweigniederlassung Leipzig

INTERNATIONALES SPEDITIONSHAUS
LEIPZIG C1
Roscherstraße 29

Postscheckkonto: Leipzig 533 47
Bankkonto: Deutsche Bank und
Disconto-Gesellschaft, Leipzig

Fernsprecher: Sammelnummer 540 56
Telegramme: Züstbachmeier
Code: Rud. Mosse, A. B. C. 5te Ausgabe

am 5. 1. 193 8

Großtransporte von
Maschinen-Anlagen
und Fahrzeugen
Tägliche Eilverkehre nach
England über Vlissingen
Tägliche Sammelverkehre
nach Holland
Deutsche Sammel-Verkehre
Übersee-Abteilung
Tarifbüro

Eigene Häuser:
Berlin   Stuttgart
Bremen   Chiasso
Chemnitz Luino
Düsseldorf Mailand
Hamburg   Paris
Leipzig

Herrn
Hersch Freier,

L e i p z i g   C.1
Münzgasse 3

Betr.: unsere Sped.-Nr.:
Ihr Auftrag: vom 5.1.1939

Am 6.1.39 versandten wir in Ihrem werten Auftrage nach
Palestine and Egypt Lloyd Ltd. Tel-Aviv
Nr.100/107, 8 Kisten Kolli gebr. Umzugsgut 921 kg
und stehen mit weiteren Diensten zu Ihrer Verfügung.

RECHNUNG

ZÜST & BACHMEIER A.G.
ZWEIGNIEDERLASSUNG LEIPZIG

	RM	
930 kg Fracht ab Wohnung Leipzig bis Eingangsschiff Tel-Aviv incl.Abtragen, Rollgeld zum Zollamt und Vorführen am Zollamt incl. Sperrigkeitszuschlag für Verschläge a M 30.-- per 100 kg =	279	--
Konnossemente, Porti	2	50
Ausfuhrpapiere, Statistik	1	50
SVS	-	10
1.1.Gestellung eines Packers zum Vorpacken in der Wohnung von ½ 8 bis 1 Uhr incl.Wegezeit 5 ½ Stunde a M 2.--	11	--
2.1. Gestellung eines Packers zur Zollrevion von ½ 11 Uhr bis 2 Uhr incl. Wegezeit 3½ Std. a M 2.-- =	7	--
4.1.Gestellung eines Packers zum Anfertigen von 2 Lattenverschl.incl.Verpacken von 8 bis ½ 4 7½ Stunde a M 2.--=	15	--
Packertrinkgeld	5	--
6 Kisten Bandeisenbespannung a M 1.50	9	--
40 m Latten und Nägel	4	--
käufliche Ueberlassung einer gebr.Kiste für Nähmaschine und Grammophon	2	--
Uebertrag: M	336	10

Für alle uns erteilten Aufträge gelten die Allgem. Deutschen Spediteurbedingungen, die wir bei Ihnen als bekannt voraussetzen.
Gerichtsstand: Leipzig.

Rechnung des Speditionshauses

mitnehmen und was zurücklassen? Brauchte man Wintersachen in dem heißen Palästina, Federdecken und Heizkissen?

Mit jedem Gegenstand, den ich einpackte, wurde mir deutlicher bewusst, dass wir Leipzig wahrscheinlich für immer verließen. Hier hatten wir uns eine Existenz aufgebaut, unsere Kinder waren hier geboren und aufgewachsen. Es war unmöglich, sich damit abzufinden. Ich setzte mich in meinen Armsessel und sann vor mich hin. In dieser Wohnung hatte ich fast alle Kinder zur Welt gebracht, ich liebte mein Heim, die Münzgasse, den guten Albanos, meine Freundin Else. Das alles ließen wir nun hinter uns. Würden wir je zurückkehren?

Herschale schaute mich an: »Ja, es ist schwer, sich an den Gedanken zu gewöhnen, ein kultiviertes Europa hinter sich zu lassen und im Nahen Osten ein neues Leben zu beginnen. Was wird uns dort erwarten?«

Mein Herschale litt immer noch an seiner Fußverletzung, die er sich im Ersten Weltkrieg zugezogen hatte. Wie würde ihm das Klima bekommen? Doch am schlimmsten war die Sorge um meine Kinder. Wann würden sie die Ausreisegenehmigungen erhalten?

Der riesige Möbelwagen hielt vor unserer Haustür, und die Nachbarn schauten durch die Gardinen zu. Manche verabschiedeten sich von uns und wünschten uns viel Glück, aber die meisten ließen sich nicht blicken. Das Internationale Speditionshaus Zust-Bachmeier verschiffte am 6. Januar 1939 unsere 921 Kilogramm Umzugsgut nach Palästina. Die Trennung von unseren Kindern rückte immer näher. Alle begleiteten uns zum Leipziger Bahnhof.

Der Abschied an den Gleisen war herzzerreißend. Da standen sie alle, meine teuren Kinder und meine süßen Enkelkinder, meine Schwiegertöchter und Schloime, mein geliebter Schwiegersohn. Alle redeten durcheinander: »Macht euch keine Sorgen, wir werden nachkommen. Und schreibt regelmäßig!« Ich fühlte die Trauer meiner Kinder, sie hielten ihre Tränen tapfer zurück, um uns den Abschied nicht noch schwerer zu machen, als er ohnehin schon war. Überall an den Bahnsteigen standen Menschen, das Gedränge war groß, und in fast allen Gesichtern sah man Trauer, Sorge und Angst. Mein Herschale stand stumm neben mir. Ich konnte nicht aufhören, zu weinen, und sah alles verschwommen, durch ein Meer von Tränen. Mein Herz war zentnerschwer. Unser kleiner Enkelsohn Heinz drückte mir einen gefalteten Bogen Papier in die Hand. Als der Zug anfuhr, öffnete ich ihn. Heinz hatte ein Schiff gemalt, mit blauen Kringeln umrandet. In der oberen Ecke leuchtete ein gelber Fleck. Ich weinte bis Triest, und Herschale vermochte mich nicht zu beruhigen. Im Gan Eden werde ich sie wiedersehen.

Dies erzählte Oma, und Tränen flossen aus ihren blinden Augen. Mitte Februar legte der Dampfer im Hafen von Haifa an.

Meine Familie in Israel

Palästina wurde zu einem riesigen Schmelztiegel für Einwanderer aus zahlreichen Nationen. Viele hatten Schwierigkeiten, sich zu assimilieren, vor allem die Emigranten aus Deutschland und Österreich. Sie waren an Ordnung und Disziplin gewöhnt und bekamen sehr schnell den Spitznamen »Jeckes« verpasst (im 18. Jahrhundert trug man lange Jacken, und viele deutsche Einwanderer legten diese Jacken auch bei dreißig Grad im Schatten nicht ab). Man wollte die deutsche Sprache in Palästina nicht hören und verspottete die »Jeckes« wegen ihrer Pünktlichkeit und ihres Ordnungssinns.

Meine Großeltern zogen in die Tel Aviver Ben-Yehuda-Straße zu Jetti und Siegmund. Das Zusammenleben erwies sich als schwierig, denn die Wohnung war klein und Jettis Nervenkostüm seit jeher sehr dünn.

Jetti und Siegmund arbeiteten von früh bis spät. Sie hatten inzwischen eine chemische Reinigung und Wäscherei eröffnet, die den Namen »Keshet« (hebr. Name für Bogen) trug. 2008 telefonierte ich mit der Geschäftsleitung von Keshet. Dort sagte man mir, dass 1934 eine Textilfirma von den Brüdern Bik gegründet worden sei. Einer der Brüder, Karl Bik, habe die chemische Reinigung eröffnet, und ein jeckisches Ehepaar habe die Filiale in der Ben-Jehuda-Straße geleitet. Im Laufe der Jahre breiteten sich Filialen im ganzen Land aus. Sie bestehen bis zum heutigen Tag.

Opa wollte sich nützlich machen und suchte Arbeit. Er begann, Seifenpulver herzustellen, das er mit feinem Sand vermischte und privat verkaufte. Diese Herstellung fand in Jettis kleiner Küche statt, und so blieb der Ärger nicht aus. »Papa, musst du so viel Schmutz machen? Ich trete nur noch auf Sand, bald haben wir den Sand im Salat und in unseren Kaffeetassen.« Danach tat es ihr leid, sie küsste ihn und sagte: »Es ist schwer für uns alle.«

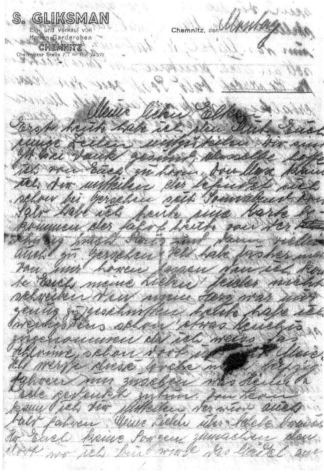

Brief von Anna

Oma erzählte:
Wir versuchten, zu arbeiten, und verkauften Schnürsenkel, Haar- und Zahnbürsten. Das brachte uns ein wenig Geld ein. Außerdem wollten wir kein unnützes Dasein führen. Viel verdienten wir nicht, aber etwas war besser als gar nichts. Wir machten uns große Sorgen um unsere Kinder, mit denen wir in regem Briefwechsel standen. Mosche war noch in Dänemark. Seine Abreise nach Palästina stand kurz bevor. Isi war in München bei Mitgliedern der Jugend-Alijah, und Leo wohnte bei Freunden, die er von der Jeschiva kannte. Alle warteten auf die Abreise. Anna und Max wollten mit ihren Familien nach Belgien fahren. Wir verstanden nicht, warum Heini und Elias sich ihnen nicht anschlossen. Wir schrieben unzählige dringende Briefe an das Leipziger Auswanderungsamt, in denen wir um ein Visum für Adele und alle anderen Kinder baten. Anna schrieb 1939 einen Brief aus Chemnitz:

Meine lieben Eltern.
Erst heute habe ich den Mut, Euch einige Zeilen mitzuteilen. Wir sind Gott sei dank gesund, dasselbe hoffe ich von Euch zu hören. Von Max kann ich dir mitteilen, der befindet sich schon bei Gerschon seit Sonnabend (ein uns unbekannter Freund). Von Schloime habe ich heute eine Karte bekommen, der fährt heute von der Schweiz nach Paris und vielleicht auch zu Gerschon. Ich habe bisher nichts von mir hören lassen …, denn mein Herz war zerrissen. Heute habe ich wenigstens schon etwas Keuches (Kraft) zugenommen, da ich weiß, daß Schloime schon dort ist mit Max. Ich werde diese Woche nach Leipzig fahren, um zu sehen, was Heini und Eli gedenkt zu tun. Von Leon kann ich nur mitteilen, der wird auch bald fahren. Meine Lieben, über Adele braucht Ihr Euch keine Sorgen zu machen, denn dort, wo ich bin, wird das Mädel auch sein. Mama, Du kannst Dir nicht vorstellen, wie sich Schloime um Adele sorgt. Nathan wollte ihr ein Visum besorgen, aber man hat ihm den Paß zurückgeschickt. Es ist nichts zu machen.
Schloimes Cousin aus Kanada hat einen Freund in Bolivien, der sich sehr bemüht, eine Einreiseerlaubnis für uns zu erhalten. Liebe Eltern, ich habe Euch Bilder von unserer kleinen Ruth beigelegt, sie hat sich unberufen schön rausgemacht. Sie fängt schon an zu laufen, Ihr würdet sie garnicht erkennen. Also meine Lieben, macht Euch keine Sorgen um uns, bei uns ist alles in Ordnung. Mit herzlichen Grüßen und Küssen von Adele und Rutchen. Grüße an Alle, auch wenn es langsam geht. Eure Anna

Auch unsere Geschäftsfreunde aus Leipzig schrieben uns Briefe:

Liebe Familie Freier
Mit vielem herzlichen Dank erhielt ich Ihr Schreiben, worüber ich mich sehr gefreut habe, daß Sie gesund und munter bei Ihren Lieben angekommen sind und einerseits eine sehr gute Reise hatten und Ihre Familie wohlauf gefunden haben. Ich kann mir vorstellen, daß diese Reise für Sie ein Erlebnis war. Bei uns hat sich immer noch nicht viel geändert. Es ist immer noch dasselbe. Hoffentlich können wir uns auch bald auf einen Dampfer setzen, der uns in ein anderes Land bringt. Daß Sie das Herumfaulenzen nicht gewohnt sind, können wir uns sehr gut vorstellen, auf jeden Fall müssen Sie sich doch erst mal mit dem Land vertraut machen. Sie haben ja in Ihrem Lebtag soviel gearbeitet, daß Ihnen eine Ruhepause mal sehr gut tun wird.
Das Wichtigste ist, daß Sie vor allem gesund bleiben, was wir Ihnen und Ihrer lieben Familie wünschen. Alles andere findet sich dann von selbst. Betr. Ihrer Tochter, so ist dies sehr schwer. Wir wollen hoffen, daß bei dieser englischen Konferenz etwas Positives erfolgt und die Ausreisemöglichkeiten besser werden.
Ich schließe mit den herzlichsten Grüßen von uns allen.
Ihr M. Broder

Am 18. April 1940 erhielten wir eine Postkarte von Max und Betty aus dem Lager in Belgien:

Meine geliebten Eltern und Geschwister, vor Allem wünsche ich Euch einen guten Jontew (Feiertag), wir sollen nur gute Nachrichten von einander hören. Und vor allem sollen wir uns bald gesund wiedersehen. Wie geht es Euch, warum schreibt Ihr nicht. Jeden Tag kommt Post von Erez (Israel) ins Lager. Uns geht es Allen gut, wir sind zusammen und haben keine Sorgen mit Essen und Schlafen. Ich arbeite zurzeit in der Landwirtschaft. Von Heini, Elias und Leo haben wir keine Nachricht. Das sind meine einzigen und größten Sorgen. Von Schloime und Anna hören wir Gott lob gute Nachrichten und von Adele immer noch dasselbe. Sie wartet noch darauf, von Euch angefordert zu werden. Alle Ledigen kommen ins Lager, und wenn das Mädel ins Lager müßte, so wäre das kaum auszudenken, für sie wäre es nicht gut. Es sind noch wenige Tage vor Pessach, wir feiern es hier gemeinsam mit über 600 Menschen.
Liebe Eltern und Geschwister, sowie Schwager und Sallys Kinder,
Einen gesunden Pessach von Eurem Max
Grüße und Küsse an Euch Alle
Betty und Heinz (er fragt immer nach der Oma in der Münzgasse)

Der kleine Vogel heißt Goral

Eine Postkarte aus Belgien von Max und Betty

Max, Betty und Heinz

Im Mai 1939 erhielten meine Großeltern eine endgültige Antwort vom Leipziger Auswanderungsamt.

Meine Familie in Israel

> **Auswanderungsabteilung**
> der Israelitischen Religionsgemeinde zu Leipzig
> Leipzig C 1, Humboldtstraße 13
> Postscheckkonto Nr. 50855 Leipzig / Ruf 12955
>
> Auswanderungsabteilung der Israelitischen Religionsgemeinde, Leipzig C 1, Humboldtstraße 13
>
> Herrn
> Hirsch Freier,
> Tel-Aviv / Palästina
> Ben Jehuda Road b/Haar
>
> Ihr Zeichen   Ihre Nachricht vom
>
> Unser Zeichen Tag
> 22/K   16.5.1939
>
> Auf Ihr Schreiben vom 17.4. erwidern wir Ihnen, dass wir leider im Augenblick keine Möglichkeit sehen, Ihre Tochter nach Palästina heraus zu bringen.
>
> Hochachtungsvoll

Schreiben der Auswanderungsabteilung der Israelitischen Religionsgemeinde zu Leipzig

Der letzte Brief von Adele vom 18. Dezember 1940 aus Belgien, Anderlecht (Bruxelles Clemenceau, 79):

Geliebte teure Eltern!
Nun endlich ist es mir seit langem gelungen, Euch von uns eine Nachricht zukommen zu lassen. Hoffentlich seid Ihr gesund! Von mir kann ich Euch berichten, es geht mir gut. Sowie Anna und Salo (Schloime) und das liebe Kind. Max und Familie wohnen nicht weit von uns, sodaß wir sehr oft zusammen sind. Auch er arbeitet und es geht ihm gut. Teure Eltern, ich bitte Euch von ganzem Herzen, macht Euch keine Sorgen um uns. Mit den Kindern von Le. stehen wir in dauernder Korrespondenz. Leon ist noch in B. (Berlin), Gottseidank geht es ihm gut. Von Nathan haben wir auch Nachricht, er verdient in seiner Branche. Liebe Eltern ich bitte Euch, und sorgt nicht um uns. Gebe Gott, daß wir uns noch in Freuden sehen ... Geliebte Eltern, laßt bald von Euch hören, und antwortet auf diese Adresse zurück. Verbleibt mit innigen Grüßen und Küssen auf eine baldige Antwort hoffend von Eurer immer an Euch und an alle Geschwister denkenden Adele.

> Geliebte teure Eltern! 18.12.1940.
>
> Nun endlich ist mir seit langem gelungen, Euch von uns eine Nachricht zukommen zu lassen. Hoffentlich seit Ihr gesund! Von mir kann ich Euch berichten, es geht mir gut. Sowie Anna und Sala und dass liebe Kind. Max und Familie wohnen nicht weit von uns sodass wir sehr oft zusammen sind. Auch er arbeitet und es geht ihm gut. Teure Eltern ich bitte Euch von ganzem Herzen, macht Euch keine Sorgen um uns. Mit die Kinder von Le. stehen wir in dauernder Korrespondenz. Leon ist in noch in B. G'tt sei dank es geht ihm gut. Von Abb haben wir auch Nachricht, er verdient in seiner Branche. Liebe Eltern ich bitte Euch, und sorgt nicht um uns. Gebe G'tt, dass wir uns noch in Freuden sehen meine über alles teuren. Geliebte Eltern, lasst bald von Euch hören und antwortet auf diese Adresse zurück. Verbleibe mit innige Grüße und Küsse auf eine baldige Antwort hoffent von Eurer immer an Euch [...] an alle Geschwister denkende Adele.

Brief von Adele

Oma erzählte:
> Wir waren unglücklich über den Bescheid vom Auswanderungsamt, doch wir hofften weiter auf ein Wunder und dass das Kind aus

Deutschland herauskäme. Solange sie bei Anna und Schloime war, konnten wir einigermaßen beruhigt sein.

Die Wohnungsmieten waren hoch, und so lebten wir notgedrungen ein paar Jahre in sehr beengten Verhältnissen mit Jetti und Siegmund unter einem Dach. Mosche wurde Zeuge vieler Unstimmigkeiten und meinte, dass es das Beste wäre, wenn er uns im Kibbuz Sade Nahum unterbringen könnte. Wir waren einverstanden, Mosche musste nur noch die Genehmigung der Kibbuzdirektion erhalten.

Das Häuschen im Kibbuz Sade Nahum

Im Bet-Schean-Tal liegt der Kibbuz Sade Nahum. Er wurde nach dem Präsidenten der Zionistischen Weltorganisation Nahum Sokolow benannt. »Sade« ist das hebräische Wort für »Feld«. Der Kibbuz wurde 1937 errichtet. Die Pioniere kamen aus Russland, Polen, Österreich und Deutschland. Sie hatten landwirtschaftliche Schulen besucht, und jeder konnte sich auf seinem Gebiet betätigen. Es wurden Fischteiche angelegt, Stallungen für Schafe und Kühe gebaut. Sie errichteten Hühnerställe und legten Baumwollfelder und Olivenhaine an, pflanzten Eukalyptusbäume und bauten Straßen.

Mosche musste hart für die Unterkunft seiner Eltern kämpfen, denn der Kibbuz war von jungen Menschen gegründet worden, die über die Jugendorganisationen nach Palästina gekommen waren. An alten, religiösen Menschen bestand dort kein großes Interesse. Schließlich wurde abgestimmt. Mosche drohte, den Kibbuz zu verlassen, wenn seine Eltern nicht aufgenommen würden. Weil er für die Zucht von Ziegen und Schafen verantwortlich und inzwischen ein Spezialist im Schafe-Scheren war, erhielten Opa und Oma ein kleines Zwei-Zimmer-Häuschen mit Kochnische und Badezimmer. Mosche musste für koscheres Fleisch sorgen, das er außerhalb des Kibbuz kaufte. Wenn die Lebensmittellieferungen eintrafen, erhielten meine Großeltern als Erste ihre Zuteilung, damit ihre Produkte nicht mit dem trefenen (nicht koscheren) Geschirr in Berührung kamen.

Der Kibbuz war keineswegs ein Erholungsheim für ältere Menschen. Ob alt oder jung, jeder musste sich irgendwie betätigen. Opa machte sich in den Schafställen bei Mosche nützlich, und Oma kochte koscheres Essen für religiöse Gäste, die den Kibbuz besuchten. Oma und Opa lebten sich langsam ein und wurden von den übrigen Kibbuzmitgliedern akzeptiert.

Oma erzählte:

Wir kannten den Kibbuz von Familienfesten und von Besuchen bei unseren Kindern an den Feiertagen. Nun lebten wir hier. Alle Häuser ähnelten sich, sie waren hell und freundlich und von grünen Wiesen und Sträuchern umgeben. Die Wege wurden nach und nach betoniert. Alle arbeiteten unermüdlich. Mosche war uns eine große Hilfe, er kümmerte sich um unser Wohl und sorgte dafür, dass wir es so bequem wie möglich hatten.

Isi lebte im Kibbuz Eijn Charod, der neben Sade Nahum lag. Er war oft zu Besuch bei uns. Sally und Jetti kamen häufig aus Tel Aviv, und unsere Enkelkinder bereiteten uns viel Freude. Herschale machte seine Fußverletzung schwer zu schaffen, doch er klagte nie. Die größte Belastung war für uns das ungewohnte feuchtheiße Klima. Es war immer um die acht Grad wärmer als in Tel Aviv. An heißen Sommertagen schlossen wir die Jalousien, um die Sonnenstrahlen abzuhalten. Und wir hängten nasse Handtücher an die Fenster, die in kurzer Zeit trockneten. Die Winter waren verhältnismäßig mild, doch die mitunter starken Regenfälle überschwemmten die Wege und die Felder und richteten beträchtlichen Schaden an. Auch mit den Fischteichen gab es Probleme, denn die unzähligen Zugvögel, die aus fernen Ländern kamen, fraßen die Fische aus den Teichen.

Schon in den frühen Morgenstunden hörten wir die Traktoren und die an- und abfahrenden Lastwagen. Fremde Geräusche und Gerüche wurden uns nach und nach vertraut. Zum ersten Mal sahen wir Schlangen, riesige Kakerlaken, die uns wie Monster erschienen, stechende Moskitos und winzige Mücken, die mit dem sandigen Wüstenwind Chamsin herüberflogen.

Wir sprachen oft über Leipzig und hatten trotz allem, was uns dort widerfahren war, Heimweh. Uns fehlten die belebte Großstadt, unser Freundeskreis und unser glückliches Familienleben. Aber wir sehnten uns nach einer Zeit, die es nicht mehr gab. Darüber konnten wir nicht mit den Kibbuzmitgliedern reden, sie wollten kein Wort über Deutschland hören. Sie sorgten sich wie wir alle um ihre zurückgebliebenen Familien.

Der Kibbuz war von einem dichten Stacheldrahtzaun umgeben, denn öfters kam es zu Überfällen. Die Araber bedrohten uns, und in manchen Nächten wurde das Zirpen der Grillen durch Schüsse unterbrochen. Ich glaube, es wäre Platz für alle gewesen, für die Araber genauso wie für uns.

An den Nachmittagen ging ich mit Herschale spazieren. Wir schauten mit Bewunderung auf die braungebrannten, muskulösen, hart arbeitenden Kibbuznikim, die in den frühen Abendstunden müde und mit schweißverklebter, schmutziger Arbeitskleidung in ihre Häuser zurückkehrten. Sie wuschen sich, zogen sich um und begaben sich in den Speisesaal. Das Klappern des Geschirrs, Stimmfetzen und Lachen wehten zu uns herüber. An den Feiertagen fühlten wir uns wie in einer großen Familie. Am Schawuot (Erntedankfest) fuhren die mit Obst und Gemüse beladenden Traktoren durch die Felder bis zum Hauptweg des Kibbuz. Die Köpfe der Ochsen waren mit Blumen geschmückt, und die singenden Kinder saßen auf den Tieren. Auch sie trugen Blumenkränze. Alle tanzten und sangen Volkslieder. Es war ein schönes Fest. Unsere Enkelkinder Michal und Eli brachten uns einen Korb mit

Früchten und Gemüse. Sie waren untröstlich, dass wir nicht mit ihnen tanzen konnten.

Wir saßen jeden Abend auf der Bank und sahen dem Sonnenuntergang zu. In Deutschland waren die Sommerabende hell bis in die späten Abendstunden. Hier war die Dämmerung kurz, und wir beobachteten, wie die Sonne von Minute zu Minute tiefer sank. Bevor die vollständige Dunkelheit einsetzte, wurde das Gelände von großen Lampen erhellt. Viele hörten Radio mit kleinen Transistorgeräten, die sie bei sich trugen. Andere brachten ihre Kinder in die Kinderhäuser zurück, und ich dachte an meine Kinder.

In Europa wütete der Krieg. Schon seit langem erhielten wir keine Nachricht mehr. Wir hörten Radio in jiddischer Sprache, und die Nachrichten machten uns große Angst. Uns blieb nichts anderes, als zu beten und Gott um Gnade zu bitten. Nach Kriegsende erhielten wir Post von Max und unserem Schwiegersohn Schloime, sie hatten den Krieg überlebt. Ihre Frauen und Kinder galten als verschollen.

Wir hofften, dass sich auch die anderen Kinder melden würden. Aber als die endgültigen Meldungen vom Roten Kreuz eintrafen, erfuhren wir, dass unsere Kinder, Enkelkinder, meine Schwester Chana und ihre Familie in verschiedenen Lagern umgekommen waren oder vermisst wurden.

In der Synagoge wurden Gedenkfeiern abgehalten. Wir hörten nicht auf zu weinen. Wie konnte Gott ein solches Unrecht zulassen? Wir würden unsere armen Kinder nie wiedersehen. Wir wussten nicht, wie wir mit dieser Tragödie fertig werden sollten, es war zu schwer.

Fast alle Kibbuzmitglieder wurden mit der schrecklichen Wahrheit konfrontiert, dass ihre Eltern, Geschwister und übrigen Verwandten nicht zurückkehren würden. In den Abendstunden besuchten uns nun viele Kibbuznikim, sie suchten Ersatzeltern.

Ende 1945 erhielten wir Post von Leo. Er schrieb, dass er ein nettes Mädchen kennengelernt habe und von ihrer Familie liebevoll aufgenommen worden sei. Sie wollten so bald wie möglich nach Leipzig zu Max fahren. Wir waren glücklich zu hören, dass er überlebt hatte, und baten um Fotos. Auch Max hatte inzwischen eine junge Frau kennengelernt, sie hieß Rita und kannte Leo aus dem Lager.

Max und Rita lebten zusammen, und wir waren zufrieden, denn in diesen schweren Zeiten sollte niemand allein bleiben.

1947 zog Leo mit seiner Rena nach Leipzig und begann, mit Max zu arbeiten. Wir freuten uns, dass unsere Jungen zusammen waren. Sie bemühten sich um eine Ausreise nach Erez Israel, und wir erwarteten sie mit Ungeduld.

1949 kamen Max und Rita nach Israel. Die erste Zeit wohnten sie bei Jetti und Siegmund, denn sie hatten keine Mittel, sich eine Wohnung zu mieten. Mosche überredete Max, ebenfalls in den Kibbuz zu kommen, das machte uns sehr glücklich. Max und Rita zogen bald ins Nachbarhäuschen. Im Kibbuz lebten viele unverheiratete Paare zusammen. Niemand störte sich daran. Doch wir waren eine ältere Generation und konnten uns nicht damit abfinden. Ich sagte zu Max: »Mein lieber Sohn, wenn du mit einer Frau zusammenlebst, kannst du sie auch heiraten. Zusammenwohnen, das passt sich nicht.« Jetzt warteten wir noch auf Leo und Rena, aber Leo schien Probleme mit seinen Beinen zu haben. Später stellte sich heraus, dass sie uns die Wahrheit verheimlichten.

Die darauf folgenden Jahre waren nicht leicht. Die Araber erkannten die Existenz Israels nicht an, und es kam immer wieder zu Ausschreitungen und Überfällen.

1953 entzündete sich Herschales Bein, er litt sehr, der Arme. Nach einem längeren Krankenhausaufenthalt beschlossen die Ärzte, das Bein zu amputieren. Herschale fürchtete sich vor der Operation, und ich tröstete ihn Tag und Nacht. Er fragte mich, ob ich ihn auch mit einem Bein lieben würde. »Du bist mein Leben«, sagte ich zu ihm, »ohne dich bin ich nur die Hälfte wert.« Wie eitel er doch war! Mit oder ohne Bein, er war mein Mann, den ich bis an mein Lebensende lieben würde.

Nach der Operation erholte er sich nicht mehr. Er wurde jeden Tag schwächer, und den Ärzten gelang es nicht, das Fieber zu senken. Eines Abends hielt er meine Hand und sagte: »Emma, du warst die erste und einzige Liebe in meinem Leben, weißt du das?« Ich blieb an seinem Bett sitzen und las in meinem Gebetbuch. Er starb in derselben Nacht. Warum hat er nicht noch ein paar Jahre auf mich warten können? Wir waren fünfzig Jahre zusammen, hatten so viel Freude und so viel Leid erlebt. Jeden Wunsch las er mir von meinen Augen ab. Ich erinnere mich noch, wie er mir den schönen Brillantanhänger um den Hals legte und sagte: »Für die beste Frau der Welt.« Mein Herschale fehlt mir sehr, er war mein Freund, mein Mann und mein Vertrauter. Auf dem Friedhof in Sade Nahum fand er seine letzte Ruhe. Alle Kibbuzmitglieder nahmen an der Beerdigung teil.

Im selben Jahr kam Leo das erste Mal nach Israel. Vor seiner Ankunft teilte mir Max so schonend wie möglich mit, dass Leo doppelamputiert war. Ich fragte mich, wie viele Schicksalsschläge mich noch erwarteten. War es nicht genug? Endlich konnte ich meinen Jungen in die Arme schließen. Wir hatten uns so viel zu erzählen, und ich bat ihn, das nächste Mal mit der gesamten Familie zu kommen. Ich wollte meine Enkel und meine Schwiegertochter Rena kennenlernen, um ihr für alles zu danken, was sie für ihn getan hatte.

1955 wurde Rita zum ersten Mal Mutter. Sie gebar ein Mädchen, und sie gaben ihm den Namen Miriam. Max war sehr stolz auf die Kleine und verwöhnte sie. Miri hatte so viele Spielsachen, dass ihr Zimmer bald zu eng wurde. Max wollte nicht länger im Kibbuz leben. 1959 zog ich mit Max, Rita und Miri nach Kiriat Yam in Haifa, wo Max ein kleines Häuschen gekauft hatte.

Max und Rita, Miri im Kinderwagen, 1956 in Sade Nahum

Isi floh 1939 mit einigen Mitgliedern der zionistischen Jugendgruppe nach München. Er erzählte:

Als unsere Eltern wegfuhren, hörte ich nicht auf zu weinen. Alles war vorbei. Wir hatten kein Familienleben mehr, und in unserer Wohnung, in der wir geboren wurden und aufgewachsen waren, lebten fremde Leute. Hinzu kam die Angst vor der SS und der SA, die durch die Straßen marschierten, und vor den Spitzeln, die überall herumschnüffelten. Ich war sechzehneinhalb Jahre alt und wusste, dass ich um meine Freiheit kämpfen musste. Ich fuhr zu meinen Freunden nach München und begab mich zum Palästina-Amt. Dort sagte man mir: »Komm nächste Woche wieder.« Ich schrie verzweifelt: »Ich habe kein Zuhause mehr, ich bleibe hier, bis ihr mir ein Zertifikat nach Palästina ausstellt!« Ich schlief nächtelang auf Holzbänken in den Büroräumen, bis ich im Frühjahr 1939 das ersehnte Visum bekam. Wir fuhren zuerst nach Triest und gingen dort an Bord. Mit der Galilia gelangte ich nach Palästina und schließlich in den im Norden gelegenen Kibbuz Ejn Charod.

Alles war fremd für mich, die Menschen mit den verschiedenen Kulturen und das ungewohnte Gemeinschaftsleben, doch ich hatte meine Familie, meine Eltern, meinen Bruder Mosche und meine Schwestern Jetti und Sally, die ich an meinen freien Wochenenden besuchte. Wir machten uns Sorgen um unsere Geschwister, die noch auf ihre Ausreise warteten. Im Kibbuz lernte ich eineinhalb Jahre lang landwirtschaftliche Berufe und lebte mich schnell ein. In Deutschland liefen wir vor den Nazis davon, und in Palästina fühlten sich die Araber von der wachsenden Zahl der Einwanderer bedroht und verübten Terroranschläge.

1941 verließ ich den Kibbuz und wohnte bei Jetti. Ich arbeitete als Kellner, machte Botengänge und ging jeden Abend bummeln. Jetti kochte meine Leibgerichte und verwöhnte mich. Sie sagte: »Du kannst bei uns bleiben, solange du willst.« Ich war ihr kleiner Bruder und zugleich das Kind, das sie niemals hatte.

Ich traf meinen Jugendfreund Freddy Dura. Freddy besaß ein Restaurant in Naharia, in dem Vorstellungen in deutscher Sprache aufgeführt wurden. Er bot mir an, mit ihm zusammen aufzutreten. Mit unseren jeckischen Witzen und Anekdoten unterhielten wir das

Publikum. Ich wollte jedoch etwas Nützliches tun und meldete mich 1944 zur jüdischen Brigade im englischen Militär. Ich bestand die Prüfung und wurde Militärpolizist. Kurz vor der deutschen Kapitulation kamen wir in Norditalien zum Einsatz. Nach Kriegsende nutzte ich die Gelegenheit, meinen Bruder Max in Deutschland zu treffen.

Mein Onkel Isi in der Uniform des israelischen Militärs

Im Mittelmeer stoppten die Engländer viele Schiffe mit Immigranten und verweigerten ihnen die Einreise. Sie errichteten Internierungslager auf Zypern, die nach kurzer Zeit überfüllt waren. Immer mehr Einwanderer versuchten, nach Palästina zu gelangen.

1946 trat ich der von Seev Jabotinski gegründeten rechtsradikalen Untergrundbewegung EZEL (hebr. Irgun Zwai Leumi; deutsch: Nationale Militärorganisation, seit 1940) bei. Mitglied der EZEL zu sein, war ein gefährliches Unternehmen, denn wir kämpften gegen die Briten und gegen die Palästinenser. Wir wollten die britische Mandatsregierung schwächen, was uns letzthin auch gelang.

Wenn ich meinen Bruder Mosche im Kibbuz besuchen wollte, geschah dies über große Umwege, denn die Engländer hatten Kopfgelder auf Irgun-Angehörige ausgesetzt. Mosche war jedes Mal außer sich, wenn ich nach Sade Nahum kam. »Isi, verschwinde, du bringst uns alle in Gefahr.« Aber ich wollte meine Familie sehen.

1948 wurde Israel als selbständiger Staat deklariert, und ich begann meine zehnjährige Laufbahn im israelischen Militär.

1951 heiratete ich meine Jugendliebe Miriam Abromowitz. 1956 kam unsere Tochter Anat (nach meiner Schwester Anna benannt) zur Welt.

Isi starb 2003 in einem Tel Aviver Altersheim, Miriam lebt heute in einer Wohngesellschaft. Seit 1993 lebt meine Cousine Anat mit ihrem Mann Eran Eisenberg und den Zwillingen Allon und Daniel in New Jersey, USA. Ihre Tochter Morli, die sich in Amerika nie zu Hause fühlte, kehrte nach Israel zurück, absolvierte den Militärdienst und studiert mittlerweile an der Universität in Tel Aviv.

Meine Tante Sally und ihr Mann Pinchas Spiegler kamen 1935 nach Palästina. Sally gebar fünf Kinder: Deborah, Chaim, Schimon, Ruth und Zipora. Tante Sally erzählte:

Meine Tochter Deborah benannte ich nach meiner Großmutter Deborah Rivka. Chaim (deutsch: Heinz) erhielt den Namen nach dem Sohn von Max und Betty. Ruth war die Tochter von Anna und Salomon, und Zipora war das Baby von Elias und Ursula. Nur meinen zweiten Sohn Schimon benannte ich nach einem der zwölf Stämme Israels. Alle Kinder leben in Israel, außer Schimon. Er lebt seit fünfunddreißig Jahren in der Schweiz. Es war, als hätte ihn sein Name, den ich ihm gegeben hatte, zum Außenseiter gemacht.

Immer wenn ich schwanger wurde, war meine Schwester Jetti böse mit mir. Die Arme, sie wurde niemals Mutter. Sie stand mit ihrem Mann von morgens bis abends in der Wäscherei, beide arbeiteten sehr schwer.

Wir bezogen eine Parterrewohnung in der Tel Aviver Geula-

Straße, sie lag zwei Querstraßen vom Meer entfernt. Nachmittags ging ich mit den Kindern an den Strand. Sie aßen dort ihr Abendbrot, und in der Dunkelheit kehrten wir nach Hause zurück. Das Leben hier konnte man nicht mit Leipzig vergleichen, aber wir fühlten uns geborgen. Hier waren die Eltern und meine beiden Brüder, die zwar weit entfernt im Kibbuz lebten, aber wir waren nicht alleine.

Wir machten uns große Sorgen um unsere Geschwister, von denen wir keine Post mehr erhielten. Die Zeitungen berichteten von massiven Judenverfolgungen, diese Nachrichten machten uns Angst. Unsere armen Eltern, sie verstanden nicht gut hebräisch, aber die Nachrichten kamen auch in jiddischer Sprache durch.

Pinchas verdiente nicht genug, und ich bügelte Wäsche für einen kleinen Nebenverdienst. In den Sommerferien fuhren die Kinder zu den Großeltern in den Kibbuz und kehrten immer mit vielen Geschichten zurück. Sie spielten im Kinderhaus, fuhren im Pferdewagen auf die Felder und schwärmten von Omas Kartoffelkigel. Meine Eltern ließen die Kinder nie ohne Esspakete nach Tel Aviv heimkehren. Einmal gaben sie Ruthi und Zipora einen lebendigen Hahn mit, der den ganzen Weg über im Autobus »Kikeriki« krähte. Als ich ihn schlachten ließ, wollten die Mädchen nichts davon essen.

Isi kam öfters zu Besuch und übernachtete dann bei uns. Es war zwar eng, aber die Kinder liebten Isi und seine Witze. Wenn er uns besuchte, wollten sie nicht ins Bett gehen. Pinchas schimpfte immer: »Geht endlich schlafen, morgen ist auch noch ein Tag!«

Meine Tante Sally hatte kein leichtes Leben, aber sie war eine zufriedene Frau. Sie erzählte mir eine lustige Geschichte: Von ihrem Schwiegersohn Mosche Krelenstein, der als Busfahrer tätig war, erhielt sie eine Freikarte, mit der sie das ganze Land durchkreuzen konnte. Bei einer ihrer Fahrten nach Haifa Anfang der Sechzigerjahre stieg sie in den Bus, voll beladen wie immer, und verstaute ein Netz mit Orangen unter ihrem Sitz. Nach einiger Zeit bemerkte sie, dass viele Menschen Orangen aßen. Sie schaute besorgt unter ihren Sitz und erblickte das leere Netz. Temperamentvoll, wie sie war, rief sie: »Meine Orangen, meine Orangen!« Die Leute, die sich an den Orangen labten, erwiderten: »Geweret, im Bus sind Orangen herumgerollt, es ist eine lange Fahrt, und wir sind durstig.« Sally gab ihnen zur Antwort: »Es soll euch gut bekommen!«

Tante Sally behielt ihren Humor bis ins hohe Alter, sie häkelte und strickte, kochte, buk und beschenkte ihre Kinder und Freunde. Sie war 1908 zur Welt gekommen und starb 1993 im Alter von fünfundachtzig Jahren in einem Tel Aviver Elternheim.

Nathan (links) und Mosche in Frankreich

Onkel Mosche kam 1939 mit der Jugend-Alijah aus Dänemark nach Palästina und wurde mit seiner Gruppe in den Kibbuz Sade Nahum eingegliedert. Mosche erzählte:

Wir hatten ein schönes Leben in Leipzig, aber nach dem Machtantritt Hitlers wurde mir bald klar, dass wir Juden nicht mehr in Deutschland leben konnten. Wir spürten es immer stärker. Ich machte mir noch jahrelang Vorwürfe, weil ich meiner Familie nicht nachdrücklicher klar gemacht hatte, dass in Deutschland kein Platz mehr für Juden war, zumal uns die Delegierten der Jewish Agency jahrelang vor massiven Judenverfolgungen gewarnt hatten. Nach meiner Verhaftung (sie holten mich direkt aus einer unserer Sitzungen heraus) verstand ich erst, in welcher Gefahr wir uns tatsächlich befanden. Ich hatte das Glück, mit der Alijat Hanoar (Jugendorganisation) nach Dänemark fahren zu können. Es war ein abenteuerliches Unternehmen.

In Frankreich traf ich mich mit meinem Bruder Nathan, der schon seit 1933 dort lebte. Ich versuchte, ihn zu überreden, mit uns nach Palästina zu emigrieren. Doch Nathan wollte nichts davon hören, er dachte nicht daran, ein heißes, rückständiges Land wie Palästina fruchtbar zu machen. Er wollte in Europa bleiben und irgendwann nach Leipzig zurückkehren. 1939 begleitete uns Nathan zum Hafen. Noch einmal bat ich ihn: »Nathan, du kannst es dir noch überlegen, fahre mit uns.« Nathan sagte nur: »Vergiss es, Mosche, Palästina ist kein Land für mich.« Wir umarmten uns ein letztes Mal. Es war ein Abschied für immer.

Kurz vor unserer Abreise aus Dänemark bekam ich einen letzten Brief von meiner Schwester Anna aus Chemnitz:

Lieber Mosche   Chemnitz, den 11/1/1939
Habe heute deinen lieben Brief erhalten und freue mich, daß es dir endlich gelungen ist, nach so langer Zeit zu einem Zertifikat zu kommen. Gott soll dir helfen, gesund rüberzukommen und drüben ein festes Ziel für dein Leben zu finden. Die Eltern fahren Anfang Februar, leider dauert es mit Adele zu lange, bis sie die Bestätigung bekommt. Sonst werde ich sie bis zu unserer Einreise zu uns nehmen.

Salo hat einen Cousin in Kanada, der sich sehr stark bemüht, für uns einen dauernden Aufenthalt zu finden. Augenblicklich müssen wir noch warten, bis sich das am 12. Januar entscheidet. Gott soll uns helfen, daß wir so bald wie möglich die Bestätigung bekommen.

Von unserem Rutchen kann ich dir mitteilen, daß sie sich unberufen sehr gut macht, sie lacht den ganzen Tag und macht uns sehr viel Freude. Unser Geschäft haben wir Ende Dezember aufgelöst. Am Sonntag fahren wir noch mal zu den Eltern. Für heute Schluß, ich habe noch einige Sachen zu erledigen. Verbleibe mit vielen herzlichen Grüßen und Küssen und alles Gute für deine Zukunft,
 Küsse von Salo und Rutchen

Dann kam noch ein Brief von meiner Mama. Ich erhielt ihn drei Tage vor unserer Abfahrt:

Mein geliebtes Kind Mosche.   5. Januar 1939
Ich will dir von unserem Wohlbefinden mitteilen, dasselbe hoffe ich von dir zu hören. Deinen lieben Brief habe ich erhalten und mit viel Freude gelesen, daß du dein Ziel erreicht hast. Vor allem wünsche ich dir eine gute Reise, dass du mir beschulem (in Frieden) und gesund nach Erez Israel kommst. Mache keine Dummheiten auf dem Schiff. Von uns kann ich dir mitteilen, daß wir heute unsere Sachen weggeliftet (Überseelift) haben. Wir fahren am 10. Februar. Von Leo hören wir, daß er nach England fährt, das habe ich heute erfahren. Er wohnt mit Freunden im Beit Chaluz (Pionierhaus). Und Isi wird hoffentlich diesen Monat mit der Jugend-Alijah aus München fahren. Nun habe ich die größten Sorgen um Adele.

Wenn du zu Nathan kommst, dann rede mit ihm. Er soll so schnell wie möglich etwas unternehmen, damit die Sache beschleunigt wird. Denn auf Versprechungen kann man sich nicht verlassen. Glaube mir, mein liebes Kind, ich darf nicht daran denken. Ich mache kein Auge zu und habe keine Kraft und weiß nicht, wo ich das arme Mädel lassen soll.

Mein liebes Kind, verbleib mir mit vielen Grüßen und Küssen von deiner lieben treuen Mutter, Vater und Geschwister.

Auf dem Schiff gab es Musikabende, Vorträge und viele kulturelle Veranstaltungen. Junge Leute aus ganz Europa waren an Bord. Alle warteten mit Spannung auf Palästina. Was würde uns das neue Leben bringen? Ich freute mich auf das Wiedersehen mit meinen Eltern und hoffte, dass auch meine Geschwister bald ihre Ausreisegenehmigungen erhalten würden.

Bei unserer Ankunft wurden wir von den Leitern der Alijat Hanoar erwartet. Nachdem alle Formalitäten erledigt waren, fuhren wir in Autobussen nach Beit Schean in den Kibbuz Sade Nahum. Das Kibbuzleben gefiel mir, obwohl wir es nicht leicht hatten, denn das heiße Klima und die harten Arbeitsbedingungen machten uns zu schaffen. Der Kibbuz war ein Rahmen, in den man sich einzufügen hatte. Absolute Bereitschaft, sich der Ideologie des Gemeinschaftslebens anzupassen, war unerlässlich. Wir hatten alles, was wir brauchten – es gab die Großküche, einen Speisesaal, eine Krankenstation, ein Kinderhaus und eine Schule. Meine Freunde sagten: »Lieber ein paar Unbequemlichkeiten unter seinesgleichen, als in unseren Heimatländern als Jude verfolgt zu werden.«

Ich war für die Viehzucht verantwortlich und spezialisierte mich auf das Scheren der Schafe. Manches Mal schaute ich in den Spiegel und lachte. So hätten mich meine Leipziger Freunde sehen sollen! Oder mein Ausbilder in der Dekorateurschule, der mir 1936 einen Brief in die Hand gedrückt hatte, in dem man mir mitteilte, dass ich meine Ausbildung bedauerlicherweise nicht fortsetzen könne. Jetzt war ich braungebrannt, trug knielange Hosen, ein weites Hemd und dazu einen weichen Stoffhut mit herabfallender Krempe, den »Kowatembel«. Niemand von den Leipziger Freunden und Bekannten hätte mich wiedererkannt. Ich war ein Schafscherer geworden und ein stolzer Kibbuznik und genoss das Leben in der Gemeinschaft, die Abende mit Volkstänzen, Konzerten und allen möglichen anderen Veranstaltungen. Regelmäßig fanden Sitzungen statt, in denen mitunter lebhaft diskutiert wurde. Unterschiedlichste Meinungen und Temperamente prallten aufeinander. Man stritt über nötige Anschaffungen, über Ungeziefer- und Insektenbekämpfung oder um die Einteilung der Arbeitskräfte. Doch trotz allem fühlten wir uns inmitten einer großen Familie.

Ich verliebte mich in Tamar (hebräisches Wort für Dattel). Sie war zierlich und hatte lange schwarze Haare, die ihr olivfarbenes Gesicht umrahmten. Tamar kam mit ihrer Familie aus Jemen, und als ihr Vater von unserer Verbindung erfuhr, erklärte er: »Meine Tochter heiratet keinen Aschkenasi!«, obwohl sich herausstellte, dass Jeckes und Jemeniten in ihrem ruhigen Wesen trotz ihrer verschiedenen Kulturen sehr gut zueinander passten.

Mit der großen Zahl illegaler jüdischer Einwanderer wuchsen die Spannungen zwischen Juden und Arabern. Immer wieder kam es zu Unruhen, und die Araber nahmen die Kibbuzim unter Beschuss. Weil die Briten Konflikte mit den Arabern vermeiden wollten, erteilten sie Juden keine Einreisegenehmigungen mehr. Viele Einwanderer gelangten fortan auf illegalen Wegen nach Palästina.

Die Deutsche Wehrmacht überrannte Europa und stieß bis nach Nordafrika vor. Wir hatten Angst, dass sie womöglich auch Palästina besetzen würden. Ich trat der Untergrundbewegung Hagana[1] (hebr. Verteidigung) bei. Zum ersten Mal in der Geschichte hatten wir Juden einen Platz, der uns Sicherheit und Bürgerrechte versprach, und für diesen Staat wollten wir kämpfen. Auf Anordnung der Briten durften Juden keine Waffen besitzen. Uns gelang es trotzdem, Waffen zusammen mit den Lebensmittellieferungen ins Land zu schmuggeln, denn im englischen Militär gab es jüdische Soldaten, die mit uns konspirierten.

Meine Eltern lebten nun auch bei uns, worüber ich sehr froh war, denn sie litten unter der Zerrissenheit der Familie und machten sich große Sorgen um meine Geschwister.

Schon 1937 gelangte Ester Leiner in unseren Kibbuz, sie stammte aus Ludwigshafen. Ihre Eltern und zwei ihrer Schwestern waren im selben Jahr nach Amerika emigriert, während Ester mit ihrer Schwester Dina und einer Gruppe der Jugend-Alijah nach Palästina kam. Ich kannte Ester vom Sehen, bevor sich eines Tages im Speisesaal die Gelegenheit ergab, sie anzusprechen. Sie beeindruckte mich durch ihre Intelligenz und Schlagfertigkeit, und mit der Zeit wurden wir unzertrennlich. Wir heirateten. 1942 kam unsere Tochter Michal zur Welt und 1946 unser Sohn Eli. In den Fünfzigerjahren verließen wir den Kibbuz und siedelten uns in dem landwirtschaftlichen Jugenddorf Ben Schemen an. Ester arbeitete als Englischlehrerin, denn in Ben Schemen wurden Lehrkräfte gebraucht.

Nach sechs Jahren verließen wir Ben Schemen und zogen nach Holon. Dort hat Ester in der Grundschule Schenkar bis zu ihrer Pensionierung Englisch unterrichtet. Ich arbeitete in einem Privatunternehmen, das Schafzucht betrieb.

---

1 Die Hagana war eine zionistische paramilitärische Untergrundorganisation zur Zeit des britischen Mandats. Die 1909 gegründete Bewegung war ein Vorgänger der Ha Schomer. Im Jahr 1936 bestand die Hagana aus 10.000 aktiven und 40.000 einsatzbereiten Kämpfern. Durch Abspaltung der Rechtsgerichteten entstanden 1937 die Gruppen EZEL und Lechi. Nach dem Krieg führte die Hagana antibritische Operationen durch. Sie unterstützte und organisierte die Einwanderung der Holocaust-Überlebenden aus Europa, zum Beispiel das Schiff Exodus. Nach der Gründung des Staates Israel am 14. Mai 1948 etablierte die provisorische israelische Regierung die neue Armee.

Ester starb 1996. Onkel Mosche starb 2002 in einem Elternheim in Kfar Saba.

Vera Ehrlich, eine Enkeltochter von Chana, der Schwester meiner Großmutter, ist meine Großcousine. Sie wurde 1926 in Leipzig geboren und lebt heute in einem Elternheim in Rischon Le Zion. Bei jedem meiner Besuche erzählt sie mir von ihrer Kindheit in Leipzig. Hier ist ihre Geschichte:

Meine Eltern hießen Charlotte Helene und Adolf Messinggrau. Sie ließen sich scheiden, als ich noch sehr klein war. Mein Vater wanderte dann nach Amerika aus. Meine Mutter heiratete ein zweites Mal. Sie wurde mit Sigbert Spiegel sehr glücklich, und für mich war er wie ein leiblicher Vater. Wir wohnten in der Auenstraße 28. Nach Hitlers Machtübernahme entschlossen sich viele Juden, Deutschland zu verlassen. 1933 konnte man noch ohne Schwierigkeiten Auswanderungsvisa beantragen. Wir haben am Leipziger Bahnhof viele Freunde und meine Tante Hanni und ihren Mann verabschiedet. Am Bahnsteig herrschte eine ausgelassene Stimmung, es wurde sogar Horra (israelischer Volkstanz) getanzt, doch ich weinte, als ich Tante Hanni hinter dem Zugfenster sah, denn ich hing sehr an ihr. Damals ahnte niemand, wie richtig ihre Entscheidung war; nur vier Jahre später wurden praktisch keine Visa mehr erteilt.

Mein Stiefvater war deutscher Jude und besaß einen deutschen Pass. Deshalb erhielt er 1938 eine Ausreisegenehmigung mit vorgeschriebenem Termin, an dem er Deutschland verlassen musste. Meine Mutter hätte mit ihm fahren können, ich jedoch nicht, denn ich war nicht sein leibliches Kind. Mein Stiefvater verließ Deutschland schweren Herzens und fuhr nach London, allein, denn meine Mutter wollte mich zuerst in Sicherheit wissen, bevor sie ihm folgte. Ich sollte 1939 mit dem letzten Kindertransport, den das Rote Kreuz durchführte, nach Palästina fahren. Ich war zwölfeinhalb Jahre alt.

In den Abendstunden herrschte für Juden Ausgangssperre, nur die jüdischen Mütter durften ihre Kinder zum Bahnhof begleiten. Außer der SS und Polizisten befanden sich Schwestern des Roten

Meine Familie in Israel

Deutsches Rotes Kreuz
Präsidium / Auslandsdienst
Berlin SW 61, Blücherplatz 2

ANTRAG
an die *Agence Centrale des Prisonniers de Guerre, Genf*
— Internationales Komitee vom Roten Kreuz —
auf Nachrichtenvermittlung

*REQUÊTE
de la Croix-Rouge Allemande, Présidence, Service Étranger
à l'Agence Centrale des Prisonniers de Guerre, Genève
— Comité International de la Croix-Rouge —
concernant la correspondance*

1. Absender *Helene Sara Spiegel*
   Expéditeur *Leipzig, C.1. Burbar. Wolff 7.*
   bittet, an
   prie de bien vouloir faire parvenir à

Verwandtschaftsgrad: *Kind*

2. Empfänger *Vera Sara Messingrain & Hillel*
   Destinataire *Nahalall - Palästina*

folgendes zu übermitteln / *ce qui suit:*
(Höchstzahl 25 Worte!)
(25 mots au plus!)

*Mein überalles geliebtes Herzenskind!
Fahre weg. Alles Gute der Welt für Dich, bleibt immer gesund
Gut, brav. Vergiss Mami nicht. Bete für Mami.
Küsse alle*

Mami

(Datum / *date*) (Unterschrift / *Signature*)
3. Empfänger antwortet umseitig
   Destinataire répond au verso   10 MARS 1943   *Helene Sara Spiegel*

Antrag auf Nachrichtenvermittlung (Deutsches Rotes Kreuz)

Kreuzes an den Gleisen des Leipziger Bahnhofs. Sie beruhigten die weinenden Mütter: »Machen Sie sich keine Sorgen, Ihre Kinder werden in Sicherheit gebracht.«

Meine Mutter hatte mir zu Hause einige Schmuckstücke in ein Taschentuch geknotet und mich ermahnt: »Zeig sie niemandem, du wirst sie vielleicht brauchen. Ich werde in die Schweiz fahren, von dort nach Palästina, wir werden uns bald wiedersehen.« Sie umarmte und küsste mich, und ich bestieg den Zug zusammen mit zwei Mädchen, die ich aus der Schule kannte. Es war der 10. Dezember 1939.

Als der Zug am Brenner Pass Halt machte, bekam ich Angst und warf das Taschentuch mit dem Schmuck aus dem Fenster. In Triest stiegen wir aus. Man brachte uns in einer Pension unter, aber niemand kontrollierte uns. Ein paar Tage später gingen wir an Bord der Galilia. Auf dem Schiff befanden sich einige hundert Kinder aus Deutschland und Österreich. Die Delegierten der Jugendorganisation teilten uns in Gruppen ein und gaben uns Informationen über Palästina. Trotz der vielen Kinder an Bord fühlte ich mich sehr einsam und fremd. Zum ersten Mal in meinem Leben war ich von meiner Mami getrennt.

Bei unserer Ankunft in Haifa wurden wir erneut in Gruppen eingeteilt und zu verschiedenen Orten gefahren. Mich brachte man in das Gebäude der Stadtverwaltung in Rischon Le Zion, wo mich meine Tante Hanni und ihr Mann Mendel Zimetbaum empfingen. Ich war sehr glücklich, meine Tante wiederzusehen.

Sie wohnten in einer kleinen Zweizimmerwohnung, und weil ich ununterbrochen weinte, schlief ich mit Tante Hanni im Schlafzimmer. Onkel Mendel schlief auf einem Liegestuhl in der Küche. Sie überschütteten mich mit unendlicher Liebe und Rücksicht, doch ich weinte und weinte und wollte zu meiner Mami nach Leipzig.

Bei Tante Hanni blieb ich einige Monate lang. Danach brachte mich die Jugendorganisation nach Ramat Hadar zu einer deutsch sprechenden Familie, die sich bereit erklärt hatte, Kinder zur Erholung bei sich aufzunehmen. Ich fühlte mich sehr wohl bei der Familie Roth und freundete mich mit deren Tochter Ilse an. Danach kam ich in einen Kibbuz und lernte Landwirtschaft.

Die Jugendorganisationen sorgten für Ausbildung und für eine sichere Zukunft der Waisenkinder, aber ich hatte große Schwierigkeiten, mich einzuleben, und weigerte mich, hebräisch zu lernen. Deutschland führte nun Krieg, und der Postverkehr war abgebrochen.

Endlich, 1943, erhielt ich durch das Rote Kreuz einen Brief aus Leipzig, in dem mir meine Mutter ein paar Zeilen schrieb. Als Absender gab sie an: Leipzig, Gustav-Adolf-Straße 7. In Druckbuchstaben auf dem Papier: »Maximum 25 Wörter.« Meine Mutter schrieb:

Mein über alles geliebtes Herzenskind, ich fahre weg, alles Gute der Welt für dich, bleib immer gesund, gut, brav. Vergiß Mami nicht, bete für Mami. Küsse alle. Mami.
Helene Sara Spiegel

Familie Freier, Ende 1938 in Leipzig

Danach brachen alle Kontakte ab. Nach dem Krieg erfuhren wir, dass die letzten Zeilen meiner Mutter kurz vor ihrer Deportation in den Osten geschrieben wurden. Meine Mami kam im Lager Birkenau ums Leben. Es war sehr schwer für mich, doch ich konnte von

Ruth und Adele, 1940 in Belgien

Glück reden, dass ich bei Tante Hanni und Onkel Mendel lebte, die mir so viel Liebe gaben.

1946 heiratete ich meinen Mann, Aharon Ehrlich, und gebar zwei Töchter, Lea und Piuta. Heute lebe ich in einem Elternheim in Rischon und führe im Herzen Gespräche mit meiner Mutter. Immer wieder sage ich: »Hättest du nicht so einen schönen Lebensabend verdient, wie ich ihn habe? Bitte verzeih mir, wenn dein Bild mit den Jahren immer mehr verblasst und ich mehr an Tante Hanni denke, die für mich eine zweite Mutter war. Bitte verzeih mir, meine geliebte Mami.«

Meine umgekommenen Verwandten

Max erzählte vom Jahr 1939 in Leipzig:
Nach dem tränenreichen Abschied am Leipziger Bahnhof fuhren wir alle zu Heinis Wohnung. Die Stimmung war sehr gedrückt. Jetzt erst konnten wir offen über unsere Sorgen und Ängste sprechen, die wir vor den Eltern verborgen hatten. Else sagte: »Ich habe einen großen Topf Suppe zubereitet, setzt euch hin, nach dem Essen lässt es sich besser reden.« Heini meinte: »Ein Glück, dass wir unsere Eltern erstmal in Sicherheit wissen. Ich werde jeden Tag zum Auswanderungsamt gehen, damit unsere Papiere schneller bearbeitet werden. Leo und Isi, ihr könnt bei uns wohnen.«

Doch Leo hatte anderes vor: »Ich fahre nach Berlin zu meinen Freunden, sie bringen mich unter, bis wir abreisen.« Und auch Isi verabschiedete sich von uns: »Meine Chewre (Freunde) von der Jugendgruppe warten in München auf mich. Ich fahre jetzt, ich will keine Zeit verlieren.« Er umarmte uns alle und ging.

Ich hatte einen Entschluss gefasst: »Wir wollen nicht länger warten, unsere Sachen sind schon gepackt. Wir fahren nach Belgien, Anna, Schloime und Adele kommen mit. Wir müssen so schnell wie möglich hier raus.«

Betty saß schweigend neben mir, mit Heinz auf dem Schoß. Er weinte und fragte: »Wann kommen Oma und Opa wieder?« Heini meinte: »Wenn wir nach Belgien fahren, wie kommen wir dann nach Erez Israel? Hier haben wir unser Amt, das unsere Visa bearbeitet.« Anna hielt die einjährige Ruth im Arm und sagte: »Unser Angebot steht. Wir werden zwei Wohnungen mieten und euch unterbringen. Überlegt es euch!« Ursula weinte: »Was geschieht mit meinen Eltern und meinen Geschwistern? Ich kann nicht ohne meine Familie fahren.« Elias tröstete sie: »Geduld, mein Herz, bis jetzt haben wir noch keine Visa. Aber hab keine Angst, irgendwie werden wir es schaffen.«

Angst und Ratlosigkeit machten sich in der Wohnstube von Heini und Else breit. »Esst eure Suppe«, bat Else, doch niemand schien großen Appetit zu haben. Der Abschied von unseren Eltern tat zu weh.

Ich konnte Heini und Elias nicht verstehen. Worauf warteten sie? Auf ein Wunder? Es war schon zu spät für uns alle, wir wussten es nur nicht. Wir fuhren nach Brüssel und mieteten eine Wohnung in Saint Gilles. Anna und Schloime zogen mit Ruth und Adele ganz in unsere Nähe.

Die Länder, die bereit gewesen waren, Juden aufzunehmen, verschlossen nach und nach ihre Grenzen für jüdische Emigranten.

Ruth, Anna und Schloime

1940 wurden auf Anordnung der Gestapo alle Juden in die sogenannten Judenhäuser eingewiesen. Mehrere Familien wurden in einer Wohnung untergebracht und hatten Zwangsarbeit zu verrichten. Alleinstehende mussten mit mehreren Personen in einem Zimmer leben.

Elias und Ursula kamen in die Humboldtstraße 6. Elias musste als Schlosser arbeiten. Am 15. November 1941 gebar Ursula ihre Tochter Gitel Zipora. Am 21. Januar 1942 wurden sie mit Hunderten Leidensgefährten nach Riga deportiert. Aus den Dokumenten in Yad Vaschem geht hervor, dass Gitel Zipora das jüngste Kind dieses Transports war.

Else wurde am 9. August 1944 durch die Sicherheitspolizei Riga in das KZ Stutthof eingeliefert und gilt seitdem als verschollen. Ihre Tochter Renate gilt seit dem 22. April 1944 in Riga als verschollen.

Elias kam mit unbekanntem Datum nach Buchenwald und am 26. Januar 1945 nach Auschwitz, wo er Max wiedersah. Beide Brüder wurden am 4. März 1945 in das KZ Natzweiler überstellt. Max erzählte:

Auf dem letzten Todesmarsch machten wir neben einer Scheune halt. Dort erblickten wir verstreute Weizenkörner, die aus einem aufgeplatzten Sack quollen. Alle fielen darüber her, um sich die Münder vollzustopfen. Ich sagte: »Eli, steh auf, wir marschieren weiter«, aber der Hunger wurde Elias zum Verhängnis. Der Truppenführer tötete ihn durch einen Kopfschuss. Das passierte Mitte März 1945, zwei Monate vor unserer Befreiung.

Heini, Else und ihre Tochter Renate wurden in die Walter-Blümel-Straße 21 eingewiesen. Heini arbeitete bei der Müllabfuhr als Sortierer. Am 21. Januar wurden auch sie nach Riga deportiert. Am 8. August 1944 kam Heini mit Hunderten Häftlingen in das KZ Stutthof und am 8. September 1944 nach Buchenwald. Dort wurde er dem Kommando Tröglitz überstellt. Seitdem gilt er als verschollen.

Nathan machte seine Lehre als Dekorateur bei der Firma Althoff in Leipzig, bei der er bis zu seiner Entlassung 1933 beschäftigt war. Er fuhr nach Frankreich und arbeitete in Metz und Paris als Dekorateur. Die Namen der Firmen sind uns nicht bekannt. Oma hatte ihn 1937 besucht und erzählte, dass er in Montpellier bei der deutschen Firma Unifix gearbeitet habe. 1942 wurde Nathan von der Gestapo gefasst und in das Lager Drancy deportiert. Am 10. August 1942 befand er sich im Eisenbahnwaggon Nr. 17. Die Deportation führte nach Auschwitz. Er kam in den Gaskammern ums Leben. Laut der alphabetischen Namensliste aller Deportierten war Herbert Fuchs aus Pudzin der einzige Überlebende dieses Transports.

Am 4. Dezember 1943 kamen Adele, Anna, Schloime, Ruth, Max, Betty und Heinz in das Sammellager Mechelen (frz. Malines). Am 15. Januar 1944 wurden sie nach Auschwitz deportiert. Adele, Anna, Ruth, Betty und Heinz kamen in den Gaskammern ums Leben. Max wurde 1945 in Natzweiler von der amerikanischen Armee befreit und kehrte nach Leipzig zurück, um nach Angehörigen zu suchen.

Salomon Glicksman überlebte und kehrte nach dem Krieg nach Chemnitz zurück.

Sämtliche Angaben stammen aus den Archiven von Yad Vaschem und dem ITS, dem Internationalen Suchdienst Bad Arolsen.

Der Aktenordner

Mein Bruder stieß vor zwei Jahren zufällig auf einen alten Aktenordner meines Vaters. Zwischen alten Rechnungen fand er die handgeschriebenen Berichte über seine Leidenszeit in den Lagern, Briefe von seinen Geschwistern aus Israel, Korrespondenz mit seinen ehemaligen Schulfreunden. Horst Karliner schrieb ihm 1955 aus San Francisco einen begeisterten Brief über die Naturschönheiten der USA, über die Restaurants und die fortgeschrittene Technik. Seine Kinder Werner, Karlheinz, Brigitte und Steffi fügten Grüße dazu.

Ein Brief von M. Silber aus Montreal, Kanada. Max Broder aus Leipzig, Besitzer einer Metallgroßhandlung, mit der die Familie Geschäfte machte und in Briefwechsel stand.

Anni Grynbaum, geb. Gewürtz, bat meinen Vater in einem Brief aus Hamburg, Rentzelstraße 13, für ihren Wiedergutmachungsantrag zu bezeugen, dass sie sich als Kinder in Leipzig kannten. Anni und mein Vater waren Mitglieder des Sportvereins Bar Kochba gewesen. Den Brief schrieb sie 1953.

Durch meine in Hamburg lebende Freundin Broni Warmann erhielt ich Annis Telefonnummer. Anni erzählte:
Ihren Vater Leo kenne ich aus meinen Kinderjahren in Leipzig. Er war wie ich Mitglied des Sportvereins. Wir trafen uns auch sehr oft außerhalb des Vereins. In den Kriegsjahren begegnete ich ihm in Riga wieder, ebenfalls seinem Bruder Heini. Heini war Lagerpolizist und warnte uns immer rechtzeitig vor Kontrollen. Er half uns sehr viel und war ein richtiger Goldengel.

Monatelang schaufelten wir meterhohen Schnee, den wir auf tote Bahngleise beförderten. Danach arbeitete ich in einer Armeebekleidungsfabrik, wo ich Wäsche, Uniformen und Schuhe sortierte.

1944 wurden wir nach Stutthof deportiert, wo Männer und Frauen in getrennten Lagern untergebracht waren. Auch dort mussten wir Armeekleidung sortieren. Ende 1944 brach im Lager eine Typhusepidemie aus. Die Kranken kamen in ein Quarantänelager, die Toten wurden im Krematorium verbrannt. Im Dezember marschierten wir in ein Außenlager. Dort wurden wir von deutschen Soldaten beaufsichtigt, die uns bedeutend besser als die SS behandelten. Wir entnahmen ihren Gesprächen, dass sie uns beschäftigen wollten, um nicht an die Front geschickt zu werden. Kurz danach hörten wir, dass Danzig von der immer näher rückenden russischen Armee eingekreist war. Die Deutschen gerieten unter starken Druck, und wir mussten uns marschbereit machen. Wir kamen in ein anderes Außenlager, und dort hörte ich, dass Leo ohne Beine in einem Lazarett lag.

Ich besuchte ihn. Er sagte, er hoffe, schon bald in ein größeres Krankenhaus verlegt zu werden, wo es bessere Behandlungsmöglichkeiten gebe. Er war sehr optimistisch, und ich bewunderte seine Einstellung.

Wir wurden zum Schiffshafen gebracht. Das Schiff trug den Namen Kapakona. Häftlinge und SS-Leute bestiegen das Schiff. Ich hatte Angst, auf das Schiff zu gehen, rannte davon und versteckte mich in einer leeren Baracke. Damit rettete ich mein Leben, denn kurz vor Kiel wurde das Schiff von den Engländern bombardiert und sank.

Anni gab mir die Telefonnummer von Rolf Kralovitz. Er wurde 1925 in Leipzig geboren, auch seine Mutter war gebürtige Leipzigerin. Sein Vater stammte aus Ungarn. Heute ist er vollständig erblindet. Er lebt mit seiner Frau Brigitte in Köln. Er erzählte mir:
1941 wurden alle jüdischen Familien in die sogenannten Judenhäuser eingewiesen, wo wir auf engstem Raum lebten. Alle mussten schwere Zwangsarbeit verrichten. Mein Vater war zu dieser Zeit in Ungarn und versuchte vergeblich, uns aus Deutschland herauszuholen. Unsere Lebensmittelkarten waren mit einem »J« gestempelt, und wir durften nur in bestimmten Geschäften einkaufen. Für Juden gab es weder Fleisch- noch Kleider- oder Zigarettenmarken. Juden durften kein Kino oder Theater besuchen, keine Telefone und keine Straßenbahnen benutzen. Nur mit Sondergenehmigungen war es erlaubt, auf der Plattform zu stehen. Ein »Judenbeauftragter« namens Gebhardt kontrollierte die Wohnungen und schaute in die Kochtöpfe. Wenn er ein Stück Fleisch entdeckte, ließ er die Bewohner sofort verhaften.

Wir wohnten in der Walter-Blümel-Straße, und Heini Freier, seine Frau Else und ihre kleine Tochter Renate waren unsere Zimmernachbarn. Wir verbrachten viele Abende zusammen. Else war eine ruhige, bescheidene Frau, und Heini war ein außergewöhnlich netter Mensch, der Schwerstarbeit bei der städtischen Müllabfuhr zu verrichten hatte. Er organisierte ab und zu ein Stück Fleisch auf dem Schwarzmarkt, was damals lebensgefährlich war. Alle Häuser wurden streng von der Gestapo überwacht, und ab acht Uhr abends herrschte für Juden Ausgangssperre. Ab Spätsommer mussten alle Juden einen gelben Stern deutlich sichtbar an ihrer Kleidung tragen, und Ende 1941 wurden die Deportationslisten herausgegeben. Alle machten sich Gedanken, was man mitnehmen und was man zurücklassen konnte, doch selbst die lebhafteste Phantasie reichte nicht aus, sich vorzustellen, was uns dort erwartete.

Im Januar 1942 wurden fast alle Juden nach Riga transportiert, unter ihnen auch Heini, Else und Renate. Im Oktober 1943 wurde ich mit meiner Familie von der Gestapo verhaftet. Meine Mutter und meine Schwester kamen in das Frauenlager Ravensbrück und wurden dort hingerichtet, mein Vater kam in den Gaskammern von Auschwitz um. Ich wurde in das Lager von Buchenwald deportiert.

Die relativ wenigen Überlebenden aus Riga kamen mit Zwischenstationen in andere Lager und nach Buchenwald. Als ich vom Eintreffen der Rigaer hörte, lief ich sofort zu dem Gebäude, in dessen Keller die Neuzugänge zur Desinfektion und Einkleidung eingepfercht worden waren. Durch ein Fenster fragte ich: »Sind hier Leipziger dabei?« Die Antwort war: »Heini Freier.« Er drängte sich durch die vielen nackten Gestalten. Ich erkannte ihn kaum wieder, er war abgemagert und sah viel älter aus, als ich ihn in Erinnerung hatte. Er freute sich, jemanden von früher wiederzutreffen, doch leider war es mir nicht möglich, ihm in irgendeiner Weise zu helfen. Er kam in eines der berüchtigten Außenlager, in deren unterirdischen Stollen unmenschliche Zustände herrschten, die viele Häftlinge das Leben kosteten.

Rolf Kralovitz schrieb die Bücher *Der gelbe Stern in Leipzig* und *ZehnNullNeunzig in Buchenwald – Ein jüdischer Häftling erzählt*. Das Buch *Menschen ohne Grabstein*, verfasst von Ellen Bertram, wurde von Rolf und Brigitte Kralovitz herausgegeben.

Je intensiver ich mich mit den Wurzeln meiner Familie beschäftige, desto besser verstehe ich die Bedeutung unseres jüdischen Staates und meine Bindung an Israel. Wenn ich auf meinen Reisen an den internationalen Flughäfen unsere El-Al-Maschinen sehe, fühle ich mich zu Hause und frage mich, ob Menschen anderer Nationen dasselbe empfinden, wenn sie die Flaggen oder Flugzeuge ihrer Heimatländer sehen. Doch beim Anblick aufmarschierender Neonazis und schreiender Massen, die antisemitischen Rednern zujubeln, beginnt mein Herz vor Angst schneller zu klopfen, und ich fühle nur Hilflosigkeit und Trauer.

Mein Vater

Mein Vater, Leo Freier, wurde 1921 in Leipzig geboren, der damals größten deutschen Messe- und Handelsstadt, die mit ihren zahlreichen

Denkmälern und Kirchen, ihren Parkanlagen, dem Gewandhaus, der um 1400 gegründeten Universität und nicht zuletzt als Geburtsort vieler Dichter und Komponisten auch zu den kulturellen Zentren des Reichs zählte. Weitere Attraktionen waren der Bahnhof – der größte Europas –, die im 19. Jahrhundert entstandenen Schrebergärten und, nicht zu vergessen, das Alte Rathaus im Zentrum der Stadt, das als einer der schönsten Renaissancebauten Deutschlands gilt. In dieser pulsierenden Großstadt kam mein Vater als zehntes Kind der Familie Freier zur Welt. Ein Jahr später gebar seine Mutter ihr letztes Kind, Isidor.

Die gesamte Familie zu Hause bei Oma

Mein Vater erzählte:
    An meine Kindheit habe ich die schönsten Erinnerungen, von denen ich bis heute zehre. Die Liebe und Geborgenheit, die mich umgaben, halfen mir, auch schwere Zeiten zu überstehen. Mein Bruder Isi und ich waren die Jüngsten unserer Familie, wir wurden von allen verwöhnt und waren unzertrennlich. Wir schliefen in einem Bett, teilten alles miteinander, wir prügelten und küssten uns und verlebten eine sorglose Kindheit in der Leipziger Münz-

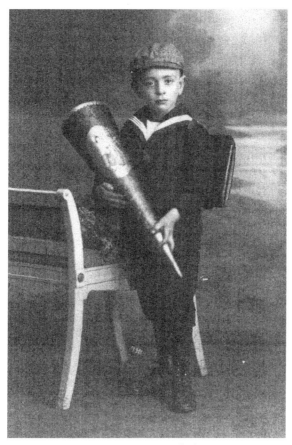

Mein Vater an seinem ersten Schultag

gasse. Unsere große Familie wurde noch größer, als meine älteren Geschwister heirateten.

Mit sechs Jahren kam ich in die Schule. Wie es in kinderreichen Familien üblich war, erbte ich die wadenlange Hose und die Jacke mit dem schmucken Matrosenkragen von meinem älteren Bruder Mosche. Voller Stolz ging ich zusammen mit Mama zu unserem Fotografen Voigt, der seit jeher zu historischen Anlässen sämtliche Familienmitglieder fotografierte.

Meine Schultüte war prall gefüllt mit Buntstiften, Bleistiften,

Radiergummis und einer Menge Süßigkeiten, die Mama bei unserem Lebensmittelhändler Albanos gekauft hatte. Wir Kinder liebten Herrn Albanos. Er hatte ein rundliches, sympathisches Gesicht, war immer zu Späßen aufgelegt und schenkte uns hin und wieder Bonbons, die er in großen runden Glasgefäßen aufbewahrte. Nie vergaß er, Grüße an Mama auszurichten. Seine eigene Ehe war kinderlos, und vielleicht war ihm unsere große Familie deshalb so ans Herz gewachsen.

In der Münzgasse wohnten viele Kinder, die zum Teil mit mir in dieselbe Schulklasse gingen. Die Jungen trafen sich nachmittags auf der Straße zum Fußballspielen. Wir verständigten uns durch Pfiffe: Ein Pfiff bedeutete: »Komm runter!« Zwei Pfiffe hieß: »Bring den Ball mit!« In der Schulklasse schmuggelten wir heimlich kleine Zettelchen mit Botschaften durch die Reihen, was sehr gefährlich war, denn unser Lehrer, Herr Ludwig, verstand keinen Spaß.

Mit seinem Spitzbart, der das längliche Kinn kaschieren sollte, hatte Herr Ludwig große Ähnlichkeit mit einem Ziegenbock. Er blickte grundsätzlich abweisend und griesgrämig drein und trug eine Brille mit ungeheuer dicken Gläsern. Nie legte er den gefürchteten Rohrstock aus der Hand. Er wies mit ihm auf die Tafel oder ließ ihn auf unsere Hintern niedersausen, wenn wir schwatzten oder keine Schularbeiten gemacht hatten. Außerdem benötigte er ihn, um sich mehrmals täglich an einer bestimmten Stelle hinter dem rechten Ohr zu kratzen. Er rollte das R und pflegte uns aufzufordern: »Grrriner Brrruder, rrrin in die Ecke!« Vor diesem Befehl hatten wir schreckliche Angst.

Mama suchte ihn einmal auf und sagte: »Verehrter Herr Ludwig, Sie brauchen meine Kinder nicht zu bestrafen oder zu erziehen, *ich* erziehe meine Kinder.« Viel geholfen hat uns ihr Appell nicht, dafür prügelte er zu gern. Eines Tages ging unser großer Bruder Max in die Schule, um mit den gefürchteten Lehrern zu sprechen. Locker über die Schulter gelegt trug er eine Axt – und tatsächlich verminderten sich die Strafen fortan spürbar. In den großen Pausen veranstalteten wir im Hinterhof Wettläufe, Sackhüpfen und Versteckspielen, wir bohrten Löcher in den Boden für die kleinen bunten Murmeln, die wir mit gekrümmtem Zeigefinger hineinbeförderten.

Papa war Altmetallhändler und ermahnte uns regelmäßig: »Kinder, wenn ihr ein Stück Metall findet, bringt es nach Hause.« Sogar unsere Freunde brachten uns gelegentlich Metallteile mit und sagten: »Gebt sie eurem Vater.«

Papa war sehr streng, aber gerecht, und wir bekamen seine starke Hand nur dann zu spüren, wenn wir uns wirklich etwas hatten zu Schulden kommen lassen. Natürlich versuchten wir trotzdem, den Strafen zu entgehen, und versteckten seine Brille, ohne die er so gut wie blind war.

Montags in aller Frühe machte er sich auf den Weg in die umliegenden Dörfer oder weiter entfernte Städte. Manchmal kehrte er abends zu später Stunde zurück, manchmal blieb er bis Freitags fort.

Im Nebenhaus wohnte Trude Weiß, eine rundliche, gemütliche Person, die unserer Mutter zweimal in der Woche bei der Wäsche half. Außerdem war sie Hebamme und sagte immer zu meinen Geschwistern: »Euch habe ich schon gekannt, als ihr noch in Mamas Bauch wart.« Dabei lachte sie, und ihr rosiges Gesicht legte sich in tausend kleine Fältchen.

Ihr Mann hatte eine Tischlerei, und wenn es etwas zu richten gab, verweigerte er nie seine Hilfe. »Ich habe immer gute Laune«, pflegte er zu sagen, »denn ich kann meine Wut an meinem Hammer und meiner Säge auslassen.« Meine Mama tippte sich an die Stirn: »Ein Meschiggener (Verrückter).«

Ich spielte gerne Fußball mit den Nachbarskindern und meinen Schulfreunden, und immer war mein Klassenkamerad Elias Hoffman dabei. Auch unsere Eltern waren miteinander befreundet. Familie Hoffman besaß eine Kürschnerei am Brühl (als ich Elias zweiunddreißig Jahre später in Frankfurt am Main wiedertraf, sprachen wir oft von unseren Kindheitserinnerungen).

Mein Freund Oskar Heim war der witzigste von allen. Er hatte ein lustiges Gesicht und schwarze, lockige Haare. Er lachte viel und gerne, aber von unserem Religionslehrer bekam er mehr Schläge als alle anderen Jungen. Bei dem Gebet: »Baruch ata adonai elohenu melech haolam (Gelobt seid Ihr, König der Welt)«, sagte Oskar jedes Mal: »Haolame«. Der Lehrer schrie mit hochrotem Gesicht:

»Haolam ist ein hebräisches Wort und kein sächsisches, du verstopfter Kopp!« Oskar tat mir leid. Aber warum musste er auch immer wieder denselben Fehler machen?

Am liebsten liefen wir zum Bahnhof, um das Ankommen und Abfahren der rauchenden Lokomotiven mit ihren vielen Waggons zu bestaunen.

Meine älteren Brüder Heini und Elias arbeiteten in einer Kürschnerei und brachten uns manchmal kleine Fellstückchen mit. Wir stellten allen möglichen Unfug damit an, banden die Fellchen mit Bindfaden zusammen, so dass sie wie kleine Tiere aussahen, und zogen sie an einem langen Faden hinter uns her. Dann versteckten wir uns hinter Büschen und Bäumen, ließen unsere Tierchen tanzen und amüsierten uns über die erschreckten Passanten, die sich verrenkten und Sprünge vollführten, um ihnen auszuweichen.

Nathan war Dekorateur. Oft ging er mit Isi, Mosche und mir in die Stadt, um uns die von ihm dekorierten Schaufenster der großen Warenhäuser zu zeigen. Auf Mosche haben diese Ausflüge offenbar großen Eindruck gemacht, denn drei Jahre später begann er ebenfalls eine Lehre als Dekorateur.

Meine Schwester Anna schenkte uns öfters ein paar Groschen für Eis. Ich bewunderte sie, denn sie war immer sehr elegant. Damals trugen die Frauen Hüte, die aussahen wie umgestülpte Blumentöpfe, an Anna jedoch sah alles schick aus. Nur Jetti sagte manchmal: »Anna, dein Lippenstift ist zu rot.« Dann lächelte Anna freundlich und antwortete ganz ruhig: »Mir gefällt es.« Jetti blickte mit ihren leicht vorgewölbten Augen in die Runde, die immer zu sagen schienen: »Na so was.« Sie kritisierte alles und jeden. Einzig Isi und ich blieben verschont, weil wir die Kleinsten waren.

Lothar, der Eisverkäufer, kam im Sommer zweimal in der Woche in die Münzgasse. Er schwang seine Glocke und rief: »Eis! Vanille-, Schoko-, Erdbeereis!« Im Nu war sein Dreirad von Menschen umringt, und er sagte in seinem Leipziger Dialekt: »Nur alleene von da Minzgasse kamma scheen leben (Allein von der Münzgasse kann man schön leben).«

Wir kletterten auf Bäume, um die Welt von oben zu betrachten, und hatten stets zerrissene Hosen, doch unsere Mama war niemals mit uns böse. Die Löcher wurden gestopft, und damit war die Sache erledigt. Aber unsere Schabatkleidung schonten wir.

Ich liebte die Freitagabende, an denen Mama und meine Schwestern ihre guten Kleider anlegten. Mama zündete die Schabbatkerzen in den blankgeputzten Silberleuchtern an, und nach dem Segensspruch sagten wir: »Schabbat Schalom«. Vater segnete den Schabbat und verteilte dann die kleinen Challestückchen, die wir mit Salz bestreuten. Danach reichte er den mit süßem Wein gefüllten Silberbecher herum, und für uns Jüngste gab es Rosinensaft. Der Tisch war reich gedeckt mit den Hefezöpfen, die unter einem von meiner Schwester Sally besticktem Deckchen ruhten. Auf den Platten lagen gefillte Fisch, gehackte Eier, gehackte Leber, eingelegte weiße Bohnen mit Zwiebeln, ein großer Braten oder ein Hackbraten. Manchmal machte Mama gefüllte Hühnerhälse, die sie an beiden Enden zunähte. Und dazu aßen wir den besten Kartoffelkigel der Welt. Zum Abschluss gab es Kompott und Lekach (Honigkuchen). Wir aßen, sangen und erzählten uns lustige Geschichten. Ich war ein glückliches Kind.

An Sonntagen waren viele Bäckereien geöffnet, und ich ging mit Sally oder Adele zu unserem Bäcker, um vierzig Brötchen zu kaufen. Meine große Schwester Jetti kam mit ihrem Mann Siegmund, und Anna reiste manchmal mit Schloime aus Chemnitz an. Wir mochten unsere Onkel, und meine Eltern waren zufrieden mit ihren guten Schwiegersöhnen. Papa hob das Glas und sagte: »Le Chaim (zum Wohl) auf unsere große Familie, möge sie immer größer werden. Umain, Umain.«

Bei unseren Familientreffen ging es stets lebhaft zu. Nathan und Heini waren nie einer Meinung, Elias schlichtete, und Anna mahnte ständig: »Kinder, sprecht leiser, die Nachbarn müssen doch nicht alles hören.« Nur wenn Max sprach, hörten alle zu, er war das Familienoberhaupt.

Wenn uns Kleinen langweilig wurde, krochen wir auf ein Zeichen von Isi unter den Tisch und kitzelten unsere Schwestern an den Beinen. Bei Sally machte es den größten Spaß, denn sie kreischte am lautesten, und Papa sagte: »Kommt her, ihr kleinen Schmendriges (Strolche).«

Mama liebten wir zärtlich. Sie war eine kleine, aber energische

Frau und schmuste viel mit uns. Ich saß gerne neben ihr in unserer Küche, besonders wenn sie Gallerette (Sülze) vorbereitete, und sah zu, wie sie die weich gekochten Kalbsfüße zerlegte und alles in winzige Stücke hackte. Wenn ich davon naschte, sagte Mama schmunzelnd: »Iss, meine kleine Neschumme (Seele).«

Mit Mama gingen wir auch gerne spazieren. An kalten Wintertagen wehte uns der Wind den Duft der heißen Röstkastanien in die Nase. Alte Männer mit wollenen Handschuhen boten sie in spitzen braunen Papiertüten an. Mama kaufte uns eine große Portion, und wir pulten das süße, mehlige Kernfleisch aus der harten Schale. Es schmeckte himmlisch.

An den Freitagabenden und Feiertagen ging ich mit meiner Familie in die Synagoge, lauschte den Gebeten und schaute auf den Schrein mit dem blauen Samtvorhang, hinter dem sich die Thorarollen befanden. Ich fühlte mich der Religion sehr verbunden und wollte Rabbiner werden.

1933 begann ich bei meinem Religionslehrer für meine Bar-Mizwa zu lernen. Er erklärte mir, dass ich nun die Verantwortung für mein religiöses Leben trüge und die Bar-Mizwa ein bedeutender Tag im Leben eines jeden jüdischen Jungen sei. In der großen Leipziger Synagoge las und sang ich die Psalmen aus den Thorarollen und wurde von meiner Familie und den anwesenden Gästen beglückwünscht. Im Nebenraum der Synagoge gab es einen reichlichen Kiddusch (Segensspruch). Auf einem großen Tisch lagen die Leckerbissen, die Mama und meine Schwestern zubereitet hatten. Mein Religionslehrer pries mich in einer Lobrede, und meine Familie war sehr stolz auf mich. Es war einer der schönsten Tage in meinem Leben.

Doch seit der Machtübernahme Hitlers hatte sich alles geändert: In der Schule wurde ich immer wieder schikaniert und geschlagen. Meine christlichen Freunde, mit denen ich meine Kindheit verbracht hatte und die von meiner Mama wie eigene Kinder aufgenommen und bewirtet worden waren, zogen sich zurück. Manche verprügelten mich sogar.

An einem grauen, nieseligen Novembertag war ich auf dem Weg nach Hause. Es dämmerte schon. Plötzlich kamen drei Gestalten hinter einem Baum hervor und verstellten mir den Weg. Ich erkannte einen der Jungen aus der Nachbarschaft. Sie pöbelten mich an: »Na, wo willste denn hin? Ihr Juden wisst doch, dass ihr hier schon längst nicht mehr erwünscht seid.« Ich bekam es mit der Angst zu tun – sie waren zu dritt, und ich war alleine. Ich brachte kein Wort heraus. Ein älterer Mann näherte sich, da machten sie sich davon. Ich war schon kurz vor unserer Haustur, als mich ein Stein am Auge traf. Ich schrie auf und lief ins Haus. Elias öffnete die Tür: »Du blutest ja.« Er führte mich ins Badezimmer und sagte: »Erzähl irgendetwas, aber mach Mama nicht traurig.«

SA und SS zogen durch die Straßen und zertrümmerten die Schaufenster der jüdischen Geschäfte und die Fenster von Wohnhäusern, in denen sie Juden vermuteten. Sie verprügelten die jüdischen Bürger, wir wagten uns nicht mehr vor die Tür.

Ich vertiefte mich in die Religion und fragte Gott, warum wir Juden plötzlich Menschen zweiter Klasse waren. Was bedeutete »Wir sind das auserwählte Volk«? Warum waren wir zum Leiden verurteilt? Meine sorglose Kindheit war vorüber, nichts war mehr wie früher. An den Litfaßsäulen, an denen zuvor Plakate für Kultur- und Sportveranstaltungen und die neusten Filme geworben hatten, klebten nun Hetzparolen und Karikaturen über Juden. Mein Bruder Nathan fuhr kurzentschlossen nach Frankreich. Er war der Meinung, dass die neuen Gesetzgeber Deutschland in den Abgrund stürzen würden.

Die Zeitungsverkäufer, die laut schreiend ihre Zeitungen anboten, und die alten Männer, die Kastanien an den Straßenecken verkauften, kamen mir jetzt bedrohlich vor. Ich fühlte mich beobachtet und wurde immer unsicherer.

Dieter war mein Klassenkamerad und einer meiner besten Freunde. Er stand plötzlich in unserem Hauseingang und sagte zu mir: »Leo, wir können keine Freunde mehr sein wie früher, ich kann dich nicht schützen, sonst stellt sich die ganze Klasse gegen mich. Ich wollte dir nur sagen, dass es mir leid tut.« Er drehte sich um und rannte davon. Ich setzte mich auf die Treppe und weinte. Ich flehte meine Mutter an: »Mama, bitte lass mich in der Jeschive (Talmudhochschule) lernen, dort bin ich unter jüdischer Jugend, hier habe ich keine Freunde mehr.« Zuerst war Mama dagegen, doch als ich einen Monat später mit einer blutigen Nase nach Hause kam und meine Geschwister ihre Arbeitsplätze verloren, gab sie nach.

Jetti und Sally emigrierten nach Palästina. Ich war sehr traurig, als meine Geschwister Leipzig verließen. Mein Vater brachte mich in eine Jeschive nach Ratibor in Oberschlesien. Beim Abschied sagte er: »Leo, wenn es dein Wunsch ist, Rebbe (Rabbiner) zu werden, dann ist es auch gut für mich und Mama.« Er küsste mich zum Abschied und ging. Unser Papa war kein Freund der großen Worte, und wenn ihn etwas bewegte, verstummte er vollends. Aber ich spürte seine Sorge und Traurigkeit.

Die Jeschive befand sich in einem grauen Gebäude mit einem Klassenzimmer und einem Schlafsaal. Wir lernten die Gesetze unserer Religion, die Gebete und die Bedeutungen unserer Feiertage. Wir lernten von morgens bis mittags und hörten nach dem Mittagessen Vorträge über den Aufbau Palästinas. Ich fand viele neue Freunde und fühlte mich unter meinesgleichen gut aufgehoben. Die Straße grenzte an einen Wald, in dem wir Holz sammelten, um den Ofen zu heizen. Das Holz musste in kleine Stücke zerhackt werden, damit es durch die Ofentür passte. In der Küche wurden unsere Mahlzeiten von einem älteren Ehepaar zubereitet. Ich bot immer meine Hilfe an und half ihnen gern beim Kochen. Es schmeckte fast so gut wie zu Hause – aber nur fast, denn was meine Mama kochte, war nicht zu übertreffen.

Die älteren Leute sprachen nur Jiddisch. Sie amüsierten sich über mein Deutschjiddisch. Doch auch in Ratibor war mein Glück nicht von langer Dauer. Steine flogen durchs Fenster, der Pöbel lauerte uns auf, wir wurden verhöhnt und verprügelt, und schließlich holte Mama mich nach Leipzig zurück.

Bevor wir losfuhren, zog sie eine kleine Schere aus der Tasche: »Schneide deine Peijes (Schläfenlocken) ab.« Ich wollte protestieren: »Aber Mama«, hob ich an, doch sie unterbrach mich: »Gott hört und sieht alles, aber du musst nicht aller Welt zeigen, dass du Jude bist. Wir leben jetzt in einer gefährlichen Zeit.«

In meiner geliebten Heimatstadt fühlte ich mich wie ein Aussätziger. Überall standen Schilder: »Für Juden verboten«. Wir fühlten uns eingeengt und bedroht. Mein Freund Elias Hoffmann emigrierte mit der Jugend-Alijah nach Palästina, und auch viele andere Bekannte und Freunde verließen Leipzig.

Als man unsere Lebensmittelrationen immer mehr einschränkte, erhielten wir viel Hilfe von Familie Weiß, von Alfred und Hilde Pabst und von unserem treuen Herrn Albanos. Sogar Unbekannte stellten uns öfters Essen vor die Tür.

Unsere Familientreffen verliefen nun in trauriger und bedrückter Stimmung. Meine Geschwister unterhielten sich leise und sprachen nur noch vom Auswanderungsamt. Sie diskutierten. Elias und Heini meinten, dass man erst einmal abwarten sollte, wie sich die Dinge entwickeln würden – Deutschland sei schließlich ein kulturelles Land, und wir waren alle Deutschgebürtige.

Mosche, der Mitglied der zionistischen Jugendgruppe »Habonim« war, erzählte uns von Palästina. Ständig besuchte er Versammlungen und Sitzungen und war kaum noch zu Hause. Eines Tages brach Panik aus, denn eine Sitzung war aufgeflogen, und die Gestapo hatte Mosche verhaftet. Alfred Pabst und andere Bekannte ließen ihre Kontakte spielen, und Mama bestach einen Beamten, der Mosche fliehen ließ. Mein Bruder verschwendete keine Zeit – er fuhr mithilfe der Jugend-Alijah nach Dänemark.

Mama hatte nur noch dunkel umränderte, verweinte Augen. Sie saß in dem großen Armsessel, las in ihrem Gebetbuch oder starrte vor sich hin. 1937 fuhr sie nach Frankreich, um Nathan zu besuchen und Visa für die Familie zu besorgen, denn die antijüdischen Gesetze wurden weiter verschärft. Eine Woche später kehrte sie nach Hause zurück und äußerte die Hoffnung, dass sich ausländische Behörden um unsere Ausreise bemühen würden.

Es war ein trauriger Familienabend im Winter 1937. Mama weinte und Papa sagte: »Wir leben schon zu lange in einem Irrtum. Wir haben geglaubt, dass dieser Rassenwahn nur vorübergehend sei, aber die Nazipartei wird immer mächtiger, die Menschen jubeln Hitler zu, und man sieht nur noch marschierende Uniformierte. Was wollen sie von uns Juden? Ich habe im Ersten Weltkrieg gedient, wir sind anständige, ehrliche Bürger, zahlen unsere Steuern und haben uns nie etwas zu Schulden kommen lassen. Ich habe meine Parnusse (Existenz) ehrlich aufgebaut, hatte viele christliche

Geschäftsfreunde, die sich jetzt zurückziehen. Immer war ich Herr Freier, und jetzt bin ich der Jude. Wir wollen hoffen, dass sich das Auswanderungsamt ernsthaft um unsere Visa bemüht und wir alle gemeinsam nach Palästina fahren können.«

Das Leipziger Palästina-Amt bearbeitete unsere Papiere, aber nur meine Eltern erhielten die Ausreisegenehmigung. Mama weigerte sich zu fahren, doch wir redeten ihr alle gut zu. Max entschied: »Wer ein Visum hat, muss fahren.«

Der Abschied am Leipziger Bahnhof war sehr traurig. Ich stand mit meinen Geschwistern am Bahngleis, und Mama hörte nicht auf zu weinen. Wir beruhigten und trösteten sie, und Papa legte seinen Arm um ihre Schultern. Max rief noch: »Wir kommen schneller nach, als ihr glaubt.« Als sie abfuhren, winkten sie, bis sie immer kleiner wurden. Der Zug verschwand in der Ferne. Ich fühlte, wie das Band, das mich mit meiner Kindheit, meiner Jugend und meiner Familie verknüpfte, grausam durchtrennt wurde.

Heini und Elias baten mich, bei ihnen zu wohnen. Max, Betty, Anna und Schloime suchten Wege, Deutschland zu verlassen. Isi fuhr nach München zu seinen Freunden der Jugend-Alijah, und ich beschloss, nach Berlin zu fahren. Dort wohnten einige Freunde von der Jeschive.

Der gute Albanos sagte zu mir: »Mach, dass du hier weg kommst, Leo, du musst aus Leipzig raus. Die Juden werden gesucht, und hier kennen dich zu viele. Versuch, in einer anderen Stadt unterzutauchen. Wenn der ganze Spuk mal ein Ende hat, kannst du wieder zurückkommen. Mein Freund Karl hat einen Lastwagen und fährt in diesen Tagen nach Berlin, er wird dich mitnehmen.« Herr Albanos machte mich mit Karl bekannt. Er war ein Hüne mit gewaltigen Pranken, riesigen Ohren und einer imponierenden Nase. Aus seinem großflächigen Gesicht leuchteten blaue Augen. Ein Mensch, auf den man sich verlassen konnte, ein Kumpel. Ich umarmte Albanos: »Danke, danke für alles!« Er klopfte mir auf die Schulter: »Mach's gut, Kleiner.« Dann wischte er sich die Tränen aus den Augen, drückte uns ein Proviantpaket in die Hand und ging mit schleppenden Schritten zurück in sein Geschäft.

Ich stieg in den Lastwagen zu Karl, der sagte: »Na, dann fahren wir mal los.« Wir hatten gerade die Stadtgrenze erreicht, als es zu regnen begann. Es schien, als wolle der Himmel den Abschied mit mir teilen. Mich überkam ein Gefühl tiefer Traurigkeit. Nie hätte ich mir träumen lassen, aus meiner Heimatstadt weglaufen zu müssen. Ich dachte: »Lieber Gott, lass mich einmal hierher zurückkehren!« Mein Wunsch sollte sich Jahre später erfüllen. Damals aber ahnte ich nicht, dass ich ohne Beine in ein vollständig zerbombtes Leipzig zurückkehren würde.

Dunkle Wolken zogen auf, der Regen wurde immer dichter und senkte sich wie ein dunkler Vorhang über uns. Nach einer Stunde hörte er so plötzlich auf, wie er gekommen war. Wir aßen die Käsebrötchen, die Albanos uns eingepackt hatte.

Menschen wie Albanos, Hilde und Alfred Pabst, Familie Weiß und Karl waren Engel! Sie liefen nicht mit wie die anderen, wie Schafe in einer Herde. Sie ließen sich nicht vorschreiben, was sie zu denken hatten, und halfen bedingungslos, wenn sie es für richtig hielten.

Auf der Fahrt erzählte mir Karl, dass er in jungen Jahren eine jüdische Freundin gehabt hatte. »Sie hieß Luise, war klein, hatte schwarze, lockige Haare und war nicht zu dünn und nicht zu dick. Genauso, wie eine Frau sein muss. Wir liebten uns sehr, aber ihre Eltern waren gegen unsere Verbindung. Ehrlich gesagt, auch meine Eltern waren nicht erfreut. Nicht dass sie etwas gegen Juden hatten, doch die Religion stand zwischen uns. Meine Eltern waren katholisch erzogen, aber ich mochte die alte Geschichte, dass die Juden unseren Jesus ans Kreuz geschlagen haben, wirklich nicht hören! Ich sagte zu meinen Eltern, dass Luise ihn ganz bestimmt nicht gekreuzigt hätte, da gab mir mein Vater eine Ohrfeige, die ich bis zum heutigen Tag nicht vergessen habe. Unsere Verbindung ging auseinander, sie hielt den vielen Hindernissen nicht stand. Vor kurzem hörte ich, dass Luise mit ihrer Familie nach Amerika ausgewandert ist. Ich freue mich, sie in Sicherheit zu wissen, aber wenn wir verheiratet gewesen wären, hätte ich sie schützen können.« Karl verstummte. Nach einer Weile sagte er: »Ich habe bis heute nicht geheiratet.« Als wir in Berlin ankamen, bedankte ich mich bei Karl. Der sagte: »Alles Gute, mein Junge, hoffentlich sehen wir uns eines Tages wieder.«

Ich fuhr zu meinen Jeschive-Freunden. Ihre Wohnung gehörte

zum zionistischen Verband Hechaluz und befand sich in einem Kellergeschoss. Dort hörten wir jeden Fußtritt. Wenn wir marschierende Stiefelschritte vernahmen, wagten wir nicht zu atmen. Zum Einkaufen wechselten wir uns ab, wir hatten Angst und gingen nie zusammen.

An einem Montagmorgen kehrte ich mit Brot und Milch zurück. Die Wohnungstür stand offen, das war sehr ungewöhnlich. Ich trat in die Wohnung und sah ein Durcheinander, das von einem plötzlichen Aufbruch herrührte. Ich überlegte nicht lange und fuhr mit der Straßenbahn zum Auswanderungsamt. Dort herrschte derselbe Andrang wie in Leipzig. Auch die Antwort war die gleiche: »Wir haben keine Visa, kommen Sie in ein paar Tagen wieder.« Panik übermannte mich. Ich beschloss, David Altholz zu suchen. Wir kannten uns aus der Jeschive, und ich hatte mir seine Adresse notiert. Ich griff in meine Hosentasche, doch der Zettel war nirgends zu finden. Ich versuchte mich zu erinnern: Melenstraße? Selenstraße? Zelenstraße? Ich wusste nichts mehr, der Schweiß drang mir aus allen Poren. Wenn ich Uniformierte erblickte, stieg die Angst in mir hoch, und ich suchte Zuflucht in Hauseingängen.

Wo sollte ich hin? Ich kannte niemanden in Berlin. Ich weiß nicht, was mich in einem Moment der Ratlosigkeit, Furcht und Panik bewog, an einer x-beliebigen Wohnungstür zu klingeln! Eine Frau, vielleicht Ende dreißig, öffnete die Tür. Ich stand vor ihr, fragte sie nach meinem Freund David und stammelte irgendetwas von vorübergehender Unterkunft, für die ich zu zahlen bereit sei. Sie bat mich in ihre Wohnung. Sie war eine unscheinbare Frau, mittelgroß, vollschlank, mit aschblondem, gewelltem Haar. Als sie lächelte, wurde mir leichter ums Herz.

Ihre Wohnung war gemütlich, mit nussbraunen Möbeln eingerichtet, an der Wand tickte eine große Uhr, die zur vollen Stunde hell erklang. Weiße, gefaltete Gardinen hingen an den Fenstern, auf deren Simsen Blumentöpfe standen. »Setzen Sie sich«, forderte sie mich auf. Sie selbst nahm auf einem Stuhl neben dem Sofa Platz, strich ihren Rock glatt und schaute mich an.

Ich erzählte ihr von meiner Heimatstadt Leipzig, meiner Familie, meiner Religion und meiner Verzweiflung, denn ich hatte nichts mehr zu verlieren. Zu meiner eigenen Bestürzung brach ich in Tränen aus. Sie schwieg und blickte mich nachdenklich an. Nach einer Weile sagte sie: »Du kannst hier bleiben, aber es darf niemand wissen, dass du dich hier aufhältst. Du darfst kein Fenster öffnen, geschweige denn hinausschauen, sonst bringst du uns beide in Gefahr.«

Ilse arbeitete in einer Bibliothek und brachte mir viele Bücher mit, die ich mit Bedacht langsam las, denn irgendwie musste ich meine Zeit verbringen, um nicht verrückt zu werden. Ich machte mich in der Wohnung nützlich, wusch Wäsche und hörte leise Radio.

Am 1. September 1939 drang die Wehrmacht in Polen ein. Der Zweite Weltkrieg begann. Am 3. September traten England und Frankreich in den Krieg gegen Deutschland ein. Wir hörten den englischen Sender – ganz, ganz leise. Im Mai 1940 wurden Holland, Belgien, Luxemburg und Frankreich von den Deutschen besetzt. Ich dachte an meine Familie. Max, Betty, Heinz, Anna, Schloime, Ruth und Adele waren in Belgien. Konnten sie sich in Sicherheit bringen? Nach dem Einmarsch der Deutschen waren meine Geschwister auch dort in Gefahr.

In den frühen Abendstunden kam Ilse nach Hause. Wir kochten gemeinsam, denn wenn ich die Mahlzeiten vorher zubereitet hätte, wäre das den Nachbarn nicht entgangen. Anfang Januar bekam Ilse eine schwere Erkältung. Ich steckte mich an, Fieber und ein starker Husten waren die Folgen. Ich hustete unter einer Wolldecke aus Angst vor hellhörigen Nachbarn. Im ersten Stock wohnte die alleinstehende Frau Lohmann, von der Ilse behauptete, sie habe ihre Augen und Ohren überall.

Wenn Besuch kam, versteckte ich mich in der Besenkammer, in deren Tür wir Löcher gebohrt hatten. Ab und zu kamen Arbeitskolleginnen, Freunde oder Nachbarn, denn Ilse wollte sich nicht zu sehr abkapseln, um kein Misstrauen zu erregen. In der Besenkammer konnte ich ihre Gespräche hören. Es gab nur ein Thema: die Politik. Eine Frau sagte, dass sie die Gesetze gegen Juden unmenschlich fände. Außerdem habe sie immer mit Vorliebe in jüdischen Geschäften eingekauft. Ein Mann ließ verlauten, dass manche Juden es sich selbst zuschreiben müssten. Die Juden hätten sich in alle öffentlichen Ämter gedrängt, und die meisten Juden seien reich. »Oder kennt jemand einen armen Juden?«, fragte er die Anwesenden. Daraufhin wandte jemand ein, was Geschäfte mit Religion zu tun hätten. Das Gespräch endete mit dem Satz: »Der Führer wird schon wissen, was für das deutsche Volk das Beste ist.« Ilse schwieg. Es gab zu viele Spitzel und Denunzianten. Sie bot Kuchen an und Blümchenkaffee, und dann kamen die Lebensmittelpreise zur Sprache. Nachdem die Gäste gegangen waren, schloss Ilse die Fenster und zog die Gardinen vor. Sie öffnete die Besenkammer, und wir fielen uns in die Arme.

Meine Ohren registrierten das leiseste Geräusch, und wenn ich schwere Tritte oder laute Stimmen im Treppenhaus hörte oder jemand an der Wohnungstür klingelte, stand ich Höllenängste aus. Nachts atmete ich frische Luft an offenen Fenstern. Im Radio berichtete man nur von Siegen, und die kreischenden, sich überschlagenden Stimmen von Hitler und Goebbels rissen das Volk mit.

1940 erfolgte ein massiver Luftangriff auf England. Ilse sagte: »Hör nur, wie sie alle schreien, aber irgendwann werden wir es zurückbekommen.« 1941 begann die Deutsche Wehrmacht den Vorstoß nach Russland. Ilse sagte: »Das kann nicht gut gehen. Wie kann Deutschland ein so mächtiges Land wie Russland besiegen wollen, sie sind alle größenwahnsinnig geworden. Stell dir vor, jetzt müssen Juden einen gelben Stern an ihrer Kleidung tragen. Ich verstehe diese Regierung schon lange nicht mehr. Der englische Sender berichtet von deutschen Verlusten und von mangelndem Nachschub in Russland, aber hier bei uns schreien sie nur von Siegen.« Im selben Jahr trat Amerika in den Krieg ein.

Ilse sorgte für mich. Ich war ihr unendlich dankbar und fühlte mich bei ihr sicher und geborgen. Ich war knapp achtzehn Jahre alt und fand in ihr Mutter und Geliebte zugleich. In den Abendstunden saßen wir zusammen. Sie liebte es, Geschichten aus meiner glücklichen Kindheit zu hören, denn ihre eigene war alles andere als glücklich gewesen. Sie hatte zwei ältere Brüder, die außerhalb Berlins wohnten und nur sehr selten zu Besuch kamen. Ihr Vater war ein Tyrann gewesen, der weder Unordnung noch Widerrede duldete. Beim Essen durfte nicht gesprochen werden, erzählte sie. Ihre Mutter war eine Duckmäuserin, die sich aus Angst vor ihrem Mann am liebsten unsichtbar machte. Um dieser deprimierenden

Ein Ausschnitt aus dem Aktenordner meines Vaters

Atmosphäre zu entfliehen, hatte Ilse schon sehr jung geheiratet. Die Ehe wurde nach kurzer Zeit geschieden, und seither lebte sie alleine. Sie war ein durch und durch guter Mensch, nie kam eine Klage über ihre Lippen, und ich fragte mich oft, womit ich so viel Gutes verdient hatte. Ilses Leben war durch mich sehr eingeschränkt.

Für die Außenwelt existierte ich nicht mehr. Ich war ein Niemand, ich war untergetaucht und konnte nur hoffen, dass dieser Wahnsinn irgendwann ein Ende hatte. Drei Jahre ging alles gut, aber möglicherweise hörte jemand die Toilettenspülung oder ein auffälliges Knarren der Holzdielen. In den frühen Morgenstunden des 19. Januars 1942 wurden wir durch einen schweren Schlag gegen die Wohnungstür aufgeweckt. Eine Einheit der Gestapo stand uns gegenüber. Sie sagten nur ein Wort: »Mitkommen!« Ilse bat: »Lassen Sie ihn in Ruhe, der junge Mann wohnt bei mir zur Untermiete.« Einer der Männer schlug ihr mit aller Wucht ins Gesicht, sie taumelte und Blut floss ihr aus der Nase, sie gab keinen Ton von sich. Ich war schweißüberströmt und zitterte vor Angst. Sie führten uns aus dem Haus. Ich sah noch, wie Ilse in ein schwarzes Auto gestoßen wurde.

Sechs Jahre später, 1948, weilte ich in Berlin, um die Emigrationsvisa für Israel zu beantragen. Es gelang mir nicht, Ilse ausfindig zu machen. Vielleicht hätte ich bei bestimmten Behörden gründlicher nachforschen können, doch ich hatte Angst vor der Wahrheit. Ich wollte mich nicht schuldig fühlen. Sie hatte ihr Leben für mich, einen Wildfremden, riskiert und für mich gesorgt. Ich habe sie nie vergessen und werde ihr ewig dankbar sein.

Mein Weg in die Hölle begann. Man brachte mich in einem großen Auto zur Synagoge, die als Sammellager für Hunderte von Juden diente. Wir wurden von der Gestapo und Polizisten bewacht. Am 21. Januar 1942 teilte man uns mit, dass wir zum Arbeitsdienst in den Osten gebracht würden. Genehmigt sei Handgepäck von siebeneinhalb Kilogramm, Verpflegung für zwei Tage, Reisepass oder sonstige Kennkarten. Gruppenweise liefen wir zum Güterbahnhof, wo unser Zug schon bereit stand. An den Waggons waren weiße Schilder mit dem Aufdruck »Riga« angebracht. Wir stiegen in die Güterwagen. Wir standen dicht gedrängt, es herrschte eisige Kälte. Der Zug setzte sich in Bewegung. Frauen und Kinder schrieen nach Wasser, Panik breitete sich aus. Die alten Menschen erstarrten vor Kälte, es kam zu ersten Fußerfrierungen. Wir versuchten, unsere Beine mit Decken zu umwickeln, aber es half nicht viel.

Wir fuhren ein Tag, zwei Tage. Der Gestank von Schweiß, Urin und Kot war unerträglich. Wegen starker Schneewehen blieb der Zug immer wieder stundenlang auf offener Strecke stehen. Die Menschen wurden verrückt vor Durst, und ich versuchte, meine Leidensgenossen zu beruhigen. Am vierten Tag kamen wir in Riga Skirotawa an. Aus dem Nebenwaggon hörte ich Schreie und Schüsse und vernahm die Stimme eines Scharführers: »Dreißig Mann habe ich erst umgelegt.« Die Türen unseres Waggons wurden geöffnet, und eine Truppe unter Leitung von Sturmbannführer Lange[2], Befehlshaber im Ostland, jagte uns mit Schlagstöcken und Pistolen aus dem Waggon. Lange schrie: »Raus mit dem Sauhaufen, Waggons säubern!« Viele Menschen hatten Angst auszusteigen, sie wurden herausgeprügelt. Wir stellten uns neben den Waggons auf. Wer nicht laufen konnte, sollte sich zu den Omnibussen begeben, die zwanzig Meter abseits warteten. Menschen, die nicht laufen konnten, kamen niemals im Lager an. Lange befahl mir: »Such dreißig junge Kerle aus und macht die Waggons sauber.« Wir mussten sämtliches Gepäck vor die Züge stellen und danach auf die bereitstehenden LKW verladen. Sie wurden ins Moskauer Viertel gefahren.

Wir marschierten in das Lager, die Temperatur betrug zwanzig Grad minus. Wenn wir zu langsam gingen, schlugen sie auf uns ein, und die nicht mehr weiter konnten, wurden erschossen. Wir gelangten ins Ghetto, das ringsherum von einem Stacheldraht umgeben war. In den leeren Hütten und Häusern bot sich uns ein verheerender Anblick. Verwüstung, wohin man sah, zerbrochene Scheiben, zertrümmerte Möbel, Blutspuren und unzählige Tote.

In diesen Häusern hatten die lettischen Juden gelebt. Sie wurden zu Tausenden ausgeplündert, erschossen, totgeprügelt. In einem der Häuser lag eine tote nackte Frau auf einem Sofa, mit aufgeschnittenen

---

2 Rudolf Lange, SS-Standartenführer und Befehlshaber der Sicherheitspolizei des SD, Leiter des Gruppenstabs der Einsatzgruppe A. Unter den Teilnehmern der Wannsee-Konferenz war er der erfahrene Praktiker der Massenexekutionen. Er wurde SS-Obersturmbannführer im Baltikum.

Pulsadern, neben ihr lagen sieben Präservative, ein Säugling lag in ihrer Blutlache am Boden mit einem Taschentuch im Mund, ein Mann, erhängt, an einem Kleiderschrank. Auch in den Nachbarwohnungen sahen wir Gräuel, Verwüstungen, Tote. Lagerkommandant Krause teilte uns mit: »Das ist eure Zukunft und eure neue Heimat.« Später erfuhren wir, dass Tausende von lettischen Juden ermordet worden waren, um Platz für die Reichsjuden zu schaffen. Nun mussten wir ihre Leichen beseitigen, ihre Wohnungen säubern, die zerschlagenen Möbelstücke und die zerbrochenen Fenster reparieren. Wenn es nicht schnell genug ging, schlugen unsere Aufpasser erbarmungslos auf uns ein. Wer liegen blieb, erhielt einen Kopfschuss.

Mittags bekamen wir einen Liter Suppe aus ungeschälten, gefrorenen Kartoffeln oder Rhabarber. Bei der Essenausteilung wollte niemand der Erste sein, denn die obere Schicht bestand nur aus Wasser, doch wir hatten wenigstens etwas Heißes im Magen. Einer unserer Leidensgenossen, Kussiel, kochte das Essen. Ihm erklärte Lange: »Die Kartoffel muss zu hundert Prozent ausgenutzt werden.«

Jeden Tag starben Menschen durch Kälte und Hunger. Es gab kein Wasser, denn die Wasserleitungen waren eingefroren. Morgens mussten wir uns zu einem Arbeitskommando aufstellen und zum Bahnhof marschieren. Laufend trafen neue Züge ein. Wir mussten die Waggons säubern, die Toten auf Lastwagen befördern. Wenn die Wagen voll waren, fuhren sie in den Wald und kamen leer zurück. Die Gepäckstücke wurden verladen. Bei unserer Rückkehr ins Lager wurden wir von lettischen Posten bewacht, die uns gründlich nach versteckten Lebensmitteln durchsuchten. Wer Essen ins Lager zu schmuggeln versuchte, wurde dem Lagerkommandanten Krause vorgeführt und mit einem Genickschuss hingerichtet.

Mit einem der Transporte kamen meine Brüder Heini und Elias, ihre Frauen und ihre Kinder. In ihren Augen las ich Todesangst, wir wagten nicht, miteinander zu sprechen. Von meinen Kameraden erfuhr ich, dass Elias kurz danach in ein anderes Lager deportiert wurde. Ich sah ihn nie wieder. Heini wurde Lagerpolizist, aber wir hatten praktisch keinerlei Gelegenheit, uns zu verständigen. Ich erfuhr nie, wo Else und die kleine Renate geblieben waren, aber ich konnte es mir denken. Abends berichteten uns die Kameraden, was tagsüber im Lager geschehen war – Hunderte von Menschen waren in den Wald zu ausgehobenen Gruben gebracht worden. Männer und Frauen mussten sich vollkommen entkleiden und sich auf einen drei Meter hohen, aufgeschütteten Wall stellen. Sie wurden mit Maschinengewehren erschossen und fielen in die Gruben. Viele wurden nur angeschossen und stürzten lebend in die Gruben, die von russischen Kriegsgefangenen zugeschaufelt wurden. Der gleiche Vorgang wiederholte sich mehrmals, bis die Erdlöcher voll waren. Die Erdoberfläche hob sich und sackte wieder in sich zusammen, teils durch die verzweifelten Bewegungen der angeschossenen, noch lebenden Menschen, teils durch die sich entwickelnden Gase.

Am 15. Februar 1942 schritt Krause während eines Appells durch die Reihen und erklärte: »Das Ghetto wird aufgelöst. Salaspils ist ein neues Lager, das ihr durch fleißiges Arbeiten fertigstellen werdet.« Wir durften wegtreten und mussten innerhalb von zwei Stunden abmarschbereit sein.

Unsere Arbeitskolonne bestand aus 250 Mann. Wir marschierten zwanzig Kilometer über verschneite Wege. Lettische Posten bewachten uns, wer nicht weiterlaufen konnte, wurde erschossen. Um fünf Uhr abends erreichten wir unser Ziel.

Wir erhielten 300 Gramm Brot und einen halben Liter Kaffee, fünfzehn Gramm Butter und eine Schachtel Zündhölzer. Als wir zu den Baracken kamen, erblickten wir unsere Leidensgenossen. Der Anblick war schockierend, lebende Skelette fielen uns an, sprechen konnten sie kaum: »Hunger, Brot, Brot«, baten sie.

In den Baracken befanden sich fünfstöckige Kojen, jede hundertfünfzig Zentimeter breit und fünfundvierzig Zentimeter hoch. Ein Aufrichten war unmöglich. Flöhe und Läuse plagten uns. Die meisten Häuser waren noch unvollständig. Sie hatten keine Dächer, so dass im Innern eisige Kälte herrschte. Unsere Aufgabe war es, die Häuser fertigzustellen und Galgen zu errichten. Zweimal in der Woche erschien Lange im Lager. Mein Freund Hirschberg wurde von Lange überrascht, als er Kartoffeln über dem offenen Feuer briet. Lange streckte ihn mit einem Kopfschuss nieder.

Eines Tages flüchteten zwei Häftlinge, die ursprünglich aus Brünn stammten. Lange ließ das ganze Lager antreten und drohte: »Wenn die nicht innerhalb von zwei Tagen wieder hier sind, lege ich zwanzig Mann um.« Nach abgelaufener Frist ließ er uns erneut antreten und fragte, wer aus Brünn sei. Es meldeten sich zwei Brünner Juden. Lange befahl, den Bock zu holen, und ließ jedem fünfzig Hiebe mit einem gefüllten Wasserschlauch auf das nackte Gesäß versetzen. Anschließend befahl er ihnen, auf das Galgenpodest zu steigen, doch sie waren dazu nicht mehr in der Lage und mussten von anderen Häftlingen hinaufgezogen werden. Lange ließ sie hängen. Das geschah Mitte März 1942. Ende März ließ Lange zwei Juden hängen, die er beim Kochen ertappt hatte. Bei einem Appell ließ er sechzehn Männer durch Erschießung hinrichten. Lange war schon von weitem zu erkennen, denn er griff nach jeweils drei Schritten mit der rechten Hand nach seiner Pistolentasche. Er war dafür berüchtigt, Menschen anzuschießen und sie am Boden liegend verbluten zu lassen – mit dem höhnischen Kommentar: »Bei mir muss Blut fließen.« Wir standen stramm dabei und wagten nicht, ihm in die Augen zu schauen.

Mitte April wählte unser Kommandant hundert Fachleute aus. Ich war einer von ihnen. Wir marschierten in ein Nebenlager. Dort mussten wir Bäume entwurzeln und das Holz zum Sägen bereitstellen. Täglich wurden wir in Marschkolonnen zu unseren Arbeitsplätzen geführt. Männer, die nicht mehr arbeitsfähig waren, wurden in andere Lager deportiert. Ich konnte von Glück sagen, dass ich noch lebte.

Wenn ich mich heute an die Menschen zu erinnern versuche, die mit mir im Lager waren, so fallen mir höchstens drei Männer ein, deren Gesichter ich noch vor Augen habe. Im Lager habe ich die Menschen nur in ihrer Arbeitskleidung gesehen, und mein einziges Bestreben war das Überleben. Die Arbeit war hart, und die Winter waren grausam. Sie kamen so plötzlich, dass sich kein Körper darauf einstellen konnte, zumal wir jahraus, jahrein die gleiche Kleidung trugen.

Ich wusste, dass ich mir nicht den kleinsten Fehler erlauben durfte – keine Unterhaltung, keinen Blick, der den Lageraufsehern hätte verdächtig erscheinen können. Es gab nur eines: weitermachen und durchhalten.

Ich sah Menschen, die geschlagen, erschossen oder erhängt wurden, ich blickte in eiskalte Augen, die kein Erbarmen kannten, und habe gesehen, wie abgerichtete Schäferhunde auf Kinder gehetzt wurden und ihnen die Kehle durchbissen. Wie konnte Gott das zulassen? Woher rührte dieser abgrundtiefe Hass? Irgendwann hörte ich auf zu denken. Ich musste leben und durfte nicht aufgeben. Die schrillen Pfiffe der Lagerkommandanten, die Appelle und die Angst begleiteten uns unaufhörlich. Allein mein schmerzender Rücken, meine Schultern, meine Mandeln, die vereitert waren, und die juckenden Läuse erinnerten mich noch daran, dass ich ein Mensch aus Fleisch und Blut war.

1944 wurde ich mit Hunderten nach Stutthof (Danzig) deportiert.[3] Stutthof war ein von elektrischem Stacheldraht umgebenes, tief im Wald gelegenes Lager. Am Zaun warnten Schilder: »Achtung Munitionslager«. Wir wurden in Holzbaracken untergebracht, die SS-Aufseher wohnten in Steinhäusern. Es gab getrennte Lager für Männer und Frauen. In einem großen Gebäude befand sich ein Depot für Armeebekleidung, in dem die Häftlinge Jacken, Hosen und Mützen sortierten.

Morgens und abends fanden die gleichen Appelle statt wie in Salaspils. Das Essen war nicht weniger dürftig als dort. Doch ich lebte noch und wollte überleben. Ich dachte an meine Eltern im fernen Palästina und an meine Geschwister. Hatten sie sich in Sicherheit bringen können?

Ich hörte den Unterhaltungen meiner Kameraden zu, die über die Siegesserie der Deutschen sprachen und über den russischen Widerstand. Niemand wusste, wie die genaue Lage war, wir hofften nur, dass dieser Krieg bald zu Ende sein würde. Immer, wenn einer unserer Kameraden erschossen wurde, standen wir Todesängste aus. Jeder fragte sich: »Wann bin ich dran?« Täglich marschierten wir in Kolonnen in die Außenlager und setzten auf dem Gelände einer Schiffswerft Faltboote für die SS-Offiziere instand. Um die Weihnachtszeit 1944 steigerten die Aufseher ihre Grausamkeit noch. Wahrscheinlich hatten sie Heimweh. Gerüchte über das Näherrücken der russischen Armee machten die Runde, und unsere Lagerkommandanten wurden zunehmend nervöser. Ich jubelte innerlich – lange konnte es nun nicht mehr dauern. Ich wollte meine Familie endlich wiedersehen und träumte von einem guten Essen und von der Freiheit.

---

3 Das Lager Stutthof diente seit Kriegsbeginn als Polizeihaftlager für nichtjüdische Polen. Von Juni bis 1944 trafen in sechsundzwanzig Transporten 47.109 jüdische Häftlinge ein. Das Lager hatte ca. vierzig Außenlager.

In den eiskalten Morgenstunden des 23. Januar 1945 marschierte ich mit der Kolonne zum Reichsbahnbesserungswerk. Dort arbeitete ich mit meinen Kameraden neben den Eisenbahnschienen. Die Aufseher schrieen: »Schneller, schneller, faules Pack!« Sie schlugen mit Knüppeln auf uns ein und stießen uns gegen den vorbeifahrenden Zug.

Mein Vater hat über das, was danach geschah, niemals gesprochen, aber Sally Herlitz, der Zeuge dieser Tragödie war, schilderte es vierundzwanzig Jahre später dem Gemeinderat der Frankfurter jüdischen Gemeinde, als er hörte, dass mein Vater während seines Besuchs in Israel einem Herzinfarkt erlegen war.

Sally erzählte:

Ich stand einige Meter von Leo entfernt. Die Aufseher schlugen auf unsere Kameraden ein und stießen sie gegen den vorbeifahrenden Zug. Die Schmerzensschreie übertönten das Rattern der Räder. Als der Zug weg war, befahl der Aufseher: »Macht die Schienen sauber!«, und ging zur nächsten Kolonne. Zwei unserer Kameraden hatten es nicht überlebt. Leo lag neben den Schienen, schrie, wimmerte und verlor immer wieder das Bewusstsein. Seine Unterschenkel lagen zerquetscht einige Meter weiter. Wir trugen ihn in die Baracke. Unter uns waren auch einige Ärzte, die sagten: »Wir müssen sofort etwas tun, sonst verblutet er.«

Ich kann es nicht mit Worten beschreiben, wie wir Leo festhielten, damit unsere Kameraden ohne jegliche Betäubungsmittel eine »Notoperation« durchführen konnten. Leo brüllte vor Schmerz, er schrie nach seiner Mama, betete zu Gott und verlor immer wieder das Bewusstsein. Wir hielten ihn in unseren Armen und redeten die ganze Nacht auf ihn ein: »Sag nicht, dass man dich gestoßen hat, sag, dass du den Zug nicht gesehen hast!« Am nächsten Morgen trat der Lagerkommandant in die Baracke. »Was ist hier los?« Leo gab zur Antwort: »Ich habe den Zug nicht gesehen.« Der Kommandant beschied ihm: »Du bleibst am Leben.«

Leo hatte hohes Fieber und litt unendlich. Vor Schmerzen kratzte er Löcher in die Wand. Seine Beinstümpfe waren mit Lumpen umwickelt, und nachts wechselten wir uns ab, um die nagenden Mäuse von ihm fernzuhalten.

Wenige Wochen später standen die ersten russischen Truppen im Lager. Sie befreiten die Häftlinge und erschossen die Deutschen, die noch nicht geflohen waren. So gelangte mein Vater in ein mittlerweile von den Russen besetztes Lazarett. Die russischen Ärzte behandelten ihn und betteten ihn auf Luftkissen, um es ihm so bequem wie möglich zu machen. Mein Vater war vierundzwanzig Jahre alt und wog knapp vierzig Kilogramm.

Die russischen Ärzte hatten großes Mitleid mit ihm und nahmen ihn mit sich in die Hospitäler, in die sie versetzt wurden. So kam er im Spätsommer 1945 in das Krankenhaus in Beuthen (Oberschlesien), wo er meiner Mutter begegnete.

Meine Mutter

Die Familie meiner Mutter kenne ich nur von Bildern. Nur ihre Tante Luise, ihr Onkel Karl und ihre Cousine Hedel haben uns in den Sechzigerjahren in Frankfurt besucht. Paul und Maria Walter waren meine Großeltern. Ein Foto zeigt sie, schon im fortgeschrittenen Alter, vor einem Baum stehend. Oma war katholisch und Opa evangelisch, aber nicht die Religion, sondern Menschlichkeit und Hilfsbereitschaft spielten in ihrem Leben die Hauptrolle.

Meine Mutter mit neunzehn Jahren

Meine Großeltern Maria und Paul Walter

Meine Mutter mit ihren Geschwistern und einer Cousine

Meine Mutter und ihr Bruder Herbert

Meine Mutter

Meine Großeltern mit Tochter Gitta und Enkelkindern

Meine Großeltern mit Töchtern und Enkelkindern

Der kleine Vogel heißt Goral

In der oberschlesischen Industriestadt Beuthen dominierten zu Anfang des 20. Jahrhunderts Zink-, Kohle- und Bleibergbau sowie Eisenhütten. Nach dem Zweiten Weltkrieg wurde Beuthen polnisch und heißt heute Bytom. Am Stadtrand befand sich ein großer Mischwald mit vielen Liegewiesen und kleinen Teichen.

Oma, die ihren Mann im Ersten Weltkrieg verloren hatte, wohnte mit ihren beiden kleinen Kindern bei ihrer Mutter. Sie hatte eine Decke auf einer der grünen Wiesen ausgebreitet und ließ sich mit ihren Kindern die belegten Brote schmecken, die ihre Mutter in den Korb gelegt hatte.

Man schrieb das Jahr 1918. Der Erste Weltkrieg war gerade zu Ende, als mein großer, schlanker Opa diesen Wald durchquerte und es zu einem jener Sekundenbruchteile im Leben kam, in denen schicksalhafte Entscheidungen fallen, die sich zumeist als die richtigen erweisen. Mein Opa sah die junge Frau mit ihren Kindern. Er hätte vorbeigehen können, doch als er näher kam und ein kurzes Aufblitzen ihrer strahlend blauen Augen erhaschte, blieb er stehen und sprach sie kurz entschlossen an: »Darf ich mich zu Ihnen setzen?«

Nach den Erzählungen meiner Mutter war es Liebe auf den ersten Blick. Die beiden heirateten schon bald und bekamen 1922 ihr erstes gemeinsames Kind, meinen Onkel Herbert. Edeltraud, meine Mutter, wurde 1926 geboren. Ihr älterer Bruder sowie ihre Halbgeschwister Gerda und Gerhard waren ihre liebsten Spielkameraden. Meine Mutter beschreibt ihre frühe Kindheit als schön und harmonisch. Damals sei die Welt noch in Ordnung gewesen.

Meine Mutter ist einer der gütigsten und bescheidensten Menschen, die ich in kenne, und sagt bis heute: »Wenn man gesund aufsteht, ein Dach über dem Kopf und genug zu essen hat, soll man zufrieden sein.« Am besten lasse ich sie ihre Geschichte selbst erzählen.

Meine Mutter erzählte:

Mein Vater war ein ruhiger ausgeglichener Mensch, der weder die Stimme, geschweige denn eine Hand gegen uns Kinder erhob. Meine Mutter jedoch war eine energische, ungeduldige Frau. Wer nicht parierte, bekam eine Ohrfeige verpasst. Papa war gelernter Damen- und Herrenfriseur, er war gepflegt, charmant und überall beliebt. Ich liebte und respektierte ihn sehr. Gemeinsam mit Mama und meinen Geschwistern holte ich ihn oft von der Arbeit ab, und wir unternahmen noch einen Spaziergang im nahegelegenen Park, dessen Springbrunnen in den Abendstunden beleuchtet war. Bei einbrechender Dunkelheit zündete ein Stadtbeamter die hohen Gaslampen mit einem langen Stab an. In dem Park mit seinen prachtvollen Blumenbeeten stand auch ein großer, runder Zwinger, in dem zwei Braunbären gehalten wurden. Wir fütterten sie mit Brot, wenn wir sie besuchten. Dann richteten sie sich auf und hoben uns ihre Tatzen entgegen, als hätten sie geradezu auf uns gewartet. In dem angrenzenden großen Teich schwammen Fische, Schwäne und Enten, sie bekamen die übrig gebliebenen Krümel.

Ich erinnere mich noch an das Gartenrestaurant, das an den lauen Sommerabenden voll besetzt war und in dem Musikanten aufspielten. Viele Gäste hörten ihnen andächtig zu und schunkelten auf ihren Stühlen. Ich liebte diese Spaziergänge durch den Park, wir bekamen ein Eis oder ein Lutschbonbon, und anschließend setzten wir den gemütlichen Abend zu Hause mit Rate- und Gesellschaftsspielen fort.

Im Dezember verwandelte sich der Regen in Schnee, der nicht mehr schmolz. Die Erde gefror. Wir holten die Schlitten aus dem Keller. Die Zeit des Rodelns und der Schneeballschlachten hatte begonnen. Diese Kinderjahre waren die schönsten Jahre meines Lebens überhaupt, denn meine Mutter hatte noch Geduld und Zeit, sich uns zu widmen. 1931 kam meine Schwester Gitta zur Welt. Sie entpuppte sich als kleine Schönheit, mit großen blauen Augen und dunkelbraunen Locken. Sie war eine Schmusekatze und wurde Mamas Herzenskind.

Im darauf folgenden Jahr wurde Mama abermals schwanger, und ich freute mich auf das neue Baby. Evelyn wurde geboren. Ich schaute das kleine, süße Wesen unentwegt an und war ganz verliebt in meine winzige Schwester. Sie hatte schwarze Haare und himmelblaue Augen und war für mich das schönste Baby der Welt. Evelyn lebte nur achtzehn Tage. Sie wurde von einer Hebamme mit einer Infektionskrankheit angesteckt. Ich weinte bitterlich, als man sie begrub.

Mama arbeitete den ganzen Tag in der Küche. Sie kochte, buk und legte Obst und Gemüse ein. Wir entsteinten das Obst, und wenn

Papa zu Hause war, half er ebenfalls. Im Oktober kaufte Mama harte Äpfel und Birnen. Wir wickelten sie in Zeitungspapier und lagerten sie auf dem Schlafzimmerschrank. Nach zwei Monaten waren sie reif und saftig. Unsere Holzfässer mit den sauren Gurken und dem eingelegten Kohl standen im Keller, und Mama wusste, dass ich naschte, wenn sie mich schickte, um etwas heraufzuholen. Ich hatte eine Vorliebe für diese frischgrünen, halbdurchgezogenen Gurken und die luftigen herzhaften Kohlblätter. Außerdem genoss ich es, in dem dunklen Kellerraum einmal allein zu sein, denn meine Mama und meine Geschwister wollten und verlangten ununterbrochen etwas von mir. »Traudel, häng die Wäsche auf, hilf deinen Geschwister bei den Hausaugaben, bring den Teig zum Bäcker.« Ich trug den zu Laiben geformten Teig zum Bäcker, der ihn mit einem langen Holzspaten in den Ofen beförderte, denn unser Backofen war zu klein, um die großen runden Brote zu backen.

Meine Mutter pflegte mich zu ermahnen: »Sei nicht so stolz, unterhalte dich mit den Nachbarinnen, sie beklagen sich, dass du außer ›Guten Tag‹ niemals ein Wort mit ihnen wechselst.« »Mama, ich bin nicht so wie du, ich hasse die Tratschereien mit diesen an den Fenstern hängenden Fleischbergen.« Wupps, bekam ich eine Ohrfeige. Ich las lieber ein Buch, anstatt mich mit Menschen zu unterhalten, die mich nicht interessierten. In meiner Familie fühlte ich mich immer benachteiligt, denn zu mir war Mama besonders streng.

Mein Bruder Herbert mochte keine Karotten essen: »Ich esse keine Polizeifinger«, meckerte er jedes Mal, denn die Polizisten hatten in den kalten Wintern rotgefrorene Finger. Er brauchte sie nicht zu essen. Herbert hatte Privilegien, ich hatte keine. Mich ekelte es zum Beispiel vor den dicken großen Graupen, die Mama manchmal kochte. Ich bekam immer einen Brechreiz, wenn ich sie auf meinem Teller sah. Wenn ich sie mittags nicht aß, bekam ich sie zum Abendessen noch einmal serviert. Das wiederholte sich, bis sie ungenießbar waren und Mama sie wütend in den Abfalleimer schüttete. Herbert wusste um die Ungerechtigkeit und steckte mir heimlich Brotscheiben zu. Indem sie mir an allem die Schuld gab, hat Mama meinen Dickkopf gezüchtet.

Während der großen Arbeitslosigkeit musste mein Vater im Kohlebergwerk arbeiten, um uns zu ernähren. Zwischen seinen Schichten übte er seinen Friseurberuf aus, indem er seine Stammkunden in ihren Wohnungen aufsuchte.

Er verlegte seine Urlaube immer in unsere Schulferien, um die Tage mit uns im Wald zu verbringen. Papa stammte aus einer Gärtnerfamilie, er war ein großer Naturfreund und klärte uns über Blumen, Kräuter, Pilze und Beeren auf. Mit belegten Broten und Getränken machten wir uns auf den Weg und kehrten erst in den späten Nachmittagsstunden zurück. Mama verarbeitete das viele Obst zu Marmelade und Gelee oder kochte es als Kompott für den Winter ein. Die Kräuter wurden getrocknet, und von den Pilzen bereitete sie uns ein köstliches Pilzgulasch zu. Die Apfelschalen zogen wir auf eine Schnur. Wenn sie getrocknet waren, brauten wir sie zu einem wunderbaren Tee, den wir heiß oder kalt tranken.

Bei einem unserer Waldspaziergänge mit Papa entdeckten wir ein kleines Häschen. Es saß unter einem Baum und schaute uns an. Papa sagte: »Vielleicht hat es seine Mutter verloren, wir nehmen es mit nach Hause.« Wir sperrten es in einen Stall im Hinterhof unseres Hauses und fütterten es mit Möhren. Nach zwei Wochen wurde mein Vater krank, alle Glieder schmerzten, und er konnte nicht aufstehen. Er rief uns an sein Bett und sagte: »Kinder, ich muss mit euch reden. Wir haben dem Häschen die Freiheit geraubt, das ist eine Sünde, bringt es genau dorthin, wo wir es gefunden haben.« Als wir nach Hause kamen, fragte er uns: »Habt ihr es an derselben Stelle unter den Baum gesetzt?« »Ja, Papa, erst haben wir eine Weile gewartet, und dann ist es davongehüpft.« Papa war zufrieden und stand nach zwei Tagen kerngesund auf. Das war mein Vater, durch und durch gut und gewissenhaft.

Im Oktober gingen wir mit Mama zum Bahnhof, um Kartoffeln zu kaufen. Dort standen die Güterzüge, beladen mit Kartoffeln, die direkt von den Bauern verkauft wurden. Mama ging von Waggon zu Waggon, und jeder Bauer gab uns drei bis vier Kartoffeln, die Mama zu Hause ausprobierte. Wenn sie sich für eine Sorte entschieden hatte, orderte sie acht Säcke. Der Bauer packte sie auf seinen Pferdewagen und kutschierte uns mitsamt den Kartoffeln nach Hause. »Ihr dürft oben aufsitzen, und eure Mama hat einen Ehrenplatz neben mir.« Er lachte, und seine Knollennase zog sich in die Breite. »Er hat eine richtige Kartoffelnase«, flüsterte mir Herbert leise zu und wir kicherten. Zu Hause trug der Bauer die Säcke in unseren Keller. Für mich und meine Geschwister war dieser jährliche Kartoffeleinkauf ein großes Erlebnis. Die lädierten Kartoffen aßen wir zuerst, und wochenlang gab es nichts als Kartoffelgerichte: Mama bereitete Kartoffelpuffer zu, Kartoffelbrei, Kartoffelsuppe oder Kartoffeln-Süss-Sauer mit Senfsoße, die mein Papa besonders liebte.

Im Spätsommer sammelten wir Holz für den Winter und stapelten es in unserem Keller. Steinkohle brachte uns Herr Lehmann mit einem Pferdewagen. Sein Gaul wurde von Jahr zu Jahr lahmer. Eines Tages wurde auch Herr Lehmann lahm, da löste ihn sein Sohn Gustaf ab.

In unserer Wohnküche stand der helle Kachelofen, der zum Backen, Kochen und Heizen diente, weil er die Wärme in die angrenzenden Räume verbreitete. In den kalten Wintermonaten war immer jemand erkältet. Dann flößte uns Oma Hedwig, Mamas Mutter, selbst gemachten Zwiebelsaft ein, der zwar ekelhaft schmeckte, aber bei Husten wahre Wunder bewirkte.

Oma Hedwig besuchte uns zweimal im Monat. Sie brachte uns selbst gebackene Kekse mit und um die Weihnachtszeit ihren guten Mohnstollen. Sie trug übereinanderliegende dunkle Röcke und dazu ein großes, gehäkeltes Umschlagtuch. Ihre eisgrauen Haare flocht sie zu einem dicken Zopf, den sie zu einer großen Schnecke am Hinterkopf zusammenrollte und feststeckte. In der rechten Hand hielt sie ihren Stock und in der linken eine braune Tasche. Im Sommer trug sie einen Strohhut, der jedes Jahr eine neue Dekoration von Blumen oder Früchten erhielt. Im Winter setzte sie ihren schwarzen Filzhut auf, den Federn oder eine Ripsschleife zierten. Wir liebten unsere Oma. Sie hatte zwei Töchter, Maria, meine Mama, und Luise, die mit ihrem Mann in unserer Nähe wohnte. Sie war in jungen Jahren Witwe geworden und erzählte uns viele Geschichten aus der guten alten Zeit. Wir baten sie öfters: »Bitte, Oma, erzähl uns noch mal, wie du Opa kennengelernt hast.« »Ich habe es euch doch schon so oft erzählt.« »Erzähl es uns noch mal.«

Und Oma erzählte:
Mit zwei Jahren war ich ein Waisenkind, denn meine Eltern starben sehr jung. Ich wuchs notgedrungen bei meiner Tante auf und fühlte mich immer wie das fünfte Rad am Wagen. Wenn ich von ihren Kindern gehänselt wurde und mich zur Wehr setzte, drohte man mir mit dem Waisenhaus, dabei war ich ein braves Kind. Mit vierzehn Jahren begann ich bei der jüdischen Familie Rosenstrauch als Kindermädchen zu arbeiten. Bei ihnen fand ich ein warmes Zuhause, sie behandelten mich wie ein Familienmitglied und nicht wie ein Dienstmädchen.

Eines Tages kam der Klempner, um einige Reparaturen vorzunehmen. Die Arbeiten bedurften einiger Tage, und ich bemerkte, dass er mit Frau Rosenstrauch über mich tuschelte. Er stellte sich vor: »Mein Name ist Horst Schimura, wie lange arbeiten Sie denn schon hier?« »Seit meinem vierzehnten Lebensjahr«, antwortete ich schüchtern. Er bat die Familie um Erlaubnis, mich auszuführen. Und von diesem Tag an waren wir unzertrennlich. Nach einem halben Jahr hielt er um meine Hand an. Ich willigte ein, denn er war ein wirklich liebenswürdiger Mann, und ich wollte mit ihm ein eigenes Heim gründen. Familie Rosenstrauch stattete mich großzügig aus, und ich nahm schweren Herzens Abschied von ihnen.

Die Trauung fand im Beuthener Rathaus statt. Nach der Zeremonie sagte mein frisch angetrauter Mann zu mir: »Ich habe ganz vergessen, dir zu sagen, dass ich Witwer bin. Zu Hause warten drei Kinder auf uns.« Das war eine Überraschung, kann ich euch sagen. Aber seine Söhne respektierten mich, sie waren gut erzogen und nannten mich »Frau Mutter«.

Horst besaß eine eigene Werkstatt und arbeitete von früh bis spät. Ich wurde bald mit eurer Mama schwanger, und nach einem Jahr kam Luise zur Welt. Wir waren sehr glücklich, trotz der schweren Zeiten und der ständigen Geldknappheit. Aber wir liebten und achteten uns gegenseitig und waren mit dem Wenigen zufrieden.

Horst stellte Karbidlampen in seiner Werkstatt her. Und als die große Arbeitslosigkeit durchs Land strich, verkauften wir die Lampen. Wir banden sie mit Stricken zusammen und hängten sie über die Schultern, um sie an den Wohnungstüren feilzubieten. Wir mussten unsere Kinder ernähren.

Immer wieder klagte Horst über starke Schmerzen in der Brust, doch unser Hausarzt war ratlos und verschrieb ihm schmerzstillende Mittel. Er wurde immer schwächer und magerer und fiel in sich zusammen. Ich machte mir große Sorgen um ihn. Eines Tages ging mein Mann schlafen und wachte nicht mehr auf. Ich trauere bis heute um ihn. Es ist schade, dass ihr nie die Gelegenheit hattet, ihn kennenzulernen. Ihr hättet einen lieben und lustigen Opa gehabt.

Dann heiratete eure Mama, Gerhard und Gerda kamen zur Welt und auch sie wurde in jungen Jahren Witwe. Kurz nach dem Krieg lernte sie euren Papa kennen, und das machte mich sehr glücklich. Mit ihm hat eure Mama Glück gehabt, er ist ein feiner Mensch, euer Papa.

Meine Mutter erzählte weiter:

Oma kochte uns oft leckere Karamellbonbons. Dazu gab sie Fett und Zucker in einen Topf, rührte Kakao hinein und formte aus der Masse kleine Klumpen. Unsere Mama schimpfte, weil sie es als Verschwendung betrachtete. Oma ermahnte uns ständig: »Kinder putzt euch oft und gründlich die Zähne, damit ihr nicht zum Zahnarzt gehen müsst.« Denn zu Omas Zeiten sahen die Zahnärzte wie Schmiede aus, mit einer roten Gummischürze und einer Zange in der Hand. Bei diesem Anblick lief man lieber davon, als sich behandeln zu lassen.

Unsere Großeltern väterlicherseits kamen uns nur selten besuchen, denn sie wohnten in Gleiwitz, und die Bahnfahrten waren teuer. Doch wenn sie kamen, brachten sie einen Korb voller Obst und Gemüse aus ihrer Gärtnerei mit.

Meine große Schwester Gerda erzählte mir einmal, dass Oma und Opa mit der Heirat unserer Eltern ganz und gar nicht einverstanden gewesen waren. Sie wollten für ihren Sohn keine Witwe mit zwei Kindern, die zu allem Überfluss noch katholisch war.

Unser Küchenschrank hatte Glastüren mit gehäkelten Spitzendeckchen. Dahinter bewahrte Mama das Geschirr auf und in großen Glasgefäßen Zucker, Mehl, Tee und Kaffeebohnen. Wenn Mama den Kaffee mit der kleinen hölzernen Mühle mahlte, zog der Duft durch die ganze Wohnung. Der buntgeblümte Vorhang verdeckte die große Zinkwanne, in der wir uns jeden Samstag badeten, und die Anrichte mit der weißen Waschschüssel, in der wir uns täglich wuschen. Die Toilette, die wir mit unseren Nachbarn teilten, lag außerhalb der Wohnung am Ende eines langen Flurs. An heißen Sommertagen zog Mama die Gardinen zu und öffnete alle Türen. Das machte die Hitze, die sich während des Tages in den Zimmern angestaut hatte, etwas erträglicher. Unsere Holzdielen wurden zweimal im Jahr gelackt, doch eines Tages sagte Papa: »Schluss mit dem Lack, die Dielen werden gescheuert und bleiben hell.« Er stülpte seine Ärmel hoch, und wir machten uns gemeinsam an die Arbeit. Mama sagte: »Papa hat recht, wozu diese Lackerei, es tritt sich sowieso wieder ab.«

Die wirtschaftliche Lage verschlechterte sich immer mehr. Lebensmittel waren knapp und teuer. Ich war Papas Vertraute, auf mich konnte er sich immer verlassen. Eines Tages sagte er zu mir: »Wir gehen spazieren und spielen ein kleines Spiel. Aber es ist unser Geheimnis. Nimm einen Beutel und eine kleine Schere mit. Wir gehen zu einem Feld, auf dem Kartoffeln, Möhren und Ähren wachsen. Du läufst ins Feld, pflückst Gemüse, schneidest die Ähren mit der Schere ab und legst alles in den Beutel. Wenn ich pfeife, legst du dich flach auf den Boden. Wenn ich noch einmal kurz pfeife, stehst du wieder auf.« Auf dem Heimweg sagte Papa: »Es gehört zwar nicht uns, und es ist nicht recht, was wir tun, aber wir machen Mama eine große Freude.« Damals bewachten die Bauern ihre Felder, weil nicht nur wir Obst und Gemüse stahlen. Zu Hause pulten wir die Körner aus den Ähren. Mama mahlte sie in der Kaffeemühle zu einem grobkörnigen Mehl. Aus dem Gemüse kochte sie eine gute Suppe, und wir wurden wieder einmal satt.

Zu den Wahlen im Januar 1933 durfte ich meine Eltern begleiten. In den Wahllokalen verteilten SA-Männer Anstecknadeln mit dem Wort »JA«, und als ich fragte, ob es auch ein »NEIN«-Abzeichen gebe, herrschte mein in Bedrängnis geratener Vater mich an: »Stell keine dummen Fragen, wir gehen jetzt nach Hause!«

Hitler wurde Reichskanzler, und ich erinnere mich an unzählige

Diskussionen in unserer Küche. Freunde rieten meinem Vater, in die Partei einzutreten, man versprach ihm Förderung und finanzielle Hilfe, doch er sagte: »Ich mache diesen Wahnsinn nicht mit und weigere mich, dieses Parteiabzeichen zu tragen. Ich habe im Ersten Weltkrieg gedient und habe am Russlandfeldzug teilgenommen. Ich weiß, was Krieg bedeutet. Diese Reden und Parolen und die Fahnen mit den roten Hakenkreuzen, das alles riecht nach Krieg, und ich lasse mich nicht umstimmen.« Seine Freunde, bei denen er sehr beliebt war, warnten ihn: »Paul, halt deinen großen Mund, du bringst dich und deine Familie in gewaltige Schwierigkeiten.«

Natürlich wurden wir Kinder bei diesen Gesprächen hinausgeschickt, aber ich lauschte an der Tür. Meine Mama hörte stumm zu; sie dachte sich ihren Teil, mischte sich aber niemals in die Gespräche ein. Doch an manchen Abenden hörte ich meine Eltern hinter der verschlossenen Schlafzimmertür miteinander sprechen. Mama bat mit leiser Stimme: »Paul, überleg es dir doch, wir können ein besseres Leben haben, wenn du in die Partei eintrittst. Ich weiß manchmal nicht, wie ich die Kinder satt kriegen soll.« Mein Vater wurde laut: »Schau sie dir doch alle an mit ihrem militärischen Gehabe. Dieses hysterische Geschrei und dieser Rassenwahn! Was hier passiert, kann kein gutes Ende nehmen. Nach dem Krieg habe ich mir geschworen, dass ich keine Uniform mehr anziehe. Ich will nichts mehr davon hören!«

Meine Mutter war in ihren jungen Jahren eine vollschlanke, anziehende Frau gewesen, mit braunen Haaren, blauen Augen und einer kleinen Stupsnase. Durch die Schwangerschaften und mehrere Fehlgeburten war ihr Körper breit und schwer geworden, und nach der Geburt meines Bruders Heini ließen ihre Kräfte und ihre Geduld merklich nach. Der Haushalt wuchs ihr über den Kopf, sie wurde nervös und reizbar. Ein Blick von ihr genügte, und wir parierten. Meinen Papa aber betete sie an, und meine Eltern trugen ihre Meinungsverschiedenheiten niemals vor uns Kindern aus.

Meine älteren Geschwister verließen das Haus. Gerhard zog nach Kattowitz und kam nur noch selten zu Besuch, Gerda heiratete und wohnte mit ihrem Mann in der angrenzenden Straße. Bei meiner Schwester Gerda konnte ich mich ausweinen, wenn ich Sorgen hatte, sie wusste immer den richtigen Rat. Mit Stolz trug ich ihre abgelegten Kleider, auch wenn ich sie um vieles enger machen musste, denn ich war sehr dünn. Mein Bruder Herbert zog mich immer auf: »Steck dir eine Brosche an, damit man sieht, wo hinten und vorne ist.«

Schon als Elfjährige wurde ich in die Pflicht genommen und musste Arbeiten im Haushalt übernehmen. Außerdem war ich für meine jüngeren Geschwister verantwortlich, deren Schulaufgaben ich zu beaufsichtigen hatte. Für meine eigenen blieb mir wenig Zeit. Meine Geschwister hinterließen ihre Spuren in meinen Schulheften, und die Strafen der Lehrer waren grausam. Damals war die Prügelstrafe noch erlaubt, und die Lehrer konnten ihre üblen Launen an uns auslassen. Wir mussten unsere Hände vorzeigen und bekamen Hiebe mit dem Rohrstock. Danach war das Schreiben ganz unmöglich.

Wir lebten in einfachen Verhältnissen, aber meine Eltern achteten stets auf Tischmanieren. »Besteck hält man zwischen zwei Fingern und Daumen und nicht in der Faust wie zwei Mistgabeln«, ermahnte uns Mama. Und sie bestanden darauf, dass wir hochdeutsch sprachen, denn viele Oberschlesier flochten polnische Ausdrücke in das Deutsche ein, und Mama behauptete, dass man entweder Deutsch oder Polnisch, aber keinen Mischmasch zu sprechen habe.

Im Herbst 1938 zog sich meine Mutter eine Infektion am rechten Zeigefinger zu. Der Finger konnte nicht mehr gerettet werden, und sie lag einige Tage im Krankenhaus. Ich brachte ihr Wäsche zum Wechseln und begab mich dann, versehen mit Anweisungen für die Hausarbeiten, die ich erledigen sollte, auf den Heimweg.

Rauch und Brandgeruch stiegen mir in die Nase, als ich ins jüdische Viertel einbog. Ich erblickte die brennende Synagoge und blieb gebannt stehen. Viele Menschen hatten sich versammelt, darunter auch Polizisten, die zuschauten. Zwei ältere Frauen mit Kopftüchern sagten: »Ein Gotteshaus zündet man nicht an, das wird sich bitter rächen.« Am Ende der Straße hörte ich Schreie und das Zerbersten von Glasscheiben. Ich rannte nach Hause und erzählte meinem Vater, was ich gesehen hatte. »Papa, die Synagoge brennt und die Feuerwehr kam nicht, um sie zu löschen, die Polizisten standen herum und schauten zu.« Mein Vater reagierte eher schweigsam. Wie hätte er mir, einer Zwölfjährigen, erklären sollen, was Judenhass bedeutete.

Ich war tief verstört, und die Worte der alten Frauen blieben stets in meiner Erinnerung.

Um die Innenstadt von Beuthen verlief der sogenannte Ring. Das Rathaus stand im Zentrum, umgeben von unzähligen Geschäften. Mama kaufte nur in den angrenzenden Straßen, wo sich der Markt befand und viele Geschäfte mit jüdischen Inhabern. Im Bekleidungsgeschäft Schyftan war sie Stammkundin, man kannte sich seit Jahren, konnte ein bisschen handeln und fand immer Zeit für ein kleines Schwätzchen. Nach der Reichspogromnacht herrschte dort das Chaos. Ich sah die verschmierten Fenster, die eingeschlagenen Scheiben und SA-Männer, die vor den Eingängen standen, um Kunden den Weg zu versperren. Meine energische Mutter betrat den Laden mit der Begründung, etwas abholen zu müssen. Herr Schyftan empfing uns mit trauriger Miene und sagte: »Guten Tag, Frau Walter, nehmen Sie sich, was Sie wollen, zu niedrigsten Preisen, ich bin gezwungen, das Geschäft zu schließen.« Meine Mama erkundigte sich nach seiner Familie, und als sie sich herzlich von ihm verabschiedete, sah ich Tränen in ihren Augen. Ich bedrängte sie mit neugierigen Fragen, aber sie sagte: »Wenn ich verstünde, was hier passiert und warum, könnte ich es dir erklären, aber ich habe keine Antwort.«

Zu Hause flüsterten meine Eltern nun häufig miteinander, und gelegentlich schnappte ich ein paar Brocken auf. Papa sagte: »Es ist nicht recht, was hier geschieht, wir müssen alle aufstehen und uns gegen dieses Unrecht wehren.« Mama beschwichtigte ihn immer wieder. Ich fühlte, dass sie Angst hatte.

Ein Jahr vor meinem Schulabschluss sah ich eine Menschenmenge vor der Gutenbergschule, in der ich lernte. Sie lag nicht weit von unserem Haus entfernt. Männer, Frauen und in ihrer Mitte kleine und größere Kinder standen dort und unterhielten sich leise. Im Näherkommen erkannte ich viele bekannte Gesichter. Mein Gruß wurde mit traurigem Lächeln erwidert. Ich fragte einen Polizisten, was mit den Menschen geschähe, doch der sagte nur: »Geh nach Hause, Kind, ich wünschte, ich müsste nicht hier stehen.« Ich verstand die Welt nicht mehr, und ich erhielt keine Antworten auf meine Fragen.

Die neuen Gesetze schrieben Pflichtjahre für die Jugend vor. So kam ich 1939 auf einen Bauernhof in Lättnitz (Niederschlesien). Meine Mutter versuchte zwar, es zu verhindern, weil ich zu Hause gebraucht wurde, hatte aber keinen Erfolg. Ich war einer Gruppe von insgesamt sechs Mädchen zugeteilt. BDM-Führerinnen begleiteten uns und lieferten jedes Mädchen auf einem anderen Hof ab. Der alte Bauer mit seinem vom Wind und Sonne gegerbten Gesicht drückte mir mit seiner derben Pranke die Hand und begrüßte mich herzlich. Die jungen Landwirte waren eingezogen, die Jungbäuerin bearbeitete mit ihrem alten Vater die Felder und versorgte den Hof. Das Landleben war etwas Neues für mich. Das Pflügen der Äcker, die Aussaat, das Sprießen des Getreides und schließlich die Ernte, all das faszinierte mich. Wenn das Getreide geschnitten wurde, banden wir es zu Garben und stellten sie zum Trocknen auf. Aus den gedroschenen Körnern mahlte der Müller Mehl. Ein Teil wurde für den Eigengebrauch gelagert, der Rest verkauft.

Meine Mutter (Zweite von links) auf dem Bauernhof

Im Sommer wurden die Wiesen gemäht, die Mahd blieb liegen und wurde mehrmals gewendet, bis das Heu trocken war und in die

Scheune gebracht werden konnte. Es musste festgetreten werden, und daran beteiligten sich alle Dorfkinder mit großer Freude. Auch mir machte es großen Spaß, aber anschließend bekam ich juckende Pusteln am ganzen Körper. Die Bäuerin gab mir eine weiße Paste, die brachte die Pusteln zum Austrocknen. »Ihr Stadtkinder seid das nicht gewöhnt«, sagte sie. Auch bei der Kartoffelernte half ich mit. Neben dem Hof wurden Mieten für die Kartoffeln ausgeschachtet, darauf kamen abwechselnd eine Lage Stroh, eine Lage Kartoffeln und eine Lage Erde. Auf diese Art wurden die Kartoffeln für den Winter gelagert.

Bei allen Arbeiten waren die Kinder der Bäuerin, ihr fünfjähriger Sohn und ein drei Monate altes Baby, in meiner Nähe. Sie hatten sich schnell an mich gewöhnt und fühlten sich bei mir wohl.

Eines Tages kochte ich eine Gemüsesuppe, weil die Bäuerin nicht rechtzeitig vom Feld zurückgekehrt war. Ich pflückte Spinat, Bohnen und Kohl und riss junge Möhren aus der Erde. Die ansonsten gutmütige Bauerin schlug die Hände über dem Kopf zusammen und schimpfte, denn es durfte nur ausgereiftes, gelagertes Gemüse zum Kochen verwendet werden. Opa zwinkerte mir zu und erklärte, so eine gute Suppe jahrelang nicht gegessen zu haben.

Gegen Ende des Jahres fand das Schlachtfest statt, und die Bauersleute erlaubten mir, Esspakete nach Hause zu schicken. In dieser Zeit lernte ich, wie viel harte Arbeit in dem Brot lag, das wir täglich aßen. Ich sah die Geburt von Schweinen und Kälbern und erlebte das Bangen der Bauern vor schlechtem Wetter, das ganze Ernten zugrunde richten konnte. Als ich mich nach zwei Jahren von ihnen verabschiedete, weinten die Kinder, und ich weinte mit.

1941 kehrte ich in meine Heimatstadt zurück und musste mich wieder auf das Stadtleben einstellen. Alles war verändert, meine Familie war sogar in eine neue Wohnung gezogen. Mein kleiner Bruder sagte »Tante« zu mir, weil er sich nicht mehr an mich erinnerte. Nach langer Suche fand ich Arbeit als Bürokraft in einer Schürzenfabrik. Nach Büroschluss lernte ich Stenografie und Maschinenschreiben.

Meine Brüder Herbert und Gerhard wurden zum Militär eingezogen, und Mama weinte tagelang. Meine schöne Heimatstadt war nicht mehr die, die ich kannte. Ich sah Uniformen, blank geputzte

Stiefel und erhobene Arme. Das Radio sendete nichts als Märsche und brüllende Reden. Wo waren die schönen Schlager, die ich so gerne mitsummte: »Püppchen, du bist mein Augenstern, Püppchen, ich hab dich ja so gern, lalalalalala.« Wenn Papa den Volksempfänger einschaltete und Görings Stimme hörte – »Wir müssen unsere Gürtel enger schnallen!« –, schimpfte er: »Der fette, vollgefressene Göring soll erst mal seinen eigenen Gürtel enger schnallen.« Mama beschwichtigte ihn jedes Mal: »Bitte, Paul, denk doch an die Kinder.« An den Hauswänden waren Plakate angebracht mit der Aufschrift: »Achtung, Feind hört mit«.

Ich war Papas Vertraute. Wenn meine Geschwister schlafen gingen, hörten wir zusammen Radio und lauschten dem englischen Sender. Die Nachrichten wurden in deutscher Sprache durchgegeben: »Tatatata, Sie hören den englischen Sender in deutscher Sprache.« Papa verfolgte die Meldungen mit finsterem Gesicht.

Als die deutsche Armee 1941 in Russland einmarschierte, hörte Papa nicht auf zu schimpfen: »Diese größenwahnsinnigen Hornochsen, die glauben, dass man ein mächtiges Land wie Russland besiegen kann! Die werden erst erwachen, wenn es zu spät ist.« Es gab Anordnungen für Luftschutzkeller, man solle sich auf Übernachtungen in den Kellern einstellen und Taschen mit dem Nötigsten bereithalten. Alle Fenster mussten bei beginnender Dämmerung abgedichtet werden, der Luftschutzwart radelte die Straßen entlang und verhängte Strafen an diejenigen, deren Fenster noch den Schein der Lampe durchließ.

Die Wohnung, in die meine Familie umgezogen war, befand sich in der Hermann-Göring-Siedlung. Die Häuser verfügten bereits über Luftschutzkeller, in denen dreistöckige Betten und ein Kanonenofen standen.

Die Lebensmittelmarken reichten niemals aus. Alles war knapp und wurde immer mehr rationiert. Für viele Produkte stand meine Mama stundenlang an, und oft passierte es, dass nach langer Wartezeit nichts mehr übrig war. Niedergeschlagen kehrte sie nach Hause zurück. Ihre Nerven waren zum Zerreißen gespannt. Mein kleiner Bruder Heini, der unter angeborenem Gelenkrheuma litt, weinte oft vor Schmerz und musste herumgetragen werden. Die Nachrichten kündigten den Anflug feindlicher Bomber an. Die Bevölkerung wurde aufgefordert, bei Alarm unverzüglich die öffentlichen Bunker oder Kellerräume aufzusuchen. Auf den Alarm folgten Detonationen, auf die Detonationen die Entwarnung. Zwischen Alarmen und Entwarnungen ging ich arbeiten. Mama kochte Kartoffel- und Kohlgerichte, andere Lebensmittel gab es kaum noch.

Der Januar 1945 war einer der kältesten Winter seit jeher. Eiszapfen hingen an den Dächern, alles war gefroren und zugeschneit. Wir stopften unsere Schuhe mit Zeitungspapier aus, trugen Kleidung über Kleidung und wickelten wollene Schals um unsere Köpfe und Münder. Der eisige Wind brannte in unseren Augen und ließ sie tränen.

Die Bevölkerung wurde aufgerufen, in den Kellern zu übernachten, weil die russische Armee im Anmarsch sei. Panik brach aus, viele Menschen ließen ihr gesamtes Hab und Gut zurück und flohen mit Koffern, Bündeln und Handwagen in Richtung Westen. Der Bahnverkehr war unterbrochen, und die flüchtenden Menschen wurden buchstäblich eingeschneit. Viele erfroren auf offener Strecke oder brachen auf den Flüssen ins Eis ein. Als ich morgens zur Arbeit kam, standen alle Angestellten vor dem geschlossenen Fabriktor. Man teilte uns mit, dass unser Chef die Flucht ergriffen habe, ohne jemanden davon in Kenntnis zu setzen.

Plötzlich gab es Alarm. Alle rannten in die öffentlichen Luftschutzkeller. Ich lief, so schnell ich konnte, nach Hause. »Da bist du endlich«, sagte Mama erleichtert. Vom Dach unseres Hauses war ein Gewehrfeuer zu hören. Mein Vater lief nach oben und entdeckte einen vierzehnjährigen Jungen mit einem Flakgeschütz. Mein Vater schrie: »Komm sofort herunter, du bringst uns alle in Gefahr, man wird unser Haus bombardieren!« Der Junge sagte: »Ich habe Befehl zu schießen.« »Und ich gebe dir den Befehl, herunterzukommen, zieh die Uniform aus und geh nach Hause, der Krieg ist zu Ende!« Papa schimpfte: »Die Russen sind da, und sie setzen noch Kinder und Greise ein für den Endsieg.« Meine Mama war ein einziges Nervenbündel, sie weinte ununterbrochen, und wir rannten in den Keller. Schüsse, heulende Stalinorgeln und Detonationen waren zu hören. Das Wasserwerk wurde getroffen, und wir mussten über eine Woche ohne Wasser auskommen. In der angrenzenden Straße brannte ein Haus, der Bahnhof wurde teilweise zerstört. Wir standen zehn Tage lang unter Beschuss.

Mitte Januar marschierte die rote Armee in Beuthen ein. Die Soldaten drangen in die Wohnhäuser, stahlen alles, was ihnen in die Hände kam, und vergewaltigten Frauen und Mädchen. Mama puderte mir und meiner Schwester das Gesicht mit weißem Pulver ein, unsere langen Locken verbargen wir unter Kopftüchern. Russische Soldaten, die sich vor Krankheiten fürchteten, fragten: »Du krank?« Wir nickten und senkten unsere Köpfe.

Es war eine schlimme Zeit, man konnte nichts mehr kaufen, denn alle Geschäfte waren geschlossen. Die Russen besetzten die Banken, warfen das Geld auf die Straße und bewachten es mit Gewehren im Anschlag. Keiner wagte es, sich danach zu bücken.

Etwa zwei Wochen nach dem Einmarsch hingen überall Anschläge, auf denen Frauen im Alter von sechzehn bis sechzig Jahren aufgefordert wurden, mit Personalausweisen im Krankenhaus zu erscheinen. Wer sich nicht meldete, dem drohte eine Verhaftung. Meine große Schwester Gerda wurde nach Hause geschickt, weil sie ein Baby hatte. Ich wurde registriert und hatte mich pünktlich am nächsten Morgen zu melden. Ich begab mich zum Krankenhaus, wo mich ein alter Ukrainer empfing, der deutsch sprach und als Aufseher tätig war. Ich sollte mit fünf anderen Mädchen zusammenarbeiten, die ich teilweise aus meiner Stadt kannte. Wir erhielten Kittel und Holzpantinen. Unsere Aufgabe war es, die verwundeten russischen Soldaten zu waschen. Die Waschräume befanden sich im Erdgeschoss, dort saßen die Männer in einer Reihe auf Holzbänken. Die Schwerverletzten hatten Vorrang, sie wurden nach dem Waschen auf die Stationen gebracht. Wenn manche Soldaten zudringlich wurden, rief unser alter Ukrainer sie zur Ordnung. Wir nannten ihn Opa. Wir arbeiteten zwölf bis vierzehn Stunden am Tag. Von der Kommandantur erhielten wir Papiere, die uns als Lazarettarbeitende auswiesen und vor Belästigungen schützten.

Ich schaute neugierig auf die verschiedenen Menschentypen Russlands. Man sah Männer mit slawischen Zügen, solche mit niedrigen Stirnen und buschigen Augenbrauen, große hellhäutige, kleinere dunkelhäutige Typen und asiatische Gesichter. Jeden Tag trafen neue Verwundete ein. Aus Russland kamen weitere Ärzte, Ärztinnen und Krankenschwestern. Die Ärzte waren höfliche, angenehme Menschen. Sie veranlassten, dass wir freie Tage und ausreichende Mahlzeiten erhielten, denn sie sahen, wie schwer wir arbeiteten.

Endlich kam der Frühling, und Mama mottete die dicke Winterkleidung ein. Am 8. Mai war der Krieg zu Ende. In Beuthen läuteten alle Glocken, die Menschen jubelten, tanzten auf den Straßen und umarmten sich. Im Spätsommer traf ein neuer Verletztentransport ein. Mein Blick fiel auf einen gut aussehenden jungen Mann ohne Beine. Er hatte helle, leicht sommersprossige Haut, ein schmales, feines Gesicht und mittelblondes Haar. Als sich unsere Blicke trafen, schaute er verlegen zur Seite. Er saß mit den Verwundeten auf der Bank, und als ich ihm helfen wollte, sagte er in reinem Hochdeutsch: »Vielen Dank, Fräulein, das mache ich alleine, Sie können mir ein Handtuch bringen.« Mein Herz krampfte sich zusammen, als ich seinen Rücken sah, bedeckt mit breiten, roten Narben und Striemen.

Als ich ihn fragte, wo er so gut Deutsch gelernt habe, sagte er, er sei Rumäne. Bevor ihn zwei Krankenwärter auf die Station zurückbrachten, stellte er sich mir vor: »Mein Name ist Leo Freier. Ich wurde mich sehr freuen, wenn Sie mich besuchen kämen.« Ich lächelte ihn an und sagte: »Morgen.« Mein Interesse war geweckt. Wie kam ein junger, Deutsch sprechender Rumäne ohne Beine in unser Krankenhaus? Wann immer es meine Zeit erlaubte, besuchte ich ihn. Ich brachte ihm deutsche Bücher, über die er sich sehr freute. Jedes Mal blieb ich ein wenig länger, doch auf meine Fragen nach seiner Familie antwortete er immer ausweichend.

Ich stellte fest, dass er von allen Ärzten mit Vorzug behandelt wurde, ebenso von den Krankenschwestern. Anfang Oktober musste sich Leo einer Operation unterziehen, weil sein linkes Bein schlecht amputiert war. Ich ließ mich von einer Kollegin vertreten, um bei ihm zu sein, wenn er aus der Narkose aufwachte. Das Krankenhauspersonal tuschelte über uns, und die Ärzte lächelten zufrieden, wenn sie uns zusammen sahen.

Als er sich einen Apfel wünschte, die damals schwer zu bekommen waren, wusch ich Wäsche für die Krankenschwestern, und Leo bekam seine Äpfel. Auch wenn mir die Schwestern eine gebratene Kartoffel oder eine Pirogge zusteckten, teilte ich sie mit ihm.

Meine Eltern hatten mir den Namen Edeltraud-Erna gegeben, und Leo machte daraus Rena. Der Name passe viel besser zu mir, meinte er. Eines Tages druckste er herum: »Ich muss dir etwas sagen.« Als er mir erzählte, dass er als gebürtiger Leipziger Jude verfolgt, misshandelt und gegen einen fahrenden Zug gestoßen worden war, fühlte ich eine Mischung aus Mitleid und Scham in mir aufsteigen. Ich fragte mich, wie Menschen anderen Menschen so etwas antun konnten. Was hatte das mit Krieg zu tun?

Er erzählte mir von seiner glücklichen Kindheit in Leipzig, von seinen Geschwistern und von den Streichen, die sie miteinander ausheckten. Von seiner liebevollen Mutter, die ihm seine Leibgerichte kochte, und von seinem ach so kurzsichtigen Vater, der alle mit falschem Namen anredete, wenn er seine Brille verlegt hatte oder die Geschwister sie vor ihm versteckten. Er erzählte mir von seiner Bar-Mizwa, einem der wichtigsten Tage in seinem Leben. Er hatte sich wie ein König gefühlt, als er die Glückwünsche der Gemeinde, seiner Familie und Freunde entgegennahm. Ich liebte seine Geschichten und konnte nicht genug über diese für mich fremde Welt erfahren.

An sonnigen Tagen schob ich Leo in seinem Rollstuhl in den Hinterhof des Krankenhauses. Ich breitete eine Decke auf der Wiese aus, und wir ließen uns die Gesichter von der Herbstsonne wärmen. Ich war neunzehn Jahre alt und trotz aller Entbehrungen, die der Krieg mit sich gebracht hatte, glücklich. Leo gefiel mir mit seiner feinen gut erzogenen Art, und als er mich schüchtern fragte: »Wollen wir zusammenbleiben?«, antwortete ich: »Ja.« Ich machte mir keine Gedanken darüber, wie mein Leben mit einem behinderten Mann weitergehen würde, ich wollte mit Leo zusammenbleiben und für ihn da sein.

Oft fanden Musikabende im Krankenhaus statt, an denen ich teilhaben durfte. Die Soldaten und das Krankenhauspersonal sangen, tanzten und musizierten. Vladimir hatte ein Auge und einen Arm bei den Kämpfen in Danzig verloren. Er sang die Arien mit seiner strahlenden Tenorstimme so wunderschön, dass es mich zu Tränen rührte.

In dieser Zeit lernte ich das russische Volk von seiner besten Seite kennen. Ende 1945 wurde die Regierung von den Polen übernommen, die russische Armee zog ab, und ich suchte Arbeit, um Geld zu verdienen, denn in dem Krankenhaus arbeitete ich als Zwangsarbeiterin und wurde nur mit einem Mittagessen entlohnt.

Die Ärzte, die Leo wie einen eigenen Sohn liebten, boten ihm an, mit ihnen nach Russland zu kommen. Sie beschrieben ihr Land in den schönsten Farben. Vladimir sagte: »Ich stamme aus dem Kaukasus, das ist eine der schönsten Gegenden Russlands. Unser Frühling ist ein einziges Blütenmeer, das muss man gesehen haben. Meine Familie besitzt einen Bauerhof, und wenn du dich entschließen solltest, mit uns zu kommen, könntest du bei uns wohnen.« Aber Leo wollte mit mir nach Leipzig fahren, um nach seiner Familie zu suchen. Die Ärzte stellten den Kontakt zu einer jüdischen Organisation her und ließen die ersten Prothesen für Leo anfertigen. Täglich unternahmen wir Gehversuche, die wir zu kleinen Spaziergängen ausdehnten. Als das Krankenhaus aufgelöst wurde, kam Leo in ein Versehrtenheim. Wieder benötigte ich eine Sondererlaubnis, um ihn dort zu besuchen.

Als die Deutschen ausgesiedelt wurden, sagte mein Vater: »Wir bleiben hier, Brot gibt es überall.« Weil meine Eltern politisch unbelastet waren, konnten sie die polnische Staatsbürgerschaft beantragen.

Die jüdische Gemeinde beschlagnahmte leer stehende Privathäuser und richtete dort DP-Lager ein. In der Großküche eines der Häuser, das in der Nähe unserer Wohnung lag, beschaffte ich mir Arbeit. Jüdische Organisationen aus den USA schickten Lebensmittelpakete mit Fleisch, Nudeln, Reis, Kokosfett und verschiedenen Konserven, aus denen wir schmackhafte Gerichte zubereiteten. Die Männer weigerten sich, Kohl und Stockfisch zu essen, denn das hatte es dürftigerweise in den Lagern gegeben. Man erlaubte mir, diese Produkte mit nach Hause zu nehmen, und meine Mutter war darüber glücklich. Wir konnten es gebrauchen.

Als ich einen Monat später vom Dienst nach Hause kam, fand

ich meine Mutter in Tränen aufgelöst vor. Die Polen, erzählte sie, seien in die Wohnhäuser eingedrungen und hätten alle Bewohner hinaus auf die Straße geschickt. Stundenlang hätten sie unten gestanden, Heini mussten sie auf den Armen tragen, weil er unter Schmerzen litt. Als sie endlich in die Wohnung zurückkehren durften, fanden sie ein großes Durcheinander vor, es fehlten Kleidung, Schuhe, Lebensmittel. Kurz und gut, die Polen hatten alles ausgeräumt, sogar das Mittagessen, das in der Röhre gestanden hatte, war verschwunden. Mama sagte: »Das haben sie von den Deutschen gelernt, und wir müssen es jetzt ausbaden.« Erst räumten die Russen die Wohnungen aus, danach die Polen. Viele Lebensmittel waren immer noch rationiert, es wurde gehandelt, getauscht und viel gestohlen. Jeder Mensch, der durch die Straßen lief, trug etwas bei sich: Kisten, Taschen, Bündel und Netze. Es gab nur ein Thema: Essen. Wo konnte man was zu welchem Preis erhalten? Alle waren dünn und hatten stumpfe Augen, allein die Kinder lachten und tollten herum wie überall auf der Welt. Graupen und Kohl konnte man nicht mehr sehen, aber man aß es. Die Bauern kamen mit ihren Wagen und tauschten Lebensmittel gegen Kleidung, Schrauben, Schmuck, Uhren und Sonstiges ein. Aber wer hatte noch etwas in dieser schweren Zeit? Mein Vater brachte manchmal Lebensmittel mit nach Hause, denn die Arbeiter des Kohlebergwerks erhielten Zuteilungen, Extrarationen Fett und Trockenfleisch, das man nach langem Einweichen als Suppeneinlage benutzen konnte, schwarzgefleckte Salzbrocken, die Mama durchsiebte, Hauptsache man hatte Salz. Aus Milchpulver kochte sie einen Brei, der als Brotaufstrich diente.

Als Leo aus dem Versehrtenheim entlassen wurde, stand er vor einem neuen Problem. Wohin? Meine Eltern wussten schon einige Zeit von meiner Verbindung mit Leo und sagten wie aus einem Munde: »Bring ihn zu uns.« Meine Eltern nahmen ihn liebevoll auf, Mama besorgte ihm Kleidung und Unterwäsche, und Papa rasierte ihn jeden Tag. Als Leo aus dem Krankenhaus entlassen wurde, schenkten ihm die Ärzte eine Uniform, denn Leo besaß buchstäblich nichts. Mama entfernte die Schulterklappen, färbte die Jacke in schwarzer Wäschefarbe, und Leo hatte einen Anzug.

Das Postsystem funktionierte nicht. Schon lange hatten wir keine Nachricht von meinen Brüdern Herbert und Gerhard erhalten. Meine Mutter sagte traurig: »Ich hoffe, dass meine Jungens auch auf hilfsbereite Menschen treffen werden, wenn sie in Not sind.« Zu diesem Zeitpunkt lebten sie nicht mehr. Herbert fiel im Januar 1945 in Frankreich, und Gerhard war in Russland verschollen. Die Nachricht erhielten meine Eltern erst 1953.

Leo mochte die Gerichte meiner Mutter, hatte aber eine große Abneigung gegen Kümmel und bat: »Bitte, Frau Walter, bitte keinen Kümmel.« An den Abenden saßen wir zusammen, spielten »Mensch, ärgere dich nicht«, »Stadt, Land, Name, Fluss« oder unterhielten uns. Leo war immer noch verschüchtert und ängstlich, er versteckte Essen unter seinem Kopfkissen und wurde nachts von Albträumen geplagt, schrie und wachte schweißgebadet auf. An meinen freien Tagen unternahmen wir Spaziergänge in dem Park, an den ich so viele Kindheitserinnerungen hatte. Wie viel war seitdem geschehen: Krieg, Angst, Hunger, Tod.

Leo erinnerte sich an die Adresse seiner Schwester Jetti, die schon seit 1935 in Palästina lebte. Er schrieb ihr einen Brief, und die Antwort traf vier Wochen später ein. Sie war überglücklich zu hören, dass er überlebt hatte! Den Eltern gehe es gut, schrieb sie, aber sie alle seien in großer Sorge um Heini, Elias, Nathan, Adele, Anna und um die Schwiegertöchter und Enkelkinder, die noch immer vermisst wurden.

Leos Bruder Max wurde von den Amerikanern in Natzweiler befreit und hielt sich in Leipzig auf, über Betty und Heinz hatte er noch keine genauen Angaben. Er hoffte, dass sie in irgendeinem Nebenlager überlebt hatten. Schloime hatte den Krieg ebenfalls überstanden, doch von Anna, Ruth und Adele fehlte jede Spur. Ebenso von Heini und Elias mit ihren Familien.

Es hatte sich eine Frau namens Rita Machowski gemeldet, die Heini und Eli aus dem Lager kannte. Sie hatte die Fotos von ihnen in der jüdischen Gemeinde gesehen und sich mit Max in Verbindung gesetzt. Jetti teilte uns die Adresse von Max in Leipzig mit. Leo schrieb einen Brief an Max und bekam Antwort:

Lieber Leo

Meine Freude war unbeschreiblich, als ich deinen Brief erhielt. Ich werde alles Nötige einleiten, daß du so schnell wie möglich nach Leipzig kommen kannst.

Ich erhielt noch keine genaue Nachricht von Betty und Heinz, aber ich befürchte das Schlimmste. Unsere Brüder und Schwestern mit ihren Familien sind wahrscheinlich nicht mehr am Leben, aber es herrscht noch eine große Ungewißheit, hoffentlich geschieht ein Wunder und sie tauchen irgendwo auf. Ich weiß nicht, wie unsere Eltern damit leben können, es muß sehr schwer für sie sein.

Womit hat unser Volk so viel Unrecht und Leid verdient, ich habe keine Antwort.

Ich freue mich, daß du nicht alleine bist und daß jemand für dich sorgt.

Versuche inzwischen, bei den dortigen Stellen vorzusprechen, ich glaube kaum, daß du Schwierigkeiten bekommen solltest, denn die Überlebenden aus den Lagern haben Anrecht, sich mit ihren Familien zu vereinigen.

Ich hoffe, dich bald zu sehen, und umarme dich, dein Max

Wir gingen zu den zuständigen Behörden, um unsere Ausreise zu beantragen. Das bedurfte einer komplizierten Bürokratie, denn Oberschlesien gehörte inzwischen zu Polen. Für Leo waren die vielen Gänge äußerst strapaziös, zumal die Straßenbahnen noch sehr unregelmäßig fuhren. Er musste sich ab und zu auf eine Bank setzen, um sich auszuruhen.

Auf der Straße wurden wir öfters angepöbelt, wenn wir uns deutsch unterhielten. Als die Winterzeit begann, strickte Mama Pullover für Leo. Abends saßen wir zusammen, und Mama sagte: »Die Nachbarn tuscheln, weil du mit einem Mann zusammenlebst.« Da sagte Leo: »Dann verloben wir uns eben.«

Wir verlobten uns im engsten Familienkreis. Bei der Feier erzählte Oma Hedwig, dass sie als junges Mädchen bei einer jüdischen Familie als Kindermädchen gearbeitet und jeden Abend mit den Kindern der Familie gebetet habe. Zu Leos grenzenloser Überraschung sagte sie das Morgen- und Nachtgebet in fehlerfreiem Hebräisch auf. Meine Mama hatte den Tisch festlich gedeckt. Ein großer Strauß Feldblumen stand in der Mitte. Da sagte Leo zu meiner Mama: »Frau Walter, die Blumen stellen Sie lieber auf die Anrichte, denn gefährliches Ungeziefer könnte auf unsere Teller fallen.« Alle lachten, außer Leo, der das gar nicht lustig fand. Leo mochte keine Blumen, und vor Tieren fürchtete er sich. Meine Onkel und Tanten beglückwünschten uns und bedauerten, dass wir nicht in Beuthen blieben.

Nach einem knappen Jahr mit einer Menge Bewilligungen, Stempeln und Formularen genehmigte man uns die Ausreise nach Leipzig. Die jüdische Gemeinde hatte sich für uns eingesetzt, und da Leo eine Begleitperson zustand, durfte ich mitfahren.

Einen Abend vor unserer Abreise machte ich einen Spaziergang mit meinem Vater. Er legte seinen Arm um mich und sagte: »Leo ist ein feiner, anständiger Mensch, wir haben ihn sehr lieb gewonnen, aber du wirst kein leichtes Leben mit ihm haben. Die körperlichen Wunden vernarben mit der Zeit, doch die seelischen bleiben ein Leben lang.« Ich sagte: »Papa, ich habe ihn lieb und will mit ihm zusammenbleiben.« Papa seufzte: »Es ist dein Leben, mein Kind.«

Ich packte einen kleinen Koffer mit unseren persönlichen Sachen. Viel hatten wir nicht. Mama hatte noch Reiseproviant für uns vorbereitet und weinte. Sie sagte: »Falls ihr in Leipzig nicht zurechtkommt, steht unsere Tür immer offen, vergesst das nicht.«

Als ich mich den nächsten Tag von meiner Familie verabschiedete, wusste ich nicht, dass es ein Abschied für immer war. Es gab noch keinen geregelten Bahnverkehr, und wir fuhren mit dem Umsiedlertransport in Güterwaggons, die mit Stroh ausgelegt waren. Diese Reise war sehr strapaziös für Leo. An der polnischen Grenze wurden alle Reisenden aufgefordert, sich in einer Reihe aufzustellen und die Papiere vorzuzeigen. Leo bekam Angstzustände, Schweißausbrüche und zitterte, denn das Antreten in Reihen weckte in ihm die grausamsten Erinnerungen. Ich beruhigte ihn: »Leo, der Krieg ist vorbei, du brauchst keine Angst mehr zu haben.«

Nach wiederholtem Umsteigen trafen wir drei Tage später endlich im Leipziger Bahnhof ein, wo Max auf uns wartete. Leo schaute aus dem Zugfenster und sagte: »Da steht mein Bruder.« Max war groß und leicht untersetzt und blickte mit seinen großen, blauen Augen suchend auf die Aussteigenden. Die Brüder fielen sich in die Arme und hörten nicht auf zu weinen. Mich begrüßte er sehr zurückhaltend, aber ich war darüber nicht gekränkt, sondern verstand ihn.

Mit der Straßenbahn fuhren wir in die Georg-Schwarz-Straße. Leo war schockiert, als er das zerbombte Leipzig sah. Rita begrüßte uns herzlich: »Macht's euch bequem, ihr seid bestimmt hungrig von der langen Reise.« Rita war eine gute Seele, das spürte ich sofort.

Viele KZ-Überlebende kehrten in ihre Heimatstädte zurück, um nach Angehörigen zu suchen. Max war nach seiner Befreiung nach Leipzig gefahren, wo einige Juden schon eine kleine Gemeinde gebildet hatten, um Kontakte zu knüpfen und nach Verwandten zu suchen. Viele Plakate mit den Namen der Vermissten hingen an den Wänden. Dort hatte Rita Fabian, verheiratete Machowski, die Namen von Heini und Elias entdeckt. Sie stammte ursprünglich aus Ostpreußen und war die einzige Überlebende ihrer Familie. Lediglich einer ihrer Brüder hatte noch vor dem Krieg nach Südafrika auswandern können. Ihr Mann kam in Stutthof ums Leben.

Rita nahm Kontakt zu Max auf, und die beiden blieben zusammen. Max hatte inzwischen die Nachricht erhalten, dass Betty und Heinz ihr Leben in den Gaskammern von Auschwitz gelassen hatten. Ebenso Anna, Ruth und Adele, Nathan, Heini und Elias mit ihren Familien. Max sagte: »Ich kann damit nicht fertig werden, wie sollen unsere armen Eltern damit weiterleben?« Max bot uns ein Zimmer in seiner Wohnung an, und Leo war glücklich, seinem Bruder nahe zu sein.

Als Christin wurde ich von Rita und Max zunächst neugierig und argwöhnisch beäugt, doch als wir uns näher kennenlernten, entwickelte sich eine gute Freundschaft. Wir teilten uns die Hausarbeit, Max besorgte Lebensmittel, und wir erfanden immer neue Rezepte.

Leipzig war nicht mit meiner Heimatstadt zu vergleichen. Mich beeindruckte diese große, belebte Stadt, die noch weithin in Trümmern lag und ihre einstige Schönheit dennoch nicht verhehlte. Hier und da wurden Bauten und Denkmäler restauriert, die Parks wieder angelegt. Zwischen den Bombenkratern reckten Blumen ihre Köpfe hervor, als wollten sie sagen: »Wir lassen uns nicht unterkriegen, das Leben geht weiter.« Die Straßenbahnen, einige wenige Autos und zahlreiche Motorrad- und Radfahrer belebten den Verkehr. Es gab immer noch Lebensmittelmarken, und der Schwarzmarkt blühte.

Sogar Kinder verkauften alles Mögliche. Für mich war alles fremd, neue Menschen, neue Eindrücke und nicht zuletzt der Leipziger Dialekt, an den ich mich gewöhnen musste. Ich litt unter Heimweh, aber ich hatte auch eine neue Familie gefunden.

Mit Leo und Max fuhr ich in die Münzgasse zu dem Haus, in dem sie geboren wurden und aufgewachsen waren. Es war unversehrt. Leo stand vor dem Haus seiner Kindheit, mit seinem Stock deutete er auf die Straße: »Dort sind wir herumgetollt und haben Wettläufe veranstaltet. Und da drüben wohnte mein Freund Dieter. Hier im Hinterhof spielten wir Verstecken und unser geliebtes Murmelspiel. Am Ende der Straße standen unsere Kletterbäume, an denen wir unsere Hosen zerrissen, es war eine so schöne Zeit.«

Wir besuchten Herrn Albanos, von dem ich so viel gehört hatte. Er wohnte mit seiner Frau in derselben Wohnung wie früher, gleich über seinem Geschäft. Die beiden kamen uns öfters besuchen und erzählten, dass ihre Eltern im 19. Jahrhundert aus Italien nach Leipzig eingewandert waren. Beide stammten aus kinderreichen Familien, doch ihre eigene Ehe war kinderlos geblieben. »Wir haben uns beide«, sagten sie. Sie gehörten zu den sympathischsten Menschen, die ich je kennengelernt habe.

Max suchte nach seinem Jugendfreund Alfred Pabst. Auch Else Pabst wohnte mit ihrer Schwiegertochter Hilde noch in derselben Wohnung. Sie waren glücklich, Max wiederzusehen, und erzählten: »Es wurde immer schlimmer. Freunde beschimpften Alfred als Judenfreund und zwangen ihn, in die Partei einzutreten. Alfred blieb nichts anderes übrig, als Mitglied zu werden. Sonst hätten sie ihn womöglich noch als Staatsfeind verhaftet. Dann sind die Russen gekommen und haben alle eingesperrt, die mit der Partei zu tun hatten.« Max sagte: »Ich werde zur russischen Kommandantur gehen und versuchen, mit ihnen zu reden.« Er fragte sich zu der verantwortlichen Dienststelle durch, zeigte seinen Ausweis vor und berichtete, dass sich die Familie Pabst selbst in Gefahr gebracht hatte, um ihm und seinen Angehörigen zu helfen. Man brachte ihn zu Alfred, der bei seinem Anblick ausrief: »Mensch, Max, ich kann's einfach nicht glauben. All die Jahre habe ich an dich und deine Familie gedacht und gebetet, dass wir uns wiedersehen.« Als Max ihm erzählte, dass Betty, Heinz, Heini, Elias, Nathan, Anna und Adele mit ihren Familien in den Lagern ermordet worden waren, weinte er. Er sagte, dass die Nazis Bedingungen gestellt hätten und er nichts anderes hätte tun können, als sich ihr Parteizeichen ans Revers zu heften. Es gelang Max, Alfred aus der Haft zu befreien. Alfreds Mutter und Hilde waren ganz ausgelassen vor Freude, sie fielen ihm um den Hals und hörten nicht auf, ihn abzubusseln.

Boris, der russische Offizier, der sich um Alfreds Befreiung verdient gemacht hatte, war Stammgast bei uns. Er brachte uns Teeblätter mit und bedauerte immer, dass wir keinen Samowar hatten. Damit sich der Genosse zu Hause fühlte, stellte Max eine rote Fahne mit Hammer und Sichel hinter dem Sessel auf. (Schon im Oktober 1945 wurde in der sowjetischen Besatzungszone die Deutsche Demokratische Republik, DDR, gegründet.)

Max gelang es mithilfe der russischen Kommandantur, die Altmetallfirma wieder aufzubauen, die er vor dem Krieg besessen hatte. Er setzte Alfred als Geschäftsführer ein. Max war ein unvergleichlich guter Organisator, er besorgte Kleidung, Wäsche, Gardinen, Stoffe und Lebensmittel, einfach alles, was man zum Leben brauchte. Er kümmerte sich rührend um Leo und nahm ihn jeden Morgen mit zur Arbeit, um ihn in alle Abläufe einzuweisen. Er war und blieb sein großer Bruder. Rita war noch sehr verschreckt und zuckte bei jedem Pfeifton zusammen, sogar wenn der Kaffeekessel pfiff. Wir mussten einige Tage nach Berlin fahren, um unsere Emigration nach Israel zu beantragen. Dort durchquerten wir eine Unterführung. Als die Eisenbahn darüber fuhr, hielt sich Rita die Hände über ihren Kopf und schrie fürchterlich. Auch der Anblick von Schäferhunden versetzte sie in Panik.

Ich machte viele Spaziergänge und schaute mir Leipzig an. Von der Euphorie der Siege und der Sieg-Heil-Brüllerei war nichts mehr übrig. Frauen warteten auf ihre Männer und Söhne. Viele trugen Trauerkleidung. Die Kleidung aus der Vorkriegszeit war allen zu weit, Frauen wie Männern, sie sahen allesamt aus wie Vogelscheuchen.

Es war wieder Winter geworden. Der Schnee machte die hässlichen Bombenkrater eine Zeitlang unsichtbar. Max sorgte für Holz und Kohle, sonst hätten wir uns in den Wintermonaten totgefroren. Er arbeitete und organisierte, und auch ich schaute zu ihm auf wie zu einem großen Bruder.

Deutschland leckte sich die Wunden, und langsam begann der große Wiederaufbau. Wie recht hatte mein Papa gehabt. »Krieg bedeutet Mord und Zerstörung«, pflegte er zu sagen, »und dann baut man wieder auf.« Mein Vater fehlte mir sehr, er war immer mein bester Freund und Ratgeber gewesen. Und ich vermisste meine Mutter, auch wenn sie manchmal ungeduldig und ungerecht gewesen war. Sie hatte sich ihr Leben auch anders vorgestellt.

Oft kam uns Schloime Glicksmann besuchen. Seine Frau Anna und die siebenjährige Ruth waren in den Auschwitzer Gaskammern ermordet worden. Wenn Max und Schloime über ihre Frauen und Kinder sprachen, weinten sie, und wir weinten mit ihnen. Sie würden es niemals überwinden. Ich mochte Schloime, er war ein feiner, kluger Mann, jederzeit mit Rat und Tat zur Stelle. Er organisierte auch alles Mögliche und half uns sehr.

1947 heirateten wir auf dem Leipziger Standesamt. Und nach vier Monaten fühlte ich Übelkeit und Schwäche. Rita ging mit mir zum Arzt, der die Schwangerschaft bestätigte. Leo war überglücklich, und Max bat mich mit Tränen in den Augen, das Kind, sollte es ein Sohn sein, nach seinem Heinz zu benennen. Schloime musste ich versprechen, einem Mädchen den Namen seiner Ruth zu geben. Natürlich stimmte ich zu, beide Namen gefielen mir. Ich hatte nur einen Wunsch: Ich hoffte, mein Kind in einer besseren Welt großziehen zu können.

In den Abendstunden saßen wir zusammen und Max erzählte:

Mit neunzehn Jahren wurde ich Geschäftsführer im elterlichen Geschäft, Alfred Pabst war mein bester Freund und ist es bis zum heutigen Tag. Er ging für mich durch dick und dünn. Wir besuchten dieselbe Schulklasse, machten zusammen Hausaufgaben, spielten mit meinen Brüdern Fußball und hatten viele Freundinnen. Als ich mit zu vielen Mädchen herumzog, suchten meine Eltern einen Schadchen auf, und ich heiratete Rosa. Sie stammte aus einem vermögenden jüdischen Haus und war, wie man damals sagte, eine gute Partie.

Aber meine Ehe erwies sich als großer Irrtum, Rosa langweilte mich. Sie aß jeden Abend einen Apfel im Bett, trug ausschließlich rote Nachthemden und hatte geistig nicht viel zu bieten. Sie hatte »'ne hohle Birne«. Ich konnte nicht mit ihr leben, und meine konservativen Eltern stimmten einer Scheidung zu.

Ich war ein leidenschaftlicher Boxer und nahm an vielen Wettkämpfen teil. Danach gingen wir noch auf ein Bier oder in ein Caféhaus. An einem lauen Sommerabend saß ich mit Freunden an unserem Stammtisch im Palastcafé. Am Nebentisch saßen zwei junge Damen und ein Herr. Eine der Damen schaute unentwegt zu mir herüber. Ich zögerte nicht lange, begab mich an ihren Tisch und sprach sie an. Sie lächelte: »Ich heiße Betty Kauber, und Sie sind der starke Max, stimmt's?« Sie gefiel mir auf Anhieb. Sie war charmant, klug und selbstbewusst. Wir wurden unzertrennlich und heirateten schon bald. Ich machte mich selbständig. Betty war eine gute Geschäftsfrau, wir arbeiteten zusammen und waren sehr glücklich miteinander. Nach eineinhalb Jahren kam unser Heinz, das erste Enkelkind meiner Eltern, zur Welt. Wir riefen ihn zärtlich »Dunsel«. Mein Freund Alfred heiratete Hilde, ein liebes Mädchen aus der Nachbarschaft, und unsere Frauen wurden Freundinnen. Ich verzichtete auf meinen Boxsport, mir fehlte die Zeit, aber auch das Interesse, denn mein Familienleben füllte mich aus, und ich begann zu verstehen, was Liebe und Glück bedeuten.

Alfreds Mutter war seit dem Ersten Weltkrieg Witwe und eine gute Freundin meiner Mutter. Sie luden sich gegenseitig ein, tauschten Rezepte aus, gingen zusammen spazieren und nippten in den Caféhäusern an ihren Kaffeetässchen.

Ich liebte meine Familie, meine Freunde und meine Heimatstadt Leipzig und hatte das Gefühl, ein rundherum gemütliches Leben zu führen. Bis die Nazis an die Macht kamen. Niemand konnte sich vorstellen, in welch grauenvollen Abgrund sie die Welt stürzen würden.

Wir hatten uns eine Existenz aufgebaut und dachten wie so viele, dass der Spuk irgendwann ein Ende nehmen würde. Zu spät begaben wir uns zum Leipziger Auswanderungsamt, denn als wir endlich begriffen hatten, dass wir nicht länger in Deutschland bleiben konnten, gab es keine Emigrationsvisa mehr. Nur meine Eltern erhielten Ausreisegenehmigungen, weil sie von meinen Schwestern in Palästina angefordert wurden. Mama wollte nicht fahren, doch wer nicht zu dem festgesetzten Zeitpunkt abreiste, musste mit dem Verfall des Visums rechnen. Am 23. Januar 1939, einem kalten, grauen Wintertag, sagten wir unseren Eltern am Leipziger Bahnhof Lebewohl. Es war ein trauriger Abschied.

Wir fühlten den Würgegriff buchstäblich an unseren Kehlen. Meine ehedem starke, selbstbewusste Betty litt unter Albträumen und fürchtete sich davor, einzuschlafen. Ich musste sie jede Nacht in den Schlaf wiegen, mit Heinz in unserer Mitte. Wir packten die nötigsten Sachen und fuhren nach Belgien. Anna, Schloime, ihre Tochter Ruth und Adele schlossen sich uns an. In Belgien mieteten wir Wohnungen und waren erst einmal erleichtert, aus Nazideutschland heraus zu sein. Adele dachte sich jeden Tag neue Spiele und Beschäftigungen für Heinz und Ruth aus.

1940 wurde Belgien von den Deutschen besetzt. Ich sächselte, war blauäugig, groß und kräftig und sah nicht aus wie *ein* Deutscher, sondern wie zehn Deutsche. So unglaublich es klingen mag: Ich gab mich als Deutscher aus und machte mit den Nazis alle möglichen Geschäfte. Bis eines Tages die Gestapo vor der Tür stand und uns in ein Lager brachte. Dort mussten wir hart arbeiten, aber wir waren wenigstens zusammen und hatten genügend zu essen. Wir hofften immer noch, irgendwann nach Leipzig zurückkehren zu können.

1943 brachte man uns in ein Sammellager in Malines. Wir waren in großer Sorge und ahnten nichts Gutes. Am 15. Januar 1944 tauchte die SS im Lager auf, und wir wurden alle zum Bahnhof geführt. Das Ziel hieß Auschwitz. Mit Kommandos und Schlägen trieben uns die Wachtposten in die Waggons. Die Familien klammerten sich aneinander, doch viele wurden auseinandergerissen und gerieten in Verzweiflung. Ich kam in denselben Waggon wie Betty und Heinz, aber das Gedränge war so groß, dass wir immer wieder getrennt wurden. Anna, Schloime und Adele verlor ich schon beim Einsteigen aus den Augen.

Die Fahrt in den Güterzügen war unmenschlich, unerträglich. Wir standen dicht an dicht, bekamen keine Luft, die Menschen wurden ohnmächtig. Dazu das untröstliche Schreien der Kinder. Panikstimmung. In einer Ecke des Waggons stand ein Eimer für unsere Bedürfnisse. Der Gestank war schrecklich. Wir waren erfüllt von Angst und Schrecken und versuchten, uns gegenseitig zu beruhigen. Die Fahrt dauert unendlich lange, wir verloren jedes Zeitgefühl. Als der Zug zum Stillstand kam und die Riegel vor den Waggontüren zurückgeschoben wurden, trauten wir unseren Augen nicht. Der Bahnsteig wimmelte von Menschen in gestreiften Anzügen, SS-Männern mit knurrenden, belfernden Schäferhunden, Schlagstöcken und Pistolen. Ich sah, wie Betty mit Heinz ausstieg, und wollte zu ihr laufen, doch die Wachleute drängten mich zurück. Die Brutalität, mit der man uns von unseren Frauen und Kindern trennte, lässt sich nicht beschreiben. Mein kleiner Heinz krallte sich ängstlich an Betty fest, die mit einem letzten hilflosen Blick von mir Abschied nahm. Da stand ich, der Boxchampion, der erfolgreiche Geschäftsmann, das Familienoberhaupt, auf das sie sich verlassen hatten – stand ihnen gegenüber und konnte nichts, gar nichts ausrichten. Frauen und Kinder gingen nach rechts, die Männer nach links. Ich sah Betty und Heinz nie wieder.

Wir wurden selektiert und mussten uns in eine Reihe stellen. Scharführer mit hechelnden Schäferhunden standen uns gegenüber und schrieen: »Gerade stehen, weitergehen, rübergehen!« Wer aus der Reihe trat, wurde mit Knüppeln geschlagen. Sie schlugen hart zu, manch einer fiel um. Wir wagten kaum zu atmen. Nach zwei Stunden führte man uns in ein Gebäude, wo wir mit einem Desinfektionsmittel eingesprüht wurden. Danach trieben sie uns in die Waschräume und zum Haareschneiden. Wir wurden kahlgeschoren. Dann standen wir wieder in einer Reihe. Einer nach dem anderen musste vortreten und bekam eine Nummer in den Unterarm tätowiert. Fortan waren wir Nummern, keine Menschen mehr. Wir erhielten gestreifte Hosen und Jacken, unsere neue Kleidung, die wir nicht mehr ablegten. In eisiger Kälte marschierten wir in die Baracken, die nichts enthielten außer mehrstöckigen Schlafkojen. Zusammengepfercht lagen wir dort und schliefen vor Müdigkeit und Erschöpfung ein. Die Enge hatte den einen Vorteil, dass wir uns gegenseitig wärmen konnten.

Meine Gedanken weilten ununterbrochen bei Betty und Heinz. Wo hatte man sie hingebracht? Wo war Anna mit ihrer Familie? Wo war Adele? Das Gelände war ringsum mit einem hohen Stacheldraht gesichert, an dem Schilder angebracht waren mit der Aufschrift »Vorsicht Hochspannung Lebensgefahr«. Immer wieder liefen Verzweifelte in den Stacheldraht. Die Nazis ließen die verbrannten Toten stundenlang dort hängen, als Warnung.

Schloime sah ich später in einer Arbeitskolonne, aber wir konnten nicht miteinander reden. Andere Häftlinge erzählten uns, dass man Menschen in Gaskammern steckte und danach verbrannte. Ich wollte es nicht glauben, begriff aber sehr bald, dass es kein Gerücht war.

Als der Krieg zu Ende war, wurde ich mit der vollen Wahrheit konfrontiert. Sie hatten mir das Teuerste und Liebste genommen. Damit kann ich nicht fertig werden.

Meine Mutter erzählte:

Wir beschlossen, alle gemeinsam nach Palästina auszuwandern. Die Ausreisevisa für Max und Rita wurden schon bearbeitet, und da sich das Hauptquartier der russischen Kommandantur in Berlin befand, fuhr ich mit Leo dorthin. Wir benötigten zahllose Bewilligungen von verschiedenen Ämtern und verbrachten mehrere Monate im UNWRA-Lager in Zehlendorf.[4] Im Lager war ich umgeben von gebrochenen Menschen mit leeren Augen. Sie sprachen polnisch, russisch, ungarisch, jiddisch und deutsch. Nachts suchte die Vergangenheit sie heim. Leos nächtliche Schreie kannte ich, nun hörte ich sie rundherum, Nacht für Nacht. Leo klammerte sich an mich, und ich schlief sehr wenig in dieser Zeit.

Zu essen erhielten wir ausreichend. Die meisten schlangen ihre Portionen gierig herunter und versuchten, ihren Teller vor den Augen der anderen zu verbergen. Ab und zu brachen Tumulte aus, Geschrei, das Wort »Kapo« flog durch die Luft. Eine Menschenmenge schlug auf einen Einzelnen ein, bis es ihm gelang zu fliehen. Leo erklärte mir, dass die Kapos jüdische Häftlinge waren, die in den Lagern von

---

4 UNWRA: Hilfsorganisation, Nothilfe und Wiederaufbauverwaltung der Vereinten Nationen

der SS als Aufseher eingesetzt wurden. Sie mussten für Disziplin und Ordnung sorgen und schlugen die Gefangenen. Leo sagte, sie hätten es nicht freiwillig getan, aber dass sie für die Nazis gearbeitet hatten, würde ihnen niemand vergeben.

Am Abend des 5. Februar 1948 setzten die Wehen ein. Als sie immer heftiger wurden, brachte mich Leo in das Krankenhaus in Lichterfelde. Er war aufgeregter als ich und brach bei jedem Laut, den ich von mir gab, in Angstschweiß aus. Am nächsten Morgen brachte ich meine Tochter Ruth zur Welt. Im Mai 1948 kehrten wir mit unserem Baby und den Visa nach Leipzig zurück. Israel wurde als selbständiger Staat deklariert.

Max und Leo sagten: »Es ist ein Wunder, endlich gibt es ein Land für Juden, wir können ein neues Leben beginnen und werden unsere Eltern und Geschwister wiedersehen.« Max machte Tauschgeschäfte mit den Bauern, besorgte uns Lebensmittel, auch einen Kinderwagen und Babywäsche. Ohne ihn wäre der Neuanfang noch schwerer gewesen. Max war ein Stück pures Gold.

Ich ging mit Ruth in den Parks spazieren und dachte an den traurigen Abschied von meinen Eltern. Sie hatten noch immer keine Nachricht von meinen Brüdern, und ich konnte sie nicht besuchen. Sie taten mir sehr leid. Beuthen, jetzt Bytom, war Polen zugeteilt, im Westen hatten sich die Amerikaner einquartiert, und Leipzig war Teil der russischen Besatzungszone. Aber würde die Menschheit aus dem Krieg, der gerade zu Ende war, lernen?

Zu Hause herrschte mittlerweile ein großes Durcheinander. Überall stauten sich Koffer und Kisten, denn Max und Rita standen kurz vor ihrer Abreise nach Israel. Es stimmte mich traurig, denn ich hatte mich in ihrer Obhut sicher gefühlt. Damals wusste ich nicht, dass ich in meinem Leben noch viele Abschiede, Kommen und Gehen, Freud und Leid erleben sollte.

1949 begleiteten wir Rita und Max zum Bahnhof. Max erinnerte sich: »Vor genau elf Jahren nahmen wir hier von unseren Eltern Abschied. Heute sind wir selbst es, die Leipzig für immer verlassen. Kommt so schnell wie möglich nach, damit unsere Familie wieder vereint ist!« Er hob Ruth aus dem Kinderwagen und liebkoste ihr Gesicht. Rita breitete ihre Arme aus, umarmte die beiden und flüsterte Ruth zu: »Ruthile, sag deinen Eltern, dass sie bald nach Israel kommen sollen.«

Zunächst aber musste das Geschwür an Leos linkem Bein umgehend operiert werden. Danach war mit einer langen Genesungszeit zu rechnen. Sein Leiden schien kein Ende zu nehmen. Leo stand in regem Briefwechsel mit seinen Angehörigen, die uns immer wieder baten, nach Israel zu kommen. Sie sehnten sich nach Leo, verschwiegen aber weder die politischen Unruhen noch die ungewohnte, beschwerliche Sommerhitze. Leo kamen erhebliche Bedenken, wenn wir uns vorstellten, ein Leben in Israel aufzubauen. Ich war bereit, mit Leo überallhin zu gehen, wo er sich gut fühlte. Doch wir wollten zunächst einmal abwarten. In Leipzig hatten wir uns mittlerweile einen kleinen Bekanntenkreis aufgebaut, wurden öfters eingeladen, und Leo fühlte sich mit der Zeit immer besser. Man könnte, so meinte er, die Auswanderung auf einen späteren Zeitpunkt verschieben. Vielleicht würde sich auch die politische Lage in Israel stabilisieren. Doch dann kam alles ganz anders, als wir dachten. Wir emigrierten niemals nach Israel. Stattdessen führte Leo die Altmetallfirma weiter, die ihm Max hinterlassen hatte. Max schrieb uns:

Lieber Leo, Rena und Ruth   Israel 1951
Nun bin ich schon fast zwei Jahre in Israel, wie schnell die Zeit vergeht. Es fiel mir schwer, mich hier einzuleben, ich suchte Verbindungen, um Geschäfte zu machen oder Arbeit zu finden, nichts gelang mir, mich tröstet, daß ich nicht der Einzige bin.

Das Land ist voll mit neuen Einwanderern, und wenn man in einen Autobus steigt, hört man garantiert fünf bis sechs verschiedene Sprachen. Israel ist im Aufbau und die Menschen versuchen sich gegenseitig zu helfen. Aber es ist sehr schwer.

Als ich hier ankam, wohnte ich bei Jetti und Siegmund. Mit unserer Schwester ist es nicht leicht auszukommen, aber ich hatte keine Möglichkeit, eine Wohnung zu mieten, dazu fehlten mir die Mittel.

Mosche, der mich oft besuchte, sah, wie sehr ich leide, und er überzeugte mich, in den Kibbuz zu kommen, das war das einzige Richtige für mich.

Ich befahre die Felder mit einem Traktor und Rita arbeitet in der Kinderküche.

Inzwischen haben wir geheiratet, Rita ist ein guter Mensch, und wir können noch mal eine Familie gründen. Viele Kibbuzmitglieder haben ihre ganze Familie verloren, aber das tröstet mich nicht. Den Schmerz um Betty und Heinz werde ich nie verwinden, aber ich versuche, damit zu leben.

Wir haben uns mittlerweile hier eingelebt. Es gibt viele Veranstaltungen und wir haben Gesellschaft. Das Essen ist gut, aber ich esse oft bei Mama. Ihr geht es verhältnismäßig gut, aber ihre Augen werden immer schwächer.

Unser Vater raucht immer noch sehr viel, und er schaut den jungen Kibbuzmädchen in ihren kurzen Hosen hinterher, soll er nur gesund sein.

Mit Mosche und Ester sind wir viel zusammen, sie haben zwei süße Kinder, Michal und Eli.

Immer, wenn Michal zu Mama kommt, fragt sie, ob es Kartoffelkigel gibt. Da habe ich sie neulich gefragt, ob sie zu uns kommt oder zu dem Kigel.

Sally hat inzwischen fünf Kinder und bestimmt kein leichtes Leben. Sie wohnen in einer kleinen Wohnung, aber eines weiß ich mit Sicherheit, sie ist eine glückliche Frau. Wenn wir nach Tel Aviv kommen, ist die Freude immer groß, die Kinder entwickeln sich prächtig und ihre älteste Tochter Deborah wird immer schöner.

Jetti und Siegmund wohnen in der Ben-Jehuda-Straße. Sie haben dort ihre Wäscherei und arbeiten beide von früh bis abends. In dieser Straße leben wahrscheinlich nur Jekkes, denn man hört nur Deutsch.

Jetti beklagt sich ununterbrochen über alles und über nichts. Schade daß sie keine Kinder hat, wahrscheinlich wird sie keine mehr bekommen und Siegmund ist so ein feiner Mensch. Ich weiß nicht, wie er es mit ihr aushält.

Isi hat eine führende Stelle im Militär, er sieht schick aus in seiner Uniform und wir sind sehr stolz auf ihn, wenn er uns mit seinem Jeep besucht.

Seine Freundin heißt Miriam Abromowitz, sie ist ein nettes Mädel, sie werden sicher heiraten.

Was ich als störend empfinde, sind die glühenden Sommer und die sandigen Wüstenwinde. Bei der Arbeit auf dem Feld schwitze ich erbärmlich. Die Moskitos stechen unbarmherzig und außer ihnen gibt es noch einige kriechende, fliegende Tiere, die uns piesacken. Aber letzten Endes ist Israel ein Land für Juden, in dem wir uns als Juden fühlen können.

Lieber Leo, wenn Du Deine Operation gut überstanden hast, könnt Ihr Eure Koffer packen und herkommen. Alle lassen Euch vielmals grüßen und küssen.

Euch liebender Max.

P. S. Sage Alfred, daß ich auf Antwort warte.

Meine Mutter stand in regem Briefwechsel mit ihrer Familie. Von Gerda, ihrer großen Schwester, erhielt sie einen Brief.

Liebe Traudel   Bytom 1950
Seit die Polen die Regierung übernommen haben, müssen wir uns eben umstellen. Polnisch konnte ich schon immer verstehen, aber zu Hause sprechen wir nur Deutsch. In den Westen kann man nur fahren, wenn man von dort lebenden Angehörigen angefordert wird, aber wir entschlossen uns, hier zu bleiben, denn hier wohnen wir schon immer und schwer ist es heute überall.

Mama sagt immer, was wir hier haben, weiß ich, wer weiß, was uns im Westen erwartet, wo will man hin mit den vielen Flüchtlingen.

Mein Georg hat ein Einkommen und ich habe auch wieder angefangen zu arbeiten, da kommt man ganz gut über die Runden, außerdem ist er eine gute Seele, Du kennst ihn ja, alles was ich tue, ist ihm recht. Unsere Mädels Uschi und Hannelore sind liebe gutgeratene Kinder, ich kann mit meinem Leben zufrieden sein.

Was schreibt Dir unsere kleine Schwester Gitta? Glücklich ist sie nicht geworden, ihr Mann hat im Krieg einen Arm verloren und ist dadurch sehr depressiv. Ich glaube, daß er deshalb öfters mal zu tief ins Glas schaut. Gitta hat drei Söhne und wenn die etwas größer sind, wird sie wohl wieder ihren Beruf aufnehmen.

Unsere Brüder werden immer noch vermißt und die Eltern sind ganz unglücklich.

Wie geht es Deinem Töchterchen, schick wieder mal ein Bild.

Hat Leo die Operation gut überstanden? Hoffentlich muß er nicht allzu sehr leiden, der Arme.

Bleibt gesund, bis auf bald, mit vielen Küssen

Deine Gerda, Georg, Uschi und Hannelore

Ein Brief von den Eltern aus Bytom:

Liebe Traudel   Bytom 1952
Vielen Dank für Dein Paket, es kam vorgestern an. Wir haben uns sehr gefreut, ganz besonders über den Kaffee und die Linsen. Die Schokolade haben sich wahrscheinlich die Zollbeamten schmecken lassen, denn das leere Stanniolpapier lag zerknüllt im Paket. Papa hat schon eine Zeit lang geschwollene Füße und nachdem er sie einige Male mit deinen Bac Deodorantstiften eingerieben hat, ging die Schwellung zurück. Papa sagt: »Alles was von unserer Traudel kommt, ist gut.«

Von Herbert und Gerhard keine Spur, sie gelten immer noch als vermißt, ich träume jede Nacht von ihnen. Hat Dir Gitta geschrieben? Sie macht keinen glücklichen Eindruck und erzählt uns nicht viel. Ihr Mann war ein erfolgreicher Musiker und wird mit dem Verlust seines Armes nicht fertig, aber sie hat süße Kinder, das ist auch etwas wert.

Anbei ein Bild von Heinis Hochzeit, seine Frau heißt Edeltraud und Heini sagt: »Jetzt haben wir wieder eine Edeltraud in der Familie.« Hoffentlich werden sie glücklich, Heini ist kein gesunder Junge. Wie geht es Leo, kommt er alleine zurecht, nachdem sein Bruder nach Palästina gefahren ist? Mit einem zweiten Kind warte nicht zu lange, lasse Ruth nicht alleine groß werden. Bleibt alle gesund und umarmt,
Deine immer an Dich denkenden Eltern.

Meine Mutter erzählte:
1954 wurden Meldungen vom Internationalen Suchdienst im Radio durchgegeben. Ich hörte die Namen der Vermissten und unter ihnen die meiner Brüder, Herbert Walter und Gerhard Walter, sowie Geburtsort und Geburtsdatum. Personen, die die Angegebenen kannten und etwas über ihren Verbleib mitzuteilen hatten, wurden gebeten, sich bei einer bestimmten Adresse zu melden. Nach kurzer Zeit erhielt ich einen Brief.

Sehr geehrte Frau Freier
Mein Name ist Horst Schöller, ich diente mit ihrem Bruder Herbert bei der deutschen Wehrmacht, wir waren bei der Flak und in einem Schützgraben, kurz vor der französischen Grenze wurden wir von dem Volltreffer einer Granate getroffen.

Ihr Bruder war sofort tot. Ich lag nur einige Meter abseits und überlebte. Ihr Bruder war ein guter ehrlicher Kamerad und ich bedaure, Ihnen und Ihrer Familie diese Mitteilung zu machen, und drücke hiermit mein herzlichstes Beileid aus.

Ihr Horst Schöller

Diesen Brief schickte ich schweren Herzens nach Bytom an meine Eltern. Sie schrieben mir etwas später, dass Gerhard in Russland als verschollen galt. Das war die bittere Bilanz des Krieges. Unser Leben ging weiter, wir versuchten, das Beste daraus zu machen.

Die Nachkriegszeit war eine Zeit des Aufbaus, sie war nicht leicht, aber die Menschen lebten mit der Hoffnung auf ein besseres Leben. Carepakete aus den USA trafen ein und waren uns eine große Hilfe.

1955 erhielt Leo die ersten Anzahlungen seiner Wiedergutmachung. Ich redete ihm zu, seine Familie in Israel zu besuchen, und sah, wie glücklich es ihn machte.

Wenn ich heute auf mein Leben zurückblicke, kann ich zufrieden sein. Der Zweite Weltkrieg war ein Albtraum, aber das Schicksal hatte es gut mit mir gemeint. Meine Heimatstadt Beuthen wurde verhältnismäßig wenig bombardiert, und ich wurde nicht von den Russen vergewaltigt, weil uns unsere Mutter unansehnlich machte oder weil ich einfach Glück hatte. Ich lebte niemals im Luxus, aber ich hatte immer genügend zu essen, ein Dach über dem Kopf und konnte meine Kinder im Frieden großziehen.

1966 machte ich mit meiner Familie meine erste Reise nach Israel, wir entschieden uns für eine Schiffsreise. Max war kurz zuvor gestorben, was ich sehr bedauerte. Ich hätte ihn gern wiedergesehen. Ich war gespannt, wie mich meine Schwiegermutter empfangen würde, die ich nun, nach so vielen Jahren, endlich kennenlernen sollte. Vom Haifaer Hafen fuhren wir nach Kiriat Yam. Dort betraten wir das kleine Häuschen. Rita fiel mir um den Hals und rief: »Rena, wie schön dich wiederzusehen, lass dich anschauen.« Siebzehn Jahre sind eine lange Zeit. Miri stand schüchtern lächelnd neben ihr: »Schalom, Tante Rena, Oma wartet schon auf dich.« Meine Schwiegermutter küsste mich, nahm meine Hände und sagte: »Schalom, meine Tochter, ich bin glücklich, dass wir uns endlich kennenlernen. Ich danke dir für alles, was du meinem Sohn gegeben hast, mit dir hat er ein gemeinsames Leben aufgebaut und einen Sinn im Leben gefunden. Setz dich zu mir, mein Kind, wir haben uns viel zu erzählen.«

Meine Schwiegermutter beeindruckte mich sehr, sie war eine belesene Frau. Sie erzählte mir ihr ganzes Leben, und ich hörte gespannt zu. Ihren Schmerz um ihre ermordeten Kinder konnte ich ihr sehr gut nachfühlen. Sie sagte: »Die Zeit heilt überhaupt nichts, jede Nacht stehen meine Kinder neben meinem Bett.«

Helene, die Schwester meiner Schwiegermutter, lebte in Tivon, einer Stadt in der Nähe Haifas, bei ihrer Tochter Ruth, deren Mann Menachem Feldschuh und ihren Kindern Joel und Edna. Alle kamen zu Besuch, um uns zu sehen. Wir unternahmen viele Ausflüge, denn ich wollte so viel wie möglich sehen. Für Leo waren die Fahrten zu strapaziös. Er blieb bei seiner Mutter.

Ich war begeistert von der Landschaft Israels und ganz besonders von den Kibbuzim. Ich hatte mir alles ganz anders vorgestellt. Wir fuhren nach Rischon Le Zion zu Hanni Zimetbaum. Hanni kannte ich schon, sie besuchte uns in den Sechzigerjahren in Frankfurt. In ihrem Haus traf ich Vera, die 1939 mit dem letzten Kindertransport aus Leipzig nach Israel gekommen und bei Hanni aufgewachsen war. Hanni war ihre zweite Mutter. Wir hatten viel Spaß miteinander, Vera hatte viel Humor. Und nach all den Jahren in Israel sprach sie immer noch mit sächsischem Akzent.

Mit Ester und Mosche fuhren wir in den Kibbuz Sade Nahum. Sie zeigten mir das Häuschen, in dem sie lebten. Ester und Mosche wurden allseits herzlich begrüßt, und ich lernte viele Jekkes kennen, die in Israel ihre zweite Heimat gefunden hatten.

Natürlich fuhren wir auch nach Jerusalem und nach Tel Aviv, doch Haifa gefiel mir am besten. Es war so malerisch schön mit dem grün bewachsenen, terrassenförmigen Berg, an dem die Häuser klebten.

Kurz vor unserer Abreise stand ich mit Leo in den Abendstunden am Fuß des Carmelberges. Wir betrachteten die Lichter der Häuser, und da sagte Leo: »Hier möchte ich mal meinen Lebensabend verbringen.« Ich stimmte ihm zu und ahnte nicht, dass ich drei Jahre später zu Leos Beerdigung fahren sollte, am Fuß des Carmels in Haifa.

Meine Kindheit in Leipzig 1948 bis 1953

Wir wohnten in Leipzig in der Georg-Schwarz-Straße in einer geräumigen Wohnung. Den ganzen Tag konnte man die bimmelnde Straßenbahn hören. Ich drückte mir am geschlossenen Küchenfenster die Nase platt und schaute mit großem Interesse auf die belebte Straße hinunter, auf all die Fahrräder, die selteneren Motorräder und die vereinzelten Autos. Geöffnet werden durfte das Fenster nicht. Wir wohnten im ersten Stock, und mein Vater befürchtete ein Unglück.

Jede Straßenbahnfahrt war ein Erlebnis für mich. Die Schaffner in ihren blauen Uniformen und mit ihren aufgeklappten Ledergeldtaschen schlängelten sich zwischen den Fahrgästen hindurch, kassierten, zählten das Wechselgeld, rissen die Fahrkarten ab und riefen die nächsten Haltestellen aus. Alles geschah derart blitzschnell, dass ich sie für Zauberkünstler hielt.

Mit meinen Eltern im Leipziger Park

In meinem Zimmer befanden sich unzählige Spielsachen, darunter ein Kaufladen mit kleinen Kästchen, die Lebensmittel darstellten, eine Schule mit einem Klassenzimmer und kleinen Figürchen, die die Schüler darstellten und aus einem biegsamen Material gefertigt waren. Puppen, Stofftiere, ein Schaukelpferd und eine kleine rote, herzförmige Tasche, die, wenn ich sie gegen das Licht hielt, rosarot aufleuchtete. Ich glaube, es verging kein Tag, an dem ich nicht mit meiner Tasche spielte. Ich liebte mein Zimmer, ob sonnendurchflutet oder, bei Regenwetter, in trübes Grau getaucht. Mein Zimmer war mein Reich, dort spielte ich, führte Selbstgespräche und sang Lieder. Meine Eltern montierten ein kleines Holzgitter an den Türrahmen, damit ich keinen Unfug anstellen konnte. Meine Mutter behielt mich von der gegenüberliegenden Küche aus im Blick.

Zum Wäschewaschen nahm sie mich mit ins Waschhaus im Hinterhof. Ich sehe noch vor mir, wie sie die Wäsche auf dem Waschbrett rubbelte. Weiße Wäsche wurde gekocht, mit Holzzangen in große Töpfe befördert und zum Trocknen auf Leinen gehängt. Im Sommer hing die Wäsche im Hof, im Winter im Waschhaus. Jede Familie hatte »ihren« Waschtag, den die Nachbarinnen untereinander absprachen.

Mit meinen Eltern ging ich in grünen Parks spazieren, und an Sonntagen besuchten wir den Zoo. Einmal wurde ich dort mit einem Löwenbaby fotografiert. Direkt neben dem Eingang stand ein Leierkastenmann. Meine Mutter sagte jedes Mal, wenn wir an ihm vorbeiliefen: »Das erinnert mich an meine Heimat.«

In den HO-Läden (Handelsorganisation) gab es fast alles zu kaufen: Damen- und Herrenmode, Schuhe, Schmuck, Kaffee und eine große Auswahl an Delikatessen. Es war alles sehr teuer. Um zu sparen, kaufte meine Mutter Stoffe und ließ unsere Kleider und Mäntel bei Frau Müller, der Schneiderin, nähen.

Zusammen mit meinen Freundinnen besuchte ich die Ballettschule, wo wir Plié und Relevé übten. Zu Hause weigerte ich mich, das Ballettröckchen auszuziehen, weil ich noch stundenlang als Schmetterling durch die Wohnung flattern wollte.

Hilde und Alfred Pabst – für mich Tante Hilde und Onkel Pabst –, mit denen die Familie meines Vaters schon vor dem Krieg befreundet war, kamen oft zu uns, und an den Wochenenden besuchten wir sie in ihrem Schrebergarten. Sie hatten keine Kinder und verwöhnten mich, und für mich waren sie Oma- und Opa-Ersatz. Tante Hilde buk leckere Obstkuchen aus luftigem Hefeteig, den sie mit Vanillepudding und mit Früchten der Saison belegte. Von diesen Wochenenden kehrten wir jedes Mal mit viel Obst und Gemüse wieder heim.

Ich erinnere mich auch noch an die Ferien, die ich mit meinen Eltern in einem Holzhäuschen am Spreewald verbrachte. In einem Kahn fuhren wir die Spree entlang. Wenn ich die Augen schließe, bilde ich mir ein, den leicht bitteren Geruch der Bäume, die am Ufer standen, zu riechen.

Wir fuhren öfters nach Chemnitz zu Onkel Schloime, er war vor dem Krieg mit Anna, der Schwester meines Vaters, verheiratet. Anna und ihre gemeinsame Tochter Ruth kamen in den Gaskammern von Auschwitz um. Onkel Schloime lebte inzwischen mit Martha zusammen. Ich nannte sie Tante Martel und blieb an den Wochenenden oft bei ihnen. Ich war stets der Mittelpunkt, sagte Gedichte auf, wurde hochgehoben, herumgereicht und abgeküsst. Meine Eltern lächelten zufrieden, und ich fühlte mich unendlich geborgen – bis auf den Tag, an dem ich den ersten Wutausbruch meines Vaters erlebte. Meine Eltern mussten wegen einer dringenden Angelegenheit nach Berlin fahren. Mein Vater sagte zu mir: »Ruthi, heute kommt ein Mann mit einem Lastwagen, der dich nach Chemnitz bringt, zu Onkel Schloime und Tante Martel. Wir holen dich morgen wieder ab.« Ich war viereinhalb Jahre alt und geriet in Panik. Denn soweit ich in meinem jungen Leben zurückdenken konnte, war es mir absolut verboten, mit fremden Menschen zu sprechen. Und jetzt sollte ich zu einem mir gänzlich unbekannten Mann in einen Lastwagen steigen und mit ihm in eine andere Stadt fahren? Vielleicht war er ein böser Mann, der mich unterwegs auf die Straße werfen oder so weit mit mir fahren würde, dass ich meine Eltern nie wiedersah? All diese Gedanken entsprangen keineswegs meiner Phantasie, sondern waren mir von meinem ewig besorgten, ewig warnenden Vater eingetrichtert worden. Doch es half nichts. Der Mann wartete bereits vor dem Haus. Ich begann zu weinen: »Ich will nicht mit dem Mann fahren.« Meine Eltern versuchten es mit gutem Zureden, doch ich warf mich auf den Boden, schrie, schlug um mich und strampelte mit den Beinen. Mein Vater geriet in Rage und schlug auf mich ein. Ich höre noch den Schrei meiner Mutter: »Leo, hör auf, sie ist ein gutes Kind!«, aber mein Vater war nicht zu bremsen. Mein Widerstand erlahmte. Schluchzend und zitternd ergab ich mich meinem Schicksal. Mit einem Apfel in der Hand bestieg ich den Lastwagen. Der Fahrer war mit Sicherheit ein guter Mensch, doch ich beantwortete keine seiner Fragen und aß meinen Apfel. Nach zwei Tagen holten mich meine Eltern ab. Ich lief ihnen nicht, wie gewohnt, entgegen, sondern blieb abwartend neben Onkel Schloime stehen. Mein Vater hatte seinen Zorn anscheinend vergessen und begrüßte mich zärtlich. Meine Eltern drückten und küssten mich und schenkten mir einen kleinen Bären, der ein kleines rotes Schild auf der Brust trug. Darauf stand in weißen Buchstaben: »Ich hab dich lieb.«

Der Kindergarten, den ich besuchte, lag nicht weit von unserer Wohnung entfernt. Meine Mutter brachte mich um acht Uhr hin und holte mich um dreizehn Uhr wieder ab. Ich erzählte ihr meine Erlebnisse, sang ihr die Lieder vor, die wir von Lilo, der Kindergärtnerin, lernten, oder sagte neue Gedichte auf.

Eines Tages verließ ich, einem spontanen Einfall folgend, ungesehen das Gelände des Kindergartens und begab mich auf einen Spaziergang. Ich schaute mir die Häuser an und lief immer weiter. Vor einem der hübschen Gärten blieb ich stehen und sah zwei jungen Männern zu, die mit einem Mädchen herumalberten. Einer der Männer hielt sie fest, und der andere begann, sie mit einem Gartenschlauch nass zu spritzen. Als das Mädchen laut aufschrie, erschrak ich und fing an zu weinen. Ein älterer Mann fragte mich nach meinem Namen und wollte wissen, wo ich wohnte, doch da es mir verboten war, mit fremden Menschen zu sprechen, weinte ich nur noch mehr. Mehrere Passanten blieben stehen und wussten nicht, wie sie sich verhalten sollten. Plötzlich erblickte ich meine arme Mutter, die aufgelöst durch die Straßen rannte und mich suchte. Ich lief nie wieder davon.

An meinem vierten Geburtstag lud meine Mutter einige Kinder ein, die von ihren Müttern oder Großmüttern gebracht wurden. Die Kinder spielten in meinem Zimmer, und die Gäste tranken Kaffee und aßen den verunglückten flachen Hefekuchen, den meine Mutter dick mit Zucker bestreute. Die Damen machten ihr Komplimente und behaupteten, noch nie so einen guten Prasselkuchen gegessen zu haben. Sie baten sogar um das Rezept. Das erzählte mir meine Mutter, deren Koch- und Backkünste damals noch nicht besonders ausgeprägt waren.

Als in Jena eine Altmetallfirma aufgelöst werden sollte, suchte man einen Spezialisten für Buntmetall und wandte sich an meinen Vater. Man stellte ihm einen Fahrer zu Verfügung, der ihn an den Wochenenden nach Hause brachte. Alfred Pabst führte das Geschäft in Leipzig weiter. In einem der Lager befanden sich einige Juteballen und mein Vater telefonierte mit dem Landratsamt. »Sie können frei darüber verfügen«, sagte ihm der Beamte. Mein Vater verkaufte die Ballen an seinen Schwager Schloime (Salomon Glicksmann), der inzwischen ein An- und Verkaufsgeschäft in Chemnitz besaß. Dann kehrte er nach Leipzig zurück. Sonntagmorgens standen plötzlich zwei Zivilbeamte vor der Tür und präsentierten ihm einen Haftbefehl. Er wurde beschuldigt, Staatseigentum verkauft zu haben, und kam in Untersuchungshaft. Er hatte es versäumt, sich schriftlich abzusichern. Die Geschäfts- und Privatkonten wurden gesperrt. Die Arbeiter kamen zu uns nach Hause, um zu hören, wie es weitergehen sollte. Meine Mutter versprach ihnen, alles zu tun, um ihnen ihre Löhne auszahlen zu können. Sie war sechsundzwanzig Jahre alt und in Geschäftsdingen hilflos und unerfahren. Sie lief zu Banken, Ämtern, Staatsanwälten und Behörden. Sie fuhr von Leipzig nach Jena, nach Halle und nach Berlin. Sie bat, sie schimpfte und weinte, bis sie Kontakt mit Julius Meyer aufnahm, dem damaligen Vorstand der jüdischen Gemeinde in Berlin, der meinen Vater nach monatelanger Haft frei bekam. (Julius Meyer flüchtete 1953 mit mehreren Gemeindemitgliedern nach Westdeutschland.)

Schon Anfang der Fünfzigerjahre lebte der Antisemitismus offen wieder auf. Die Zeitungen berichteten über den Slánský-Prozess und die jüdischen Angeklagten, über die jüdischen Autoren, die in Russland zum Tode verurteilt wurden, und über jüdische Ärzte, die angeblich ein Komplott gegen Stalin und seine Anhänger geplant hatten. Mein Vater hatte Angst und Wut und sagte: »Es geht schon wieder los mit dem ewigen Antisemitismus. Es interessiert niemanden, ob ein Angeklagter katholisch oder evangelisch ist, aber wenn er jüdisch ist, steht es groß in der Zeitung. Wir müssen so schnell wie möglich in den Westen.« Meine Eltern planten die Flucht.

Viele versuchten, in den Westen zu gelangen, schon damals, vor dem Bau der Berliner Mauer, ein überaus gefährliches Unterfangen. Die Kontrollen waren sehr streng, und in den Zügen wurden Kinder von Spitzeln ausgefragt. So wurden viele Kinder, ohne es zu wollen und zu wissen, zu Verrätern ihrer Eltern. Die Familien wurden auseinandergerissen, die Kinder kamen in Heime oder zu Pflegeeltern, ihre leiblichen Eltern wurden zu jahrelangen Gefängnisstrafen verurteilt.

Mein Vater nahm den Frühzug nach Berlin, ich fuhr mit meiner Mutter zwei Stunden später. Die Beamten durchsuchten uns gründlich und stellten immer wieder die gleichen Fragen: »Wohin fahren Sie, zu wem fahren Sie, und zu welchem Zweck fahren Sie?« Meine Eltern hatten mir tagelang eingetrichtert, dass wir zu Tante Martel führen, die sich zurzeit in Berlin aufhielt, und dass wir zwei Tage später nach Leipzig zurückkehren würden.

Meine Kindheit in Leipzig 1948 bis 1953

Während der Fahrt betrat ein Mann unser Abteil. Er setzte sich uns gegenüber und schaute mich durch seine dunkelgerahmte Brille an. Eine braune Aktentasche ruhte auf seinen Knien. »Wo fährst du denn hin, kleines Fräulein?« »Wir fahren zu Tante Martel.« An der Seite meiner Mutter hatte ich keine Bedenken, mit fremden Menschen zu sprechen. Er deutete auf meine Mutter. »Ist das deine Mama?« »Ja, das ist meine Mami.« »Wo wohnt denn deine Tante Martel?« »Tante Martel wohnt in Chemnitz, und sie ist die Freundin von Onkel Schloime, wir treffen sie in Berlin. Mami, hat Tante Martel noch einen Freund in Berlin?« Meine Mutter bekam einen Lachkrampf und hörte nicht auf zu lachen. Der Herr nahm seine Aktentasche und verließ das Abteil.

Jahre später erzählte mir meine Mutter, dass sie Geld in meinen Hosenbund eingenäht hatte und Todesängste ausstand. Ihr Lachen sei die Folge der Angst gewesen: »Um nicht zu weinen, lachte ich eben«, meinte sie. Sie war überzeugt, dass der Mann uns hatte aushorchen wollen.

In Berlin Bahnhof Zoo stiegen wir aus und begaben wir uns zu dem vereinbarten Treffpunkt. Doch mein Vater kam nicht. Wir warteten, und meine Mutter wurde zunehmend nervöser. Ich setzte ihr mit meinen ständigen Fragen nach Tante Martel zu, bis sie schließlich in Tränen ausbrach. Nach endlos langen zwanzig Minuten erblickten wir meinen Vater – er hatte sich verlaufen. Meine Eltern umarmten sich, küssten sich immer wieder und tuschelten miteinander.

Wir gingen in eine Konditorei, und mein Vater sagte: »Tante Martel ist krank, wir machen jetzt Urlaub, und dann fahren wir wieder nach Hause.«

Wir übernachteten zwei Tage bei Familie Granatmann, mit der die Familie meines Vaters schon vor dem Krieg befreundet war. Sie waren einige Monate vor uns aus Leipzig geflüchtet. Ich erinnere mich noch an den kleinen, blonden Adi Granatmann, mit dem ich unter dem großen Esstisch Versteck spielte. (Adi heiratete 1969 meine Cousine Miri aus Israel, die Tochter von Max und Rita.)

Meine Eltern gingen mit mir in den Berliner Zoo, in Parks und auf Spielplätze. Wenn ich nach Leipzig wollte, sagten sie immer wieder: »Bald fahren wir wieder nach Hause.« Sie vertrösteten mich jedes Mal – erstens waren sie der Situation nicht gewachsen, und zweitens wussten sie nicht, wo man uns hinschicken würde.

Schließlich kamen wir zu vielen anderen Flüchtlingen in einen großen Saal in der Joachimstaler Straße, der durch Leinentücher und große, graue Decken in kleinere Bereiche unterteilt war. Da mein Vater mit seinen Prothesen unter diesen Verhältnissen sehr litt, genehmigte man uns einen vierwöchigen Aufenthalt in einem Krankenhaus. Von Berlin aus flogen wir nach Frankfurt am Main.

Frankfurt am Main, ab 1954

Ich erinnere mich noch an die dröhnenden Propeller des Flugzeuges. Als ich meine Mutter fragte, wann wir endlich losflögen, waren wir schon längst über den Wolken.

In Frankfurt wurden wir in das jüdische Altersheim eingewiesen, wo wir ein Jahr lang wohnten. Als wir durch das breite Tor in der Gagern-Straße schritten, kam uns ein Mann entgegen, der in jeder Hand einen Eimer trug. Beim Anblick meines Vaters ließ er beide Eimer fallen und rief: »Leo, das kann doch nicht wahr sein, du hast überlebt!« Sie umarmten sich, lachten und weinten. Der Mann war Sally Herlitz, der mit meinem Vater im Lager Stutthof war und Augenzeuge der Tragödie wurde, die sich am 23. Januar 1945 dort ereignete. Sally Herlitz leitete das Altersheim, in dem sich auch der jüdische Kindergarten befand. Ich fand dort viele neue Freunde. Puppa (Hanna), die Tochter von Sally Herlitz, und Ester Racocz wurden dort meine ersten Freundinnen. Ich hatte nicht viel Gelegenheit, mich dort einzuleben, denn bald zogen wir nach Höchst in eine Wohnsiedlung, in der viele Flüchtlinge wohnten.

Meine Eltern sagten: »Ruthi, hier bleiben wir, das ist unser neues Zuhause.« Als ich begriff, dass wir nie wieder in die Georg-Schwarz-Straße zurückkehren würden, war ich sehr traurig. Ich sehnte mich nach meinem Zimmer mit den vielen Spielsachen, nach meinen Freundinnen und meiner heißgeliebten roten Tasche. Ich wollte irgendwann wieder nach Leipzig fahren. (Nach fünfundfünfzig Jahren habe ich mir diesen Wunsch erfüllt.)

1954 kam mein Bruder Heinz zur Welt. Ein Altersunterschied von sechs Jahren lag zwischen uns, und ich lernte zu teilen. Ich war eifersüchtig auf das pummelige Baby und wollte auch aus der Flasche trinken. Nach ein paar Tagen kam ich mir dann aber doch albern vor. Mein Bruder setzte sich auf meine Puppen und zerdrückte sie oder nahm sie auseinander. Er entwickelte sich zu einem ernsten, intelligenten Kind. Altersbedingt lagen unsere Interessen natürlich weit auseinander, doch wir spielten zusammen, und ich beschützte meinen kleinen Bruder.

Hilde Pabst und unsere Schneiderin, Frau Müller, schickten uns unseren Leipziger Hausrat, den wir zurückgelassen hatten, in kleinen Paketen nach. Sie schickten zum Beispiel zwei Tassen, ein Bettlaken und zwei Handtücher, und mit der Zeit hatten wir unsere wichtigsten Sachen wieder beisammen.

Jedes Jahr erhielten wir zwei Weihnachtsstollen, einen von Familie Pabst und einen von den Müllers. Meine Eltern durchschnitten die Kordel der länglichen Pakete und öffneten die Wachspapierlagen, denen ein köstliches Aroma entströmte. Bis zum heutigen Tag ist der Stollen einer meiner Lieblingskuchen.

Carepakete trafen aus den USA ein. Sie enthielten Zucker, Kakao, Mehl, Butter, Schokolade und Zigaretten. Ich erinnere mich noch daran, wie sich meine Eltern eine Zigarette teilten. Meine Mutter erzählte mir, dass diese Jahre die glücklichsten ihres Lebens waren.

Meine Großeltern schrieben Briefe aus Bytom und legten Fotos bei. Post kam auch aus Israel, von Tanten, Onkeln und Großeltern. Ich bedauerte es sehr, dass meine große Familie so weit entfernt wohnte. Wir erhielten Bilder von den Hochzeiten meiner Cousins und Cousinen, und ich malte mir immer aus, wie schön es wäre, sie irgendwann kennenzulernen. Israel war für mich ein fernes, heißes Land, unter dem ich mir nichts vorstellen konnte.

Mein Bruder war vier Jahre alt, als Onkel Isi, Tante Miriam und die zweijährige Anat aus Israel kamen und vorübergehend bei uns wohnten. Mit ihren dunklen Locken und den großen braunen Augen erschien uns unsere kleine Cousine wie ein Exot. Überdies sprach sie nur hebräisch und wollte alles haben, was mein Bruder gerade in Händen hielt. Sie schrie und weinte, und meine Mutter sagte: »Gib ihr das!« Diese drei Wörter schnappte sie auf, um sie den ganzen Tag lang zu wiederholen. Wir wuchsen zusammen mit meiner Cousine auf, und mein Vater war glücklich, seinen Bruder und dessen Familie um sich zu haben.

In den Erinnerungen an meine Kindheit in Deutschland haften noch die Schulausflüge mit dem unvergesslichen Geruch der Wälder, das zartweiche grüne Moos, die Kleeblätter, zwischen denen wir nach vierblättrigen suchten. Rotbraune Eichhörnchen mit schwarzen, glänzenden Knopfaugen. Scheue Hasen, das Gezwitscher der Vögel, die winzigen dunkelroten Walderdbeeren und die vielen Heidelbeeren, die unsere Zähne und Lippen blau färbten. Im Frühjahr blühten die Kastanienbäume. Monate später bildeten sich aus den hohen Blütenkerzen runde, pelzige Knollen. Sie platzten auf und gaben die glänzenden rotbraunen Kastanien frei, die ich aufsammelte und in meinem Zimmer in ein Glasschälchen legte. Ich erinnere mich an den betäubenden Duft des Flieders und die vom Herbst gefärbten orange-gelben, dunkelroten und braunen Blätter, welche die Bürgersteige bedeckten. Waren sie regenfeucht, konnte man leicht auf ihnen ausrutschen. Wenn die Sonne sie trocknete, knisterten sie unter meinen Schuhsohlen. Ich erinnere mich an die kalten Winter, die Schlittenfahrten, die Schneeballschlachten und die Eisblumen, die sich an frostigen Tagen an den Fenstern bildeten. Den Schnee, der alle Häuser und Baume wie verzuckert aussehen ließ. Besonders beeindruckten mich die zarten Schneeglöckchen, die in vielen Gärten ihre weißen, kleinen Köpfchen trotzig durch die Schneedecke schoben.

Als Dreizehnjährige trug ich raschelnde Petticoats unter weiten kurzen Röcken und die flachen Rock'n'Roll-Schuhe, die meine Mutter verachtete. Sie prophezeite mir, dass ich Plattfüße von ihnen bekäme.

An Samstagen und Sonntagen gingen wir oft ins Wipra-Café im Frankfurter Stadtzentrum. Dort gab es den echten schlesischen Mohnstrudel, den mein Vater so liebte. Er sagte jedes Mal: »Meine Mama hat ihn auch so gebacken.« Im Wipra gab es auch eine Tierecke, in der Käfige mit verschiedenen Vögeln standen und Aquarien mit exotischen Fischen. Es gab sogar einen Käfig mit einem Affen. Kinder drängten sich davor und staunten.

Gelegentlich besuchten wir mit den Eltern das elegante, stilvolle Café Kranzler. Mein Bruder und ich labten uns an Eis mit Schlagsahne, das man in hohen Gläsern servierte. Wir gingen in den Zoo, in den Palmengarten, fuhren ins Grüne und machten Schiffsfahrten auf dem Main.

Viele Sommerferien verbrachte ich in den jüdischen Kinderheimen in Sobernheim und Wembach. Mein Vater brachte mich dann in einem Taxi zum Frankfurter Hauptbahnhof. Meine Mutter weigerte sich jedes

Frankfurt am Main, ab 1954

Mal mitzufahren – sie hatte Angst vor dem Abschied. Mein Vater stand zwischen den anderen Eltern am Bahnsteig, auf seinen Stock gestützt, und schaute mit seinen traurigen Augen zu mir herauf. Dieses Bild sehe ich so deutlich vor mir, als wäre es gestern gewesen. Vor jeder Reise wiederholten sich seine Ratschläge: »Ruthi, pass auf dich auf, fass keine Chaijes (Tiere) an, riech nicht an Blumen und steck nicht deinen Kopf aus dem Zugfenster.« Sobald sich der Zug in Bewegung setzte, verzog sich sein Gesicht, und er weinte. Bei meiner Rückkehr aber standen Vater und Mutter am Bahnsteig, freudestrahlend, mit meinem kleinen Bruder an der Hand. Stundenlang lauschten sie meinen Geschichten. Es waren meine schönsten Urlaube, und sie wiederholten sich Jahr für Jahr.

Ich besuchte das Jugendzentrum der jüdischen Gemeinde, wo Kinderfeste, Chanukkabälle, Gesellschaftsspiele, Volkstänze und Theateraufführungen stattfanden. Ich liebte meine Jugendjahre.

Pessach, Rosch Haschana und Chanukka verbrachten wir mit Onkel Isi, Tante Miriam und meiner Cousine Anat. Sie spricht heute noch von dem einladend gedeckten Tisch, dem guten Essen, den Geschenken und den Überraschungen, die unsere Eltern für uns vorbereitet hatten.

In diesen Jahren fühlte sich mein Vater noch einigermaßen gut. Später litt er unter Druckstellen und Geschwüren, wurde launisch und depressiv.

Als Kind beneidete ich meine christlichen Freundinnen und Nachbarn um das schöne Weihnachtsfest mit dem buntgeschmückten Baum und die vielen Geschenke. Die Nachbarskinder luden mich ein und erzählten mir, wie reich sie vom Nikolaus und Christkind beschenkt worden waren. Zu Hause feierten wir unsere jüdischen Feiertage, ich fand mich damit ab. Wir waren Juden und feierten unsere Feste. Dafür durften dann die Nachbarskinder zu unserem Channukafest kommen. Sie sagten: »Unser Weihnachtsfest ist viel schöner«, und damit hatten sie recht.

Als ich in die erste Schulklasse kam und nicht an den Religionsstunden teilnahm, fragten mich die Kinder: »An was glaubt ihr Juden?« »An Gott«, antwortete ich, und meine Klassenkameradin sagte am nächsten Tag zu mir: »Neben einem Juden sitze ich nicht.« Ich fühlte mich wie eine Aussätzige. Mein Vater ging anderntags mit mir zur Schule und sagte zur Lehrerin: »Ich lasse nicht zu, dass mein Kind diskriminiert wird.« Das befragte Mädchen sagte: »Meine Eltern haben gesagt, dass Jesus von Juden gekreuzigt wurde.« Sie saß noch zwei Jahre lang neben mir, aber wir wurden niemals Freundinnen. Damals wurde mir klar, dass ich anders war als die anderen und es immer bleiben würde. Es war wie ein Stempel, der an mir haftete.

Mein Schulweg betrug fünfzehn Minuten, und zusammen mit meinen Freundinnen kürzte ich den Weg durch viele Gärten ab. Auf dem Rückweg entdeckten wir einmal einen Garten mit schönen roten Erdbeeren. Wir bückten uns, griffen durch den Gartenzaun und ließen es uns schmecken. Plötzlich spürte ich, wie mich eine harte Hand von hinten packte und meinen Anorak so fest anzog, dass der Reißverschluss meinen Hals aufscheuerte. Ich blickte in das wutverzerrte Gesicht eines alten Mannes. Weinend lief ich heim. Meine Mutter sah meinen Hals und begab sich mit mir zu dem Haus des Mannes. Er öffnete die Tür, und als meine Mutter sagte: »Schämen Sie sich nicht, wegen ein paar Erdbeeren mein Kind anzugreifen«, packte er sie am Arm, so dass sie laut aufschrie. »Verschwinden Sie!«, sagte er. »Ich lasse mich nicht bestehlen.«

Mein Vater kehrte um siebzehn Uhr von der Arbeit zurück. Als er den blauen Oberarm meiner Mutter und meinen aufgescheuerten Hals sah, sagte er: »Bring mich zu diesem Ungeheuer!« Er machte sich mit mir auf den Weg. Ich zitterte vor Angst und bereute es zutiefst, die Erdbeeren gestohlen zu haben. Ängstlich schaute ich auf meinen Vater, der mit weißen, zusammengepressten Lippen auf seinen Prothesen so schnell ging, dass ich kaum mithalten konnte. Als der Mann uns die Tür öffnete, hob mein Vater seinen Stock und schrie: »Was haben Sie mit meiner Frau und meinem Kind getan?!« Der Alte lief in den Garten, holte eine Holzlatte und begann, sich mit meinem Vater zu prügeln. Als jemand sagte, man müsse die Polizei rufen, lief der Mann ins Haus und verriegelte von innen die Tür. Der Kommentar meines Vaters war: »Dem Schwein habe ich's gegeben.« Ich schämte mich und fühlte mich sehr schuldig.

Ich liebte meinen Vater, doch gleichzeitig fürchtete ich seine unberechenbaren Wutausbrüche. Auch seine ewigen Ermahnungen setzten mir zu und weckten meinen Trotz: »Riech nicht an Blumen, das ist ungesund, fass keine Tiere an und bring sie nicht ins Haus, sie haben Ungeziefer und Bazillen!«

Als ich meinem Bruder einmal einen kleinen Goldhamster kaufte, war der Teufel los! »Sofort schaffst du diese Maus aus dem Haus, sie wird uns lebensgefährliche Krankheiten übertragen!« Ein anderes Mal schenkte ich meinem Bruder einen Wellensittich, den er sich gewünscht hatte. »Wir werden die Papageienkrankheit und Glatzköpfe bekommen!«, schrie mein Vater. »Du Dummkopf, du wirst die ganze Familie ins Unglück stürzen!«

Wenn Bekannte zu Besuch kamen und Blumen mitbrachten, sagte er: »Blumen? Ich bin noch nicht gestorben.« Zündete meine Mutter eine Kerze an: »Wer hat Jahrzeit?«

Einmal wurde er von einem Friseur ins Ohr geschnitten – der arme Friseur! Mein Vater hob den Zeigefinger und herrschte ihn an: »Wenn Sie mir eine Infektion zugefügt haben, werde ich Sie zur Verantwortung ziehen, geben Sie mir sofort ihre Personalien!«

An seinen arbeitsfreien Tagen blieb er im Bett und hörte chassidische Musik. Dann rief er mich: »Ruthi, rate mal, was ich will.« Er wünschte sich ein Rosinenbrötchen und einen heißen Kakao. Damit machte ich ihn glücklich. Er naschte gerne und liebte vor allem Karamellbonbons, wahrscheinlich erinnerten sie ihn an seine Kindheit. Ich begehrte sie nicht minder, und deshalb suchte er stets neue Verstecke, die ich aber immer aufspürte.

Mein Vater kroch auf allen Vieren vom Schlafzimmer in den Salon, schwang sich auf das Sofa und bedeckte seine Schenkel mit einer Decke. Immer wieder erzählte er mir, wie man ihn schlug und misshandelte und wie Kinder von abgerichteten Schäferhunden totgebissen wurden. »Kinder wie du und dein Bruder«, sagte er dann immer. Oft hielt ich mir die Ohren zu, ich wollte es nicht hören, verstand aber auch, dass er reden musste. Er sagte: »Im Lager beneidete ich die Vögel, die hoch über uns schwebten, sie konnten über Häuser, Schornsteine, Zäune und Felder fliegen, sie waren frei. Und wir lebten hinter Stacheldraht, hungerten und bekamen Schläge. Oft wurde ich Zeuge, wie sie unsere Kameraden totprügelten, weil sie ihnen in die Augen schauten. In der eisigen Kälte ließen sie uns strammstehen, ich hatte immer das Gefühl, dass wir am Boden festfrieren würden. Manche Kameraden fielen einfach hin; wenn sie aufstanden, erhielten sie Schläge, und wenn sie liegen blieben, bekamen sie einen Kopfschuss.«

Hinterkopf und Rücken meines Vaters waren von vielen Narben gezeichnet. Neben dem Steißbein hatte er ein faustgroßes Loch.

Bei meinen Schularbeiten saß mein Vater neben mir und kommandierte: »Schreib schön! Schräg herauf, gerade runter, schräg herauf, gerade runter.« Beim kleinsten Fehler setzte es Ohrfeigen. Mathematik war eine Katastrophe, ich hatte Angst, falsche Antworten zu geben, Schläge und Tränen waren an der Tagesordnung. Mein Vater meinte es auf eine verzweifelte Weise gut mit mir und erzog mich nach dem Motto: »Und bist du nicht willig, so brauch ich Gewalt.« Mit meinen Schullehrern stand er in ständiger Verbindung. Er wollte eine Musterschülerin aus mir machen, erreichte aber genau das Gegenteil. Ich fühlte mich von meinen Lehrern beobachtet und hasste die Schule, obwohl mich die Lehrer immer sehr rücksichtsvoll behandelten und nett zu mir waren.

Nach den Schulaufgaben bereitete er mir eine Scheibe Brot, die er dick mit Butter bestrich, mit Bananenscheiben belegte und in kleine, mundgerechte Stückchen schnitt. Meine Einwände: »Ich habe keinen Hunger«, ließ er nicht gelten. »Iss, das ist gesund«, sagte er und bedeckte mein Gesicht mit schmatzenden Küssen.

Jeden Tag musste ich einen Löffel Lebertran einnehmen, weil ich unter Blutarmut litt. Ich schluckte das zähe Zeug widerwillig herunter, und mein Vater sorgte für steten Nachschub. Manchmal hatte ich Lust, all diese großen braunen Flaschen zu zerschmettern. Einmal verweigerte ich die allmorgendliche Einnahme. Ich lief ins angrenzende Zimmer, um mich zu verstecken. Mein Vater folgte mir, hob seinen Stock (er hob ihn zu hoch), und die Deckenleuchte zerbarst in tausend Splitter. Der ohrenbetäubende Lärm und das Schimpfen meiner Mutter, die mich immer zu schützen versuchte, ernüchterten ihn. Er lächelte verlegen und verließ das Zimmer.

Es genügten einige Wörter des Lehrers wie »Ruth schwätzt im Unterricht«, »Ruth zupft an ihrem Pullover und bläst die Wollkügelchen durch die Luft«, »Ruth ist unaufmerksam«. Mein Vater fragte nicht viel, er schlug einfach drauflos. Oft ärgerte ich mich über meinen Vater, wenn er mich grundlos bestrafte. Danach schaute ich ihn tagelang nicht an. An einem Nachmittag bat er mich um eine Tasse Kaffee. Ich hatte die letzte Ohrfeige noch nicht vergessen, und als eine Fliege in die Kaffeetasse fiel, fischte ich sie nicht heraus. In dem Moment aber, als er die Tasse an den Mund führte und den Kaffee mitsamt der Fliege austrank, kam ich mir sehr schäbig vor.

Mein Vater verabscheute stark riechenden Käse und schaute auch mit Ekel auf Brie und Camembert und verstand nicht, wie wir die weiße, schimmelige Schale essen konnten. »Moderne Schmonzes«, nannte er es. Er selbst aß ausschließlich gelben Schnittkäse.

Ich hatte großen Respekt vor meinem Vater und auch manchmal Angst. Das hinderte mich allerdings nicht, ihn ab und zu ein bisschen zu ärgern. Um die Karnevalszeit kaufte ich in einem Geschäft für Scherzartikel eine Scheibe Schweizer Käse aus Gummi, bereitete ihm ein belegtes Brot zu und versteckte mich hinter der Tür. Er biss in das Brot, und ich sah aus meinem Versteck dabei zu, wie er es im hohen Bogen durch's Zimmer schmiss. Seine Wut war unbeschreiblich: »Du Narr«, schrie er. »Du gehörst in ein Heim für schwer erziehbare Kinder.« Bis zum heutigen Tage schäme ich mich für meine niedrigen Taten, mein armer Vater aß niemals mehr Schweizer Käse.

Als Zehnjährige stellte mich mein Vater einer Kinderpsychologin vor. Sie sollte herausfinden, weshalb ich so schlecht in Mathematik war. Die Psychologin stellte mir viele Fragen und gab mir einen großen Bogen Papier, auf dem ich mich selbst als Tier zeichnen sollte. Ich malte einen großen Tisch und zwei Stühle, und in eine Ecke zeichnete ich ein kleines Loch, aus dem die Nasenspitze und der Schnurrbart einer Maus herauslugten. »Das bin ich«, sagte ich. Meine Mutter erzählte mir, dass die Psychologin zu meinem Vater sagte: »Das Kind ist intelligent, aber sie hat Angst. Vor was oder vor wem fürchtet sie sich?« Mein Vater war sich keiner Schuld bewusst, er war nur besorgt wegen meiner schlechten Leistungen in Mathematik.

Mein Vater ließ es sich niemals nehmen, meiner Mutter bei der Zubereitung der Gallerette (Sülze) zu helfen, weil er naschen wollte. Ich erinnere mich noch daran, wie meine Eltern in der Küche saßen und das Fleisch und den Knorpel von den gekochten Kalbsfüßen lösten. Würzen durfte sie unsere Mahlzeiten nur mit Salz, Pfeffer und etwas Knoblauch, alles andere war seiner Meinung nach ungesund.

Wenn ich an meinen Vater denke, sehe ich noch seine rosige Glatze, umkränzt von dunkelblonden, rötlichen Haaren. Das leicht gerötete Gesicht, die großen, weichen Ohren, die ich so gerne küsste, und seine ewig traurigen Augen. Den Geruch von seinem Aftershave Old Spice. Die schweren, knarrenden Schritte, die seine Prothesen verursachten. Die nächtlichen Schreie, die von seinen ständigen Albtraumen herrührten, und die zusammengepressten, weißen Lippen, vor denen ich mich fürchtete, wenn er wütend war. Wenn Filme über den Holocaust gesendet wurden, ballte er die Fäuste, fluchte und starrte auf den Fernseher, bis ich eines Tages inmitten einer Sendung ausschaltete und schrie: »Warum schaust du dir so etwas an?« Er blickte mich aus großen Augen betroffen an, und sofort fühlte ich mein aufkommendes Mitleid. Immer wieder, wenn er sich seine Prothesen anschnallte, klagte er: »Warum musste mir das passieren, warum gerade mir?« Und meine Mutter sagte stets: »Leo, versündige dich nicht, du hast gesunde Arme und Augen, mit denen du sehen kannst.«

1957 saß mein Vater vor dem Fernseher und schaute sich ein Fußball-Länderspiel an. Als die Deutschen ein Tor schossen, hob er sein rechtes Bein und brüllte vor Begeisterung: »Tor!« Mein Vater, der geborene Leipziger, in Deutschland aufgewachsen, fühlte sich als Deutscher. Er wurde wegen seines Glaubens verfolgt und zum körperlichen und seelischen Krüppel gemacht.

Zu Hause drehte sich alles um meinen Vater: »Papi hat Schmerzen, seid leise«, »Papi hat schlechte Laune«, oder »Papi liegt im Krankenhaus«. Er war ein armer, unglücklicher Mensch.

Wegen einer gerichtlichen Angelegenheit musste mein Vater Ende der Fünfzigerjahre nach Köln fahren. Er begab sich in den Speisewagen und bestellte eine Erbsensuppe. Als er den Teller fast geleert hatte, entdeckte er ein kleines Metallstückchen. Er rief den Kellner, dieser beugte sich über den Teller und meinte verlegen, dass es sich wahrscheinlich um den Rest eines Topfkratzers handelte. Mein Vater war außer sich und überzeugt, dass sich weitere Metallteile in seinem Magen befänden. Meine Mutter erklärte ihm zu Hause – leider erfolglos –, dass er jedes Teilchen, sollte er tatsächlich eines verschluckt haben, auf normalem Wege schon längst wieder ausgeschieden hätte. Er war nicht zu überzeugen und bekam zwei Monate später ein schweres Magengeschwür, das wochenlanger Behandlung bedurfte.

Die Amputationsstümpfe verursachten ihm zeitlebens Beschwerden. Als Herzinfarkte und Schlaganfälle hinzukamen, schlief meine Mutter wochenlang in Krankenhäusern, er konnte nicht alleine sein.

Eines Tages entwickelte sich ein kompliziertes Geschwür, das operativ entfernt werden musste. Mein Vater bekam sehr starke schmerzstillende Medikamente. Sie hatten die Nebenwirkung, dass er die ganze Nacht phantasierte, wimmerte und mit der Stimme eines Kindes nach seiner Mama rief. Meine Mutter saß die ganze Nacht an seiner Seite, streichelte und beruhigte ihn. Sie war seine Frau, Mutter, Psychologin und seine ewige Krankenschwester, er konnte ohne sie nicht eine Minute leben.

1959 wurde mein Vater bei der jüdischen Gemeinde als Verwalter des jüdischen Friedhofs angestellt, und wir siedelten von Höchst nach Frankfurt in die große, geräumige Wohnung direkt über dem Büro des Friedhofs um. Mein Vater arbeitete dort zehn Jahre, bis zu seinem frühen Tod. Wurden Kinder beerdigt, war mit ihm tagelang nicht zu sprechen. Er hatte im Lager zu viele Kinder sterben sehen.

Zu unseren Freunden gehörten auch Casimir und Zilla Dzialowski. Sie leiteten das koschere Restaurant, das sich im Gebäude der jüdischen Gemeinde befand, und waren für alle Festlichkeiten verantwortlich. Sara, die einzige Tochter von Casi und Zilla, ist in Israel geboren und in Frankfurt aufgewachsen, weil ihre Eltern das israelische Klima nicht ertrugen und nach Deutschland zogen.

Sara fuhr in jungen Jahren nach London, um ihre Englischkenntnisse zu verbessern. Dort lernte sie ihren Mann Jan Goldberger kennen. Jan, 1927 in Bielsko (ehemals Bielitz) geboren, erzählte mir aus seinem Leben:

In Bielsko im südlichen Schlesien wuchs ich mit meinen Eltern Siegmund und Berta und meinen Geschwistern Ruta, Ernest und Bernhard auf. Meine Großeltern mütterlicherseits wohnten bei uns. Unsere Nachbarn waren vorwiegend Volksdeutsche, und deren Kinder waren meine Freunde.

Mein Vater fuhr jeden Montag in andere Städte, um seine Ware zu verkaufen, und kehrte an den Wochenenden nach Hause zurück. Als 1939 die Deutschen in Polen einmarschierten, begann unsere zweijährige Flucht. Wir nahmen den letzten Zug nach Krakau. Bei unserer Ankunft wurden wir von den Deutschen beschossen, wir flohen und gingen zwei Wochen lang zu Fuß bis zur russischen Grenze nach Lublin und von dort aus in ein Dorf, wo wir bei einer jüdischen Familie Unterkunft fanden. Sie stellten uns ein Zimmer zur Verfügung, und wir blieben achtzehn Monate bei ihnen.

Die Deutschen machten Razzien. Meine Mutter und meine Geschwister wurden von der SS festgenommen. Ich versteckte mich. Mein Vater wurde in ein Lager abtransportiert, doch ihm gelang die Flucht, und er kehrte in das Dorf zurück, um nach mir zu suchen. Da wir keinen anderen Ort fanden, um uns zu verstecken, gingen wir in eine Synagoge. Dort blieben wir einige Wochen, bis uns polnische Polizisten und die SS entdeckten. Als mich der SS-Mann aus den Armen meines Vaters riss, flehte mein Vater: »Nehmt mich und lasst meinen Jungen leben!«

Wir wurden abtransportiert, und ich kam in mehrere Lager, bis ich 1945 aus Theresienstadt befreit wurde. Meine Familie sah ich nie wieder.

Im Lager waren wir eine Gruppe von elf fast gleichaltrigen Jungen. Wir versprachen uns, immer füreinander da zu sein, sollten wir diese furchtbare Zeit überleben. Nach Kriegsende zerstreute sich die Gruppe nach London, Israel, Kanada, USA, Brasilien und Malaysia, aber wir hielten den Kontakt miteinander aufrecht.

Ich ging nach London und baute mir eine Existenz auf. Dort lernte ich Sara kennen. Wir heirateten und leben seitdem mit unseren Kindern Daniel, Cilla, Ruth und unseren Enkelkindern in London. Vor einigen Jahren stieß ich in der Zeitschrift *Jewish Chronicle* auf einen Artikel über den Autor Roman Frister. Ich zog Erkundigungen ein und fuhr nach Israel, um meinen Freund zu besuchen. Es war ein freudiges Wiedersehen nach über sechzig Jahren. Roman war mein Jugendfreund aus Bielsko, wir gingen in dieselbe Schulklasse und hatten gemeinsame Freunde. Ich besuchte ihn öfters und war jedes Mal beeindruckt von der schönen, großen Wohnung, die seine Eltern mit stilvollen Möbeln eingerichtet hatten. Ganz besonders angetan hatte es mir das Telefon, denn von den Menschen, die ich kannte, besaß noch niemand eines. Wir wählten öfters irgendwelche Nummern und legten wieder auf. Seine Eltern waren feine Menschen, sie nahmen uns immer freundlich auf. Die Deutschen haben uns brutal voneinander getrennt, und nach dem Krieg glaubte keiner von uns, dass der andere überlebt hätte.

Roman Frister wurde grausam aus seiner behüteten Kindheit herausgerissen und verbrachte fünf Jahre seiner Jugend, bis zu seiner Befreiung

1945, in verschiedenen Lagern. Er emigrierte 1957 nach Israel und arbeitete lange Jahre als Redakteur und Berichterstatter der israelischen Tageszeitung *Haaretz*. Danach leitete er die Journalistenschule »Koteret«. Seine Bücher, Romane und Theaterstücke wurden in mehrere Sprachen übersetzt, und seine offene, schonungslose Autobiografie *Die Mütze oder Der Preis des Lebens* sorgte in Israel für großes Aufsehen und stand wochenlang auf den Bestsellerlisten.

Durch Jan und Sara lernte ich Roman Frister kennen. Roman gab mir viele Ratschläge beim Schreiben meines Buches. Er sagte: »Wenn du eine Autobiografie oder eine Biografie schreibst, musst du dich an die genaue Wahrheit halten. Versuche, auch die unangenehmsten Dinge aufs Papier zu bringen, nur dann hat das Buch einen Wert.«

Ich schätze mich glücklich, so einen wertvollen Freund gefunden zu haben.

Gespräche mit meinem Vater

Mein Vater erzählte mir:

Als ich in das Krankenhaus nach Beuthen kam, brachte man mich in die Baderäume. Dort saß ich unter all den verwundeten russischen Soldaten und schaute den Mädchen zu, die die Männer wuschen. Ein Aufseher sorgte für Ordnung, er gab Anweisungen und schützte die Mädchen, wenn die Soldaten zudringlich wurden.

Die Mädchen arbeiteten schnell und routinemäßig. Einige sprachen ein paar Wörter Russisch. Ich beobachtete deine Mutter, sie war die Hübscheste von allen. Sie strahlte Menschlichkeit aus und war nicht so grob wie die anderen. Als ich an die Reihe kam, sagte sie in gebrochenem Russisch: »Sie sind dran.« Ich antwortete: »Fräulein, mit mir können sie deutsch sprechen.« Sie machte große Augen vor Staunen. Ich war sehr verlegen, als sie mir helfen wollte. Ich schämte mich wegen meiner Nacktheit und Hilflosigkeit. Auf allen Vieren kroch ich von meiner Holzbank zur Badewanne und setzte mich auf den Schemel, von dem ich mich in die Wanne schwenkte. Ich wollte ihr beweisen, dass ich ein Mann war und kräftig genug, um mich alleine zu waschen. Sie trocknete mir den Rücken ab. Ihre

Berührungen waren angenehm und behutsam. Ich bat sie, mich auf der Station zu besuchen.

Am nächsten Tag stand sie vor meinem Bett: »Ich wollte mal nach Ihnen schauen.« »Setzen Sie sich doch ein wenig zu mir«, bat ich sie. Ich wollte sie unbedingt näher kennenlernen. Sie fragte mich, wo ich so gut Deutsch gelernt hätte, denn ich war der einzige Deutschsprechende unter all den russischen Soldaten. Ich hatte Angst, ihr zu sagen, dass ich Jude bin, denn schließlich wusste ich nicht, mit wem ich es zu tun hatte. Ich erzählte ihr, dass ich als Rumäne im russischen Militär diente. Mit der Zeit kamen wir uns näher, und eines Tages fasste ich Mut und erzählte ihr mein Leben. Sie war erschüttert.

Die russischen Ärzte waren Engel. Sie päppelten mich auf und fragten immer wieder, ob ich noch hungrig sei. Sie behandelten mich wie einen eigenen Bruder und erzählten mir von ihrer Heimat: »Komm mit uns nach Russland«, sagten sie. »Wir haben das größte und schönste Land der Welt, du wirst dich dort wohlfühlen.« Aber ich wollte nach meiner Familie suchen. Ich wusste nicht, ob meine Geschwister überlebt hatten, alles war ein großes Durcheinander, man konnte nichts erfahren.

Auf deine Mutter wollte ich nicht mehr verzichten. Ich wollte immer mit ihr zusammenbleiben. »Ich glaube an Gott«, sagte mein Vater. »Wir müssen an Gott glauben, er ist unser Schöpfer.« Aber im Lager hatte ich ihn immer wieder gefragt, warum er dieses Unrecht zuließ und so viele Menschen sterben mussten, nur weil sie Juden, Zigeuner oder Homosexuelle waren.

Die Nazis behandelten uns wie Ungeziefer, sie waren unmenschlich. Jeder hatte Angst, in der ersten Reihe zu stehen, denn sie schlugen grundlos auf uns ein. Wir waren so hungrig. Weißt du, wie weh Hunger tut? Wir aßen Suppe aus gefrorenen Kartoffelschalen und ein winziges Stück steinhartes Brot. Nachts träumte ich von Mamas Latkes (Kartoffelpuffer). Wir durften ihr immer beim Kartoffelreiben helfen. Und erst die köstlichen Chemsalach (Omelett mit gekochten, zerstampften Kartoffeln, geschlagenem Eiweiß und Matzemehl), die wir mit Zucker bestreuten. Der bloße Gedanke daran trieb mir Tränen in die Augen.

Als ich aus dem Lager kam, aß ich alles, ich wollte nur noch satt werden.

»Aber zu Pessach esse ich doch lieber Matze«, sagte mein Vater mit leicht verschämtem Lächeln.

Für ihn waren die Russen die besten Menschen der Welt: Die russische Armee befreite ihn aus dem Lager, die russischen Ärzte hegten und pflegten ihn, als er mit den vereiterten Beinstümpfen, abgemagert und hoch fiebernd, ins Krankenhaus gebracht wurde, und die russischen Ärzte waren es, die sich um seine ersten Prothesen bemühten.

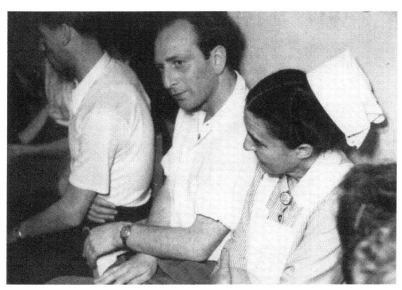

Mein vierundzwanzigjähriger Vater im Krankenhaus in Beuthen, neben ihm Krankenschwester Margarete

Ich betrachte eine Fotografie meines Vaters. Er sitzt auf einer Bank, neben ihm eine ältere Krankenschwester mit weißer Schwesternhaube. Seine Hände ruhen auf seinem Schoß, und am Handgelenk trägt er eine Armbanduhr, die ihm einer der Ärzte schenkte. Er schaut zufrieden drein und lächelt, denn er sieht meine Mutter an, die wieder Licht und

Hoffnung in sein Leben gebracht hatte. Dieses Foto schenkte ihm die mit ihm abgebildete Schwester. Auf die Rückseite schrieb sie die Widmung: »Lieber Leo, ein Andenken aus dem Krankenhaus in Beuthen, alles Gute für Ihr weiteres Leben. Ihre Margarete. Beuthen 1945.«

Der Zweite Weltkrieg hat Familien auseinandergerissen und andere zusammengeschweißt, die sich unter normalen Umstanden niemals begegnet wären. Sie wurden ihrer Jugend beraubt, Hunger, Angst und Horror begleiteten ihr Leben. Mein Vater konnte sich niemals mit seinem Schicksal abfinden, und je älter ich werde, desto schärfer erfasse ich das Ausmaß seines Leidens und seiner grausamen Erlebnisse.

Er sprach viel von seinen Geschwistern, seinen Freunden und seiner Heimatstadt Leipzig. Und stets hörte man einen Unterton der Sehnsucht heraus. Oft war er unbegründet eifersüchtig auf andere Männer, selbst wenn sie meine Mutter nur nach der Straße fragten: »Wer sind Sie und was wollen Sie?«, fuhr er sie an. Er war ein sehr konservativer Mensch, in seinen Ansichten, in seiner Weltanschauung und in seiner Kleidung. Er trug grundsätzlich dunkle Anzüge und dezent gestreifte Krawatten, niemals gemusterte, das nannte er Purim (Karneval).

Wie gerne würde ich meinem Vater heute zuhören. Ich hätte so viele Fragen. Warum floh er alleine nach Berlin? Warum schloss er sich nicht seinen Brüdern an, die mithilfe der Jugendorganisationen nach Palästina gelangten? Er wollte mit seinen religiösen Freunden auswandern und schaffte es nicht mehr.

In der Frankfurter Innenstadt befand sich die Hüttenbar. Dort traf ich mich mit Freunden zum Tanzen. Meine Mutter sagte jedes Mal: »Geld, Schlüssel, Taschentuch, hast du nichts vergessen?« Mein Vater sagte: »Du bist jetzt sechzehn Jahre alt, um zehn Uhr bist du zu Hause und keine Minute später.« Mit achtzehn Jahren durfte ich um zwölf Uhr nach Hause kommen. Wehe, wenn ich eine halbe Stunde zu spät kam, dann setzte es Ohrfeigen. Bevor ich ging, mahnte mich mein Vater: »Lass niemals dein Glas unbeachtet stehen, man könnte dir etwas hineinschütten. Wenn du im Dunkeln auf die Straße gehst, schau dich immer um, jemand könnte dich verfolgen.« Meine Mutter beschwichtigte dann: »Leo, lass doch deine Geschichten, Ruthi ist ein vernünftiges Mädchen.« Mein Vater brauste jedes Mal auf: »Und wenn ihr etwas passiert, Chuchem (Oberkluge)?« Diese Dialoge wiederholten sich Woche um Woche.

Unsere Wohnung befand sich über den Büroräumen des Friedhofs, und viele Bekannte und Freunde fragten mich: »Wie lebt es sich auf einem Friedhof?« »Wie überall, wir haben nette Nachbarn, hier wohnen der Steinmetz, der Buchhalter und einige italienische Familien. Die Straßenbahn hält direkt vorm Haus, bequemer kann man es gar nicht haben.« Mit den Taxifahrern war es am lustigsten. Wenn man einem Taxifahrer in den späteren Abendstunden sagte: »Bitte zum jüdischen Friedhof«, lautete die Antwort meistens: »In der Nacht auf den Friedhof? Was wollen Sie denn dort?« Ein Fahrer sagte einmal zu meiner Mutter: »Sie wohnen dort? Verarschen kann ich mich selbst.«

Mein Vater war sehr beliebt bei seinen Kollegen in der jüdischen Gemeinde, ganz besonders bei den weiblichen Angestellten, die ihn öfters zu ihren Kaffeekränzchen einluden. Er umarmte und küsste sie und machte ihnen Komplimente. Nur Frauen mit großem Busen machten ihm Angst, er nahm immer Abstand, sobald sie ihn an sich drücken wollten. Eine von ihnen war Traudi Müller, sie war jahrelang bei der jüdischen Gemeinde tätig. Wenn sie freudestrahlend auf ihn zusegelte, hob er beide Hände und sagte: »Müllerin, immer langsam.«

Mein Vater schenkte gerne und brachte uns öfters schicke Strickwaren mit, die er bei seinem Freund Alfred Weichselbaum kaufte. Wenn er meiner Mutter Unterwäsche mitbrachte, waren die Büstenhalter allerdings immer zwei Nummern zu klein.

Als meine Mutter zum jüdischen Glauben konvertieren wollte, war mein Vater strikt dagegen. »Nein, bleib, was du bist. Wenn sich die Verfolgungen wiederholen sollten, kannst du uns schützen«, sagte er. Aber als meine Mutter mit meinem Bruder schwanger wurde, setzte sie sich durch. Mit Unterstützung des damaligen Landesrabbiners Doktor Lichtigfeld trat sie zum Judentum über. Er machte es ihr nicht leicht. Er fragte sie: »Treten Sie aus voller Überzeugung zum jüdischen Glauben über?« Meine Mutter antwortete: »Ich tue es für meinen Mann und meine Kinder, um sie in eine Richtung zu erziehen.« Der Rabbiner sagte: »Wenn Sie es nicht aus Überzeugung tun, können Sie nicht übertreten.« Alfred Weichselbaum, der ein guter Freund von Doktor Lichtigfeld war, rief bei uns an und sagte zu meiner Mutter: »Warum diskutierst du mit dem Rebbe, sag endlich ja, du Dickschädel.« Meine Eltern heirateten nochmals unter der Chuppa (Baldachin) nach dem traditionellen jüdischen Gesetz, und wir gingen zusammen in die Mikwe (Tauchbad).

1954 fuhr mein Vater das erste Mal nach Israel. Er wollte endlich seine Mutter und seine Geschwister wiedersehen. Bei seiner Ankunft im Hafen von Haifa wurde er von Max und Mosche erwartet. Sie brachten ihn in den Kibbuz nach Sade Nahum, wo ihn die gesamte Familie stürmisch begrüßte. Endlich konnte seine Mutter ihn wieder in die Arme schließen. Für seinen Vater kam er zu spät, denn Opa war 1953 gestorben. An seinem Grab im Kibbuz Sade Nahum sagte er das Kaddisch (Totengebet). Er wohnte bei Max, und jeden Tag füllte sich das kleine Häuschen mit Besuchern.

Mein Vater erzählte:

Im Schafstall bei Mosche, in der Kinderküche bei Rita, überall wurde ich begrüßt. Die Kibbuznikim hatten ihre Probleme und sicher auch Meinungsverschiedenheiten, aber sie waren letzten Endes alle eine große Familie. Vielleicht hätte ich damals doch einwandern sollen, das kam mir jetzt zu Bewusstsein.

Isi besuchte uns mit seiner Frau Miriam und ihrem kleinen knuddeligen Baby Anat. Mein kleiner Bruder hatte nun auch eine Familie. Isi holte mich mit seinem Militärjeep ab und zeigte mir das Land. Das heiße Klima behagte mir nicht, ich konnte kaum laufen, denn meine Beinstümpfe schwollen an, und es bildeten sich schmerzende Druckstellen. Aber es war ein schönes Land, ich fand es sehr bedauerlich, dass die Konflikte mit den Arabern zu keiner Lösung kamen.

An den Abenden kam Mosche mit seiner Frau und den Kindern, Sally kam schon in den Morgenstunden mit ihrer großen Familie. Jetti kam mit Siegmund, und Tante Helene kam mit ihren Kindern und Enkelkindern aus Tivon. Max sorgte für Stühle, denn sein Häuschen war zu klein, um alle aufzunehmen. Ich schaute auf meine Nichten und Neffen, die auf der Wiese umhertollten, und dachte, wie gut es für sie war, in Israel aufzuwachsen.

Nach drei Wochen in Israel kehrte mein Vater nach Hause zurück. Meine Mutter öffnete ihm die Tür und sagte: »Du bist ja rot wie ein Krebs, ich dachte, du kommst braungebrannt wieder.« Mein Vater war leicht gekränkt und reagierte auch diesmal tief beleidigt. Eine ganze Woche lang sprach er nicht mit ihr, bis meine Mutter sagte: »Nu Leibisch (Kosename für Leo), immer noch beleidigt?« Sie umarmte und küsste ihn und die Sache war vergessen.

Im Alter von vierzig Jahren bekam mein Vater seinen ersten Schlaganfall. Danach folgten Herzinfarkte und weitere Schlaganfälle. Seinen schwersten erlitt er kurz vor der Bar-Mizwa meines Bruders. Die Folge waren Durchblutungsstörungen und eine Taubheit der rechten Körperhälfte. Meine Mutter musste ihm beim An- und Auskleiden helfen.

Wir hatten viel Familienbesuch. Jahr für Jahr kamen Tanten, Cousinen, Cousins und Nichten aus Israel und wohnten bei uns. Als Erste kamen Tante Jetti und ihr Mann Siegmund. Mein Vater, der aus einer religiösen Familie stammte und Rabbiner hatte werden wollen, legte keinen Wert mehr auf koscheres Essen. Der Krieg hatte ihn verändert. Doch als seine älteste Schwester Jetti und Onkel Siegmund einen Monat lang bei uns verweilten, kauften wir nur koscheres Fleisch und sorgten für getrenntes Geschirr. Sie sollten sich bei uns zu Hause fühlen. Nach drei Wochen fragte mein damals achtjähriger Bruder, wie lange sie noch bei uns zu bleiben gedächten. Jetti fragte zurück: »Warum willst du das wissen, mein Junge?« Da antwortete mein Bruder treuherzig: »Weil ich wieder einmal Wurst von unserem Fleischer an der Ecke essen will.« Meine asthmakranke Tante Jetti bekam einen solchen Lachanfall, dass sie in Atemnot geriet und uns damit einen gewaltigen Schrecken einjagte. Sie starb am 18. Januar 1966. Ihr Grab befindet sich auf dem Tel Aviver Friedhof Kiriat Schaul.

Vor sechsundvierzig Jahren besuchte ich die Frauenfachschule und erlernte den Friseurberuf, nebenbei machte ich einen Mannequinkurs und übte später beides aus. Ich hatte jüdische und christliche Gesellschaft und wurde nie direkt mit Antisemitismus konfrontiert. Doch natürlich hörte ich gelegentlich gewisse Bemerkungen, zum Beispiel, dass mit dem Gerede über die Hitlerzeit endlich einmal Schluss sein müsste. Oder dass ein neuer Hitler an die Regierung gehörte, damit die Jugend mehr Disziplin lerne. Auch die Wiedergutmachungsgelder waren ein Thema. Ich hatte immer den Eindruck, dass man in meiner Anwesenheit nicht gern über die Juden sprach. Man sah mich von der Seite an und verstummte, und ich fühlte mich als Außenseiterin. Ich war eben anders.

Ich hatte immer den Wunsch, nach Israel zu fahren, und zum fünfzehnten Geburtstag schenkten mir meine Eltern eine vierwöchige Reise nach Israel.

Erste Reise nach Israel

Die Frankfurter jüdische Gemeinde organisierte eine Gruppenreise nach Israel, und mein Vater meldete mich an. Von diesem Moment an war ich mit Reisevorbereitungen beschäftigt, mit Impfungen, Reisepass, Einkäufen und den Treffen mit meiner Gruppe. Ich fieberte der Abreise entgegen. Mitte Juli 1963 war es soweit. Ich genoss meine erste Schiffsreise. Jeden Tag besprachen wir unser Programm mit unseren Gruppenleitern. Wir würden das ganze Land kennenlernen.

Nach sechs Tagen legte das Schiff im Hafen von Haifa an, und als wir von Bord gingen, wartete ich mit Spannung und Neugierde auf das Zusammentreffen mit meiner Familie. Ich schloss die Augen, atmete die salzige Mittelmeerluft und die fremdartigen, würzigen Gerüche begierig ein. Würde ich meine Angehörigen, von denen ich bislang nur Fotos gesehen hatte, erkennen?

Im Hafengebäude umfingen mich lautes Treiben und Sprachengewirr. Ich bahnte mir einen Weg zwischen den eilig hin und her eilenden Gepäckträgern und erblickte hinter der Absperrung meinen Onkel Max mit dem roten Halstuch, das wir als Erkennungszeichen ausgemacht hatten. Diesen Augenblick werde ich nie vergessen! Onkel Max, der mich das letzte Mal 1949 als Baby in Leipzig gesehen hatte, stand hinter der Absperre, und seine blauen Augen schwammen in Tränen. Er umarmte mich immer wieder und sagte: »Meine kleine Ruthi.« Neben ihm standen seine Frau Rita, die neunjährige Miri, Tante Sally, Onkel Mosche, Tante Ester, Cousins und Cousinen. Alle waren nach Haifa gekommen, um mich zu begrüßen. In Frankfurt hatte ich Onkel Isi, Tante Miriam und meine kleine Cousine Anat, nun stand ich inmitten meiner großen Familie. Es rührte mich sehr. Ich versprach, sie alle in meiner freien Zeit zu besuchen.

Mit der Gruppe fuhren wir durch das ganze Land, übernachteten in den Gästehäusern der Kibbuzim und verweilten an den Wochenenden bei unseren Angehörigen.

Tante Sally besaß eine Freikarte für alle Autobusfahrten und besuchte mich öfters in den Kibbuzim. Sie brachte immer Essen mit, das sie in einem Korb bei sich trug. Dass wir ausgiebig verköstigt wurden, nahm sie mir nicht ab. »Du musst essen, Kind, du bist viel zu dünn.« Trotz größter Sommerhitze trug sie immer eine Strickjacke.

Onkel Mosche und Tante Ester holten mich zu einem Ausflug ab, und ich lernte meine Cousine Michal und meinen Cousin Eli kennen. Ein Wochenende verbrachte ich in Tel Aviv bei Tante Sally. Meine Cousine Zipora zeigte mir das Tel Aviver Nachtleben und machte mich mit vielen jungen Leuten bekannt. Ein zweites Wochenende verbrachte ich in Haifa bei Onkel Max, Tante Rita und ihrer Tochter Miri. Und ich lernte meine Großmutter Emma Rachel kennen. Ich umarmte meine kleine, schon halb erblindete Oma und küsste ihr faltiges Gesicht. »Ruthile«, sagte sie, »setz dich zu mir und erzähl mir. Wie ist das Leben in Deutschland und wie gefällt es dir in Israel?« Dann begann Oma zu erzählen, sie sprach von ihren umgekommenen Kindern, Schwiegertöchtern und Enkeln. Sie erzählte und weinte, zog ihren Wollschal fester um die Schultern und wiegte den Kopf hin und her. »Herschale arbeitete fleißig, es ging uns gut. Wir hatten einen großen Bekanntenkreis. Unser Haus war immer voll von Besuchern. Familienbesuche und Geschäftsfreunde. Die Kinder verlebten eine unbeschwerte Zeit. Es war so schön in Leipzig – bis Hitler an die Macht kam. Ich werde es mir nie verzeihen, dass wir nicht schon in den frühen Dreißigerjahren wegfuhren. Aber wer konnte sich so etwas vorstellen, wir wollten es nicht glauben. Und dann war es zu spät. Meine armen Kinder.« Oma sagte: »Gott hat zwei Hände, mit der einen streichelt er und mit der zweiten schlägt er.«

Tante Rita servierte Abendessen, und meine Cousine Miri saß neben mir und hielt meine Hand. Bevor wir schlafen gingen, sagte Miri: »Ruthile, schlaf gut und steh gesund auf.« Dieser Satz war ein Ritus, der sich Abend für Abend zwischen Miri und Oma wiederholte. Oma sagte zu Miri: »Schlaf gut und steh gesund auf.« Miri: »Du auch, Omi.« Oma: »Ich wünsche dir süße Träume.« Miri: »Ich dir auch, Omi.« Oma: »Ich wünsche dir einen feinen Chussen (Bräutigam).« Miri: »Ich dir auch, Omi.« Oma lächelte und sagte: »Gott sei Dank, heute habe ich Naches (Freude) von meinen Enkelkindern.«

Max und Rita hüteten Miri überängstlich und ließen sie nur mit den

Nachbarskindern spielen. Wenn fremde Mädchen oder Jungen vorbeikamen und mit ihr sprechen wollten, musste sie im Garten bleiben und zusehen, wie Tante Rita die fremden Kinder davonjagte.

In meiner Erinnerung sehe ich Onkel Max, Tante Rita, Miri und meine Oma auf einer Holzbank vor ihrem kleinen Haus sitzen. Onkel Max schaute mich oft wehmütig an, umarmte und küsste mich. Er sprach mit einem leichten sächsischen Akzent und wollte alles über das Leben in Deutschland hören. Er erzählte mir Geschichten aus Leipzig, von seinem strengen Vater, dem Lebensmittelhändler Albanos und den grausamen Lehrern. »Hat dir dein Vater die Geschichte erzählt, wie ich mit der Axt über der Schulter zu den Lehrern ging? Ich hatte großes Mitleid mit meinen jüngeren Geschwistern. Ich war der Älteste und musste sie beschützen. Es war ein schönes Leben, bevor Hitler an die Macht kam. Meine Betty und unser Heinzel haben nicht überlebt. Ich kann ihr Grab nicht besuchen, weil es keins gibt. Auch meine Geschwister haben kein Grab. Trotzdem wollte ich all die Jahre noch einmal nach Leipzig fahren. Heute habe ich keine Lust mehr zu reisen, und es hat sich sicher vieles geändert. Schade, dass deine Eltern nicht auch nach Israel einwanderten, sie hätten sich hier einordnen können, und wir wären alle zusammen gewesen. Und für dich wäre es schön, wenn du hier leben würdest. Endlich haben wir Juden eine Heimat. Überleg es dir, du könntest gerne bei uns wohnen.«

Ich schloss ihn in mein Herz, doch an den beiden Wochenenden, die ich bei ihnen verbrachte, sah ich ihn nicht ein einziges Mal lachen. Er starb drei Jahre später an Herzversagen.

Als Kind hatte ich keine genaue Vorstellung von Israel. Für mich war es ein heißes, von Wüsten durchzogenes Land, in dem die Familie meines Vaters lebte. Je mehr ich sah, desto besser gefiel es mir, und ich mochte die ungezwungene, offene Art der Israelis und ihre Gastfreundschaft. Es gab so viel zu sehen, alles interessierte mich, und ich konnte mir gut vorstellen, dort zu leben. Vielleicht würden meine Eltern eines Tages ihren Lebensabend in Israel verbringen. Mit der Gruppe fuhren wir durch das ganze Land, ich war davon und von den Menschen und meiner großen Familie beeindruckt, ich fühlte mich zu Hause. Als wir nach vier Wochen die Heimreise antraten und das Schiff den Hafen von Haifa verließ, stand mein Entschluss fest: Ich wollte einmal in Israel leben.

Mein Leben in Israel

An meinem einundzwanzigsten Geburtstag eröffnete ich meinen Eltern, dass ich mich entschlossen hatte, nach Israel auszuwandern. Die Freude meines Vaters war unbeschreiblich, meine Mutter hingegen schwieg. Vielleicht dachte sie an ihre Eltern, die sie nie wiedersah, nachdem sie sich entschlossen hatte, ihren Weg mit meinem Vater zu gehen.

Mein Reisetermin rückte immer näher, und meine Familie begleitete mich zum Bahnhof. Wenn ich an das krampfhafte Lächeln meiner Mutter denke, die sich bemühte, nicht zu weinen, zieht sich mir heute noch das Herz zusammen. Ich hätte sie gerne in meiner Nähe, aber sie behauptet seit eh und je, dass man alte Bäume nicht verpflanzt. Der Zug brachte mich nach Marseille, wo ich das Schiff bestieg. Es war eine wunderschöne Reise mit vielen jungen Leuten an Bord. Viele kamen nach Israel, um Urlaub zu machen, und einige kamen so wie ich, als Einwanderer.

Am 30. März 1969 um sechs Uhr morgens legten wir im Hafen von Haifa an. Ich wollte mir diesen Augenblick nicht entgehen lassen, ich zog mich an und ging auf das Oberdeck. Ein leichter Morgennebel lag über dem Meer, und die ersten Sonnenstrahlen ließen das Wasser glitzern. Ich schaute auf die Meeresvögel, die das Schiff umkreisten. Sie schlugen kräftig mit ihren Flügeln, fast so, als wollten sie die Neuankömmlinge persönlich begrüßen. Ein Vogel landete auf der Reling, drehte sein Köpfchen zur Seite und schaute mich an. Plötzlich erhob er sich und flog auf den Hafen zu. Es war ein schöner Willkommensgruß. Ich hörte das Drosseln der Schiffsmotoren, der riesige Anker wurde herabgelassen, die Rufe der Mannschaft und ihrer am Ufer wartenden Kollegen schwirrten durch die Luft. Mein Gepäck stand neben mir, und ich wartete ungeduldig auf das Aussteigen. Diese Ankunft war eine andere als sechs Jahre zuvor, ich empfand nicht mehr die Neugierde und die Ungewissheit einer Fünfzehnjährigen, sondern eine tiefe Erfüllung und das Gefühl der Zugehörigkeit. Hier wollte ich mein Leben aufbauen und meine Kinder großziehen.

Mein Vater war vor mir nach Israel geflogen, um seine Mutter und Geschwister zu besuchen, obwohl ihm sein Arzt abgeraten hatte. Doch er ließ sich nicht beirren. »Ich muss fahren«, sagte er. Als ich ihn sah, erschrak ich. Er war sehr blass und atmete schwer, ich führte es auf die

Hitze zurück, denn es war ein extrem heißer Tag. Tante Rita sagte mir, dass sie ihm empfohlen hatte, mit Miri zu Hause zu bleiben, aber er wollte seine Ruthi unbedingt persönlich am Hafen in Empfang nehmen. In einem Taxi fuhren wir zu Tante Ritas Haus, in dem Onkel Max drei Jahre zuvor verstorben war. Meine Oma und Miri begrüßten mich herzlich. Wir hatten uns sechs Jahre lang nicht gesehen.

Jeden Tag kam unsere große Familie zu Besuch. Mein Vater erzählte allen, wie glücklich er sei, dass seine Tochter in Israel leben wollte. Wir feierten das Pessachfest gemeinsam, mein Vater hatte sich sichtlich erholt und war bester Laune. Wir lasen in der Hagada, die die Geschichte des Auszugs der Juden aus Ägypten erzählt. Nach dem Abendessen saßen wir zusammen, und ich erzählte meinem Vater von meinen Erlebnissen in Tel Aviv, wo ich das Wochenende verbracht hatte. Er wollte jede kleine Einzelheit wissen, wo ich wen getroffen hatte und ob ich wirklich in Israel bleiben wollte. Er sagte: »Weißt du, wie wichtig es für das jüdische Volk ist, einen eigenen Staat zu haben? Heute versteht jeder Jude auf der Welt, dass er eine Heimat hat. Wir wollten damals einwandern, aber letztlich hatte ich doch zu große Bedenken. 1948 war Israel noch eine halbe Wüste. Ich hatte Angst, in den Kibbuz zu gehen. Die Kibbuzim brauchten Landwirte, und was konnte ich ohne Beine zu dem Land beitragen? Was soll's, heute bist du hier, und du wirst dir dein Leben aufbauen und, so Gott will, eine Familie gründen. Du kannst dir nicht vorstellen, wie glücklich du mich mit deiner Entscheidung gemacht hast.« Tante Rita hantierte mit dem Geschirr in der Küche und rief: »Leibisch, noch ein Glas Tee?«

Plötzlich fiel mein Vater mit seinem Oberkörper auf den Tisch, er fing an zu röcheln und verlor das Bewusstsein. Ich versuchte ihn aufzurichten, und Tante Rita lief eilig aus dem Haus, um die Nachbarn zu Hilfe zu holen. Das kleine Häuschen war im Nu von der gesamten Nachbarschaft belegt. Jemand versuchte, ihn mit Herzmassage wiederzubeleben. Nach fünfzehn Minuten war ein Arzt zur Stelle. Er untersuchte meinen Vater und wandte sich dann an mich: »Es tut mir leid, ich kann nichts mehr tun.« Ich schaute ihn fassungslos an: »Was wollen Sie damit sagen?« »Ihr Vater ist tot«, sagte er und schaute mich mitleidig an.

Als die Männer von der Chewra Kadischa (Beerdigungsvereinigung) kamen und ihm die Prothesen auszogen, fasste mich Tante Rita um die

Schultern und sagte: »Komm Ruthi, schau nicht hin, geh zu Oma.« Ich ging zu meiner Oma, die auf dem Bett saß und weinte. Sie sagte: »Wenn ein Mensch geboren wird, kommt ein kleiner Vogel, der heißt Goral (Schicksal), und dieser begleitet uns ein Leben lang. Aber er hätte mich nehmen können, warum mein junges Kind?« Mein Vater war achtundvierzig Jahre alt, und er war das achte Kind, das sie verlor. Oma war eine weise Frau. (Sie starb acht Jahre später, mit achtundneunzig Jahren, vollständig erblindet, aber bei klarem Bewusstsein.) Die Männer von der Chewra Kadischa legten meinen Vater auf eine Bahre und trugen ihn zu dem wartenden Wagen. Schweren Herzens rief ich meine Mutter in Frankfurt an. Sie sagte nur: »Du großer Gott.«

Erst bei der Beerdigung, als man seinen weißumhüllten Körper ins Grab legte, kam mir zu Bewusstsein, dass ich meinen Vater nie wiedersehen würde. Er sah so klein aus ohne seine Beine, fast wie ein Kind, und in Gedanken sprach ich zu ihm: »Lieber Papi, du warst einmal ein behütetes Kind inmitten einer großen Familie und wurdest wegen deiner Religion brutal aus deinem Leben herausgerissen. Ich machte dich glücklich mit meinem Entschluss, nach Israel zu gehen, wo du selbst gern gelebt hättest. Heute findest du hier deine letzte Ruhe. Ich erinnere mich noch, wie ich auf deinem Rücken reiten durfte, und an unsere gemeinsamen Spaziergänge, bei denen du mir Geschichten aus deiner Kindheit erzähltest. Heute verstehe ich deine ewigen Warnungen und Verbote, die aus tiefer Sorge rührten. Ich höre noch deine nächtlichen Schreie, die deinen Schlaf begleiteten. Du konntest dich niemals mit deinem Schicksal abfinden, denn jeden Morgen wurdest du mit dem Anschnallen deiner Prothesen daran erinnert, dass du kein vollwertiger Mensch mehr warst. Wie gerne würde ich dir heute zuhören, ich hätte so viele Fragen. In meiner kindlichen Ungeduld hielt ich meine Ohren zu, wenn du reden musstest, weil es dich befreite. Deine Wutausbrüche habe ich dir schon lange verziehen. Denn Menschen wie du, die durch die Hölle gingen, können Erlebtes nicht einfach abstreifen wie ein überflüssiges Kleidungsstück. Du warst ein guter Vater, ich bin in Gedanken immer bei dir. Ruhe in Frieden.«

Nach dem Tod meines Vaters erzählte mir Onkel Mosche, dass mein Vater ihm kurz nach seiner Ankunft in Israel seinen Regenmantel, seine Strickjacke, zwei Hemden und eine Krawatte schenkte. Mosche wollte das Geschenk nicht annehmen, doch mein Vater bestand darauf mit der Begründung: »Ich brauche es nicht mehr.« Mosche war der Meinung, dass mein Vater seinen Tod vorausahnte und deshalb alles verschenkte. Ich stimmte ihm zu. Denn auch auf die Warnungen seines Hausarztes hatte mein Vater nicht hören wollen.

Nach der Beerdigung wollte ich mit meiner Mutter nach Frankfurt zurückkehren, doch sie ließ es nicht zu. »Bleib hier und lebe dein Leben, ich komme schon zurecht«, sagte sie. Mein Bruder war damals fünfzehn Jahre alt und ließ sich nicht davon abbringen, seiner großen Schwester zu folgen. Nach einem Eignungstest fuhr er nach Israel und wurde im Internat »Mossinson« in Petach Tikwa aufgenommen. Er wollte seine Freiheit genießen und war von der Sehnsucht besessen, schnell erwachsen zu werden. Er hatte Schwierigkeiten, sich in den Rahmen der Gesellschaft einzufügen, verweigerte das Lernen und verschwand aus dem Internat, ging am Meer spazieren und besuchte mich. Er klingelte an meiner Tür und sagte: »Ich habe Urlaub.« Er bereitete mir etliche Unannehmlichkeiten. Nicht selten wachte ich frühmorgens auf und entdeckte zwei schlafende Köpfe auf dem Sofa. Die Internatsverwaltung ließ ihn bei mir zu Hause suchen, und besorgte Mütter fragten nach ihren Töchtern.

Ich war immer um Worte verlegen, er ließ sich einfach nicht bändigen. Er war von Kind auf ein Dickkopf und versuchte grundsätzlich, seinen Willen durchzusetzen. Ich erinnere mich noch an eine Szene, als er nicht mehr zum Klavierunterricht gehen wollte. Zugegeben, Frau Zalevska war eine verschrobene alte Jungfer, die irgendwann aus Krakau nach Frankfurt gekommen war und die Parterrewohnung im Nebenhaus gemietet hatte. Entweder lag sie mit einem Nachbarn im Clinch, oder sie schrieb Beschwerdebriefe an die jüdische Gemeinde. Doch wenn sie ihre Klaviersonaten spielte, blieb jedermann stehen, um andächtig zu lauschen. Meine Eltern hatten sich in den Kopf gesetzt, dass mein kleiner, wilder, bockiger Bruder einen erfolgreichen Pianisten abgeben würde. Man müsse ihn nur fördern. Der kleinen, dürren, sommersprossigen Frau Zalevska war zweifellos nach der ersten Klavierstunde klar, dass sich mein Bruder niemals zu einem zweiten Wladyslaw Szpilman entwickeln würde. Wohl des Geldes wegen ließ sie ihn zweimal wöchentlich auf den Tasten klimpern. Mein Bruderherz sah dies als Zeitverschwendung an und wollte lieber ins Schwimmbad gehen. Gutes Zureden und die

Warnungen meines Vaters bewirkten genau das Gegenteil. Er riss das Küchenfenster auf, stellte sich auf die Fensterbank und drohte hinunterzuspringen, falls man ihn nicht aus der Folterkammer seiner Lehrerin entließe. Bleich vor Schreck ergaben sich meine Eltern in ihr Schicksal. Nun war mein Bruder in Israel, aber das Elternhaus fehlte ihm, und nach Beratungen mit unseren Verwandten und vielen Telefonaten holte ihn meine Mutter zurück nach Frankfurt – was sich nachträglich als die richtige Entscheidung erwies. Er studierte Ingenieurwissenschaft und wurde endlich erwachsen.

Seit 1990 ist mein kleiner, inzwischen großer Bruder mit der Brasilianerin Alda verheiratet. Sie haben drei Kinder, Lia, Alex und Vera, und leben in Frankfurt in der Nähe unserer Mutter. Durch Alda ist unsere Familie um ein Mehrfaches gewachsen. Ein Großteil ihrer Angehörigen lebt in Brasilien, aber sie hat auch viele Verwandte in Israel.

Am 13. August 2008 feierte mein Neffe Alex seine Bar-Mizwa an der Klagemauer in Jerusalem. Alex' zweiter Name lautet Leo, nach beiden verstorbenen Großvätern. Er trug seine Psalmen mit klarer Stimme vor, und wir waren sehr stolz auf ihn. Nach der Zeremonie ist es üblich, den Bar-Mizwa-Jungen mit Bonbons zu bewerfen. Und das tat die ganze Familie mit großem Vergnügen. Kaum war Alex mit seiner Lesung am Ende angelangt, da landeten sie schon auf seinem Kopf. Mein origineller Bruder meinte: »Ich habe extra harte Bonbons gekauft, damit sich Alex immer an seine Bar-Mizwa erinnert.«

Einige Tage später fand die Feier im Tel Aviver Festsaal »Recital« statt. Gäste aus Brasilien, Frankfurt und Nizza nahmen an der Party teil. Der israelische Sänger Eitan Masuri sorgte für Stimmung und Tanz, und zahlreiche Familienmitglieder hielten Ansprachen in Deutsch, Portugiesisch und Hebräisch. Aus gesundheitlichen Gründen konnten Wowo (portugiesisch für Oma) Halina aus Sao Paulo und Omi Rena aus Frankfurt nicht nach Israel kommen, aber die beiden Opas schauten sicher von oben zu.

In den frühen Morgenstunden fahre ich oft ans Meer, mache meinen Fußmarsch und wundere mich jedes Mal, wie viele Menschen sich schon um diese Zeit am Strand tummeln. Ich finde kaum einen freien Parkplatz. Alt und Jung walken, joggen oder sitzen in den Strandcafés und unterhalten sich. Ich schaue auf das Meer und genieße den Anblick jedes

Mal aufs Neue. Die exakte, gerade Linie des Horizonts, die wechselnden Blau- und Türkistöne des Wassers und das Anbranden der Wellen – all diese Eindrücke haben eine beruhigende Wirkung auf mich. Ich atme tief ein und beobachte die Zugvögel, die das Mittelmeer im Tiefflug überqueren.

Kinder bauen Burgen, Festungen und Gräben, suchen Muscheln und springen ins Wasser. Der schwitzende, braungebrannte Eisverkäufer geht den Strand entlang. An seinen Schultern baumeln die schweren Holzkisten. Er ist immer gutgelaunt und ruft: »Mi raza we lo kibel?« (»Wer wollte und bekam noch nichts?«) Die Leute lachen und kaufen Eis, er ist zweifellos der lustigste Eisverkäufer am Strand von Herzliya.

Ich genieße jeden Augenblick. Danach setze ich mich auf einen Liegestuhl und lasse den Sand zwischen den Fußzehen hindurchrieseln. Meine Gedanken schweifen zurück zu der Einundzwanzigjährigen, die aus Deutschland nach Israel kam, voller Euphorie und in der Hoffnung auf einen dauerhaften Frieden mit den arabischen Nachbarstaaten.

Nach dem Tod meines Vaters und der einmonatigen Trauerzeit fuhr ich nach Tel Aviv zu meiner Tante Sally. All ihre Kinder waren schon verheiratet, außer der jüngsten Tochter Zipora. »Du kannst bei mir wohnen, bis du dich eingeordnet hast«, sagte sie.

Ich fand eine Stelle als Friseurin in der Ben-Jehuda-Straße in einem Schickimicki-Salon. Journalistinnen, Schauspielerinnen, Businessfrauen und Mannequins zählten zu den Stammkundinnen. Ich lernte viele Menschen kennen und hatte bald einen Freundeskreis, in dem mir auch mein zukünftiger Mann Jitzchak begegnete.

Nach der Hochzeit lebten wir zunächst in einer gemieteten Wohnung, denn unsere eigene Wohnung war wegen laufender Bauarbeiten noch nicht beziehbar. Meine Schwiegermutter, die sich um mein Gesellschaftsleben sorgte, bat mich, ein aus Deutschland stammendes Ehepaar in der Nachbarschaft zu besuchen. Eine Frau in den Achtzigern öffnete mir zögernd die Tür und verstand zuerst überhaupt nicht, wer ich war und wer mich schickte. Sie machte mich mit ihrem Mann bekannt. »Mejischel, das ist die Schwiegertochter von Schimon und Lotti, setz dich Medale.« »Mejischel, setz den Scheinig (Wasserkessel) auf.« »Mejischel, gib ihr von den Kichelech (Keksen).« Mejischel servierte mir ein Glas Tee und steinharte Kekse. Die ältere Dame kümmerte sich um ihren grünen

Wellensittich, mit dem sie nur englisch sprach. Sie beugte sich über den Käfig und sagte ihm vor: »Darling, ring the bell«, und Mejischel saß auf dem Sofa, grinste und sang: »Oijojojojoja«, und klopfte sich auf die Knie. Ich verabschiedete mich baldmöglichst und suchte mir passendere Gesellschaft.

1971 gebar ich meine Tochter Schira, und 1973 kam mein Sohn Arie (hebräisch für Leo) zur Welt. In unserer Umgebung wohnten viele junge Ehepaare mit gleichaltrigen Kindern. So lernte ich Ruchale (Rachel) kennen. Unsere Kinder besuchten denselben Kindergarten und später dieselbe Schule. Wir waren Nachbarinnen und wurden Freundinnen. Unsere Freundschaft besteht bis zum heutigen Tag, ebenso die unserer Kinder.

Durch die Kinder wuchs unser Bekanntenkreis. An vielen Abenden traf man sich, und die Unterhaltungen führten immer wieder zum gleichen Thema, der Politik. Daran hat sich bis zum heutigen Tag nichts geändert.

Meine Schwiegermutter Lea (Lotti) Koren, geb. Zilinski, war gebürtige Kölnerin. 1934 emigrierte sie mit ihren Eltern und fünf Geschwistern nach Palästina. »Der Anfang war sehr schwer«, erzählte sie mir. »Mein Vater arbeitete in einem Möbelgeschäft und machte sich irgendwann selbständig. Unser Geschäft befand sich im Süden Tel Avivs, und wir arbeiteten alle mit. 1945 kamen die überlebenden Verwandten aus den Lagern und wohnten die erste Zeit bei uns, in unserer kleinen Wohnung. Mit der Zeit gewöhnten sich alle ein. Manche machten sich selbständig, andere arbeiteten bei den Behören. Ich arbeitete im Kaufhaus Chefziba, einem der ersten Kaufhäuser in Israel. Dort verkaufte ich Cremes, Nagellacke, Gesichtswasser, Puder, Lippenstifte und Parfums. Die Briten in ihren Uniformen und die eleganten Araber mit ihren Frauen kauften alles in Massen. Das Parfum ›Soir de Paris‹, das in leuchtendblauen Flaschen verkauft wurde, mussten wir dauernd nachbestellen. Ich wollte unbedingt arbeiten, aber mit vierzehn Jahren war ich noch zu jung. Man musste mindestens sechzehn sein, deshalb machte ich mich immer um zwei Jahre älter. Meine Brüder, um meine Sicherheit besorgt, holten mich jeden Abend von der Arbeit ab. Mit fünfzehn lernte ich Schimon kennen, er sah aus wie ein Spanier mit seinem dunkelbraunen Haarschopf und seiner dunklen Haut. Jeden Tag brachte er mir ein Sandwich mit geräucherter Truthahnbrust und einer sauren Gurke zur Arbeit. Nach einem halben Jahr machte er mich mit seinen Eltern bekannt. Seinen Vater schloss ich sofort in mein Herz, aber seine Mutter schaute mich finster an, ihre Augen sagten: ›Das ist *mein* Sohn.‹ Sie ließ mich ihre Abneigung ewig spüren.«

Mein Schwiegervater wurde in Berlin geboren, er war der einzige Sohn von Salla und Jehuda Korn. Die Israelis können Korn schwer aussprechen, und deswegen nennt man uns Koren. Immer wieder erzählte er mir, wie sehr er Berlin liebte und wie bitterlich er weinte, als er Deutschland mit seiner Familie verlassen musste. »Ich war damals fünfzehn Jahre alt, diesen Tag werde ich niemals vergessen. Es war 1935 an einem herrlichen Frühlingstag. Das Taxi fuhr Unter den Linden entlang. Ganz Berlin stand in einer Blütenpracht, ich konnte nicht aufhören zu weinen und bat: ›Mama, ich will nicht wegfahren, ich will in Berlin bleiben.‹ Mama sagte: ›Solln se verbrennen, die Nazis, mir furen nach Erez Isruel.‹ Ich war todunglücklich. In Israel fühlte ich mich zuerst sehr fremd, mir fehlte die Großstadt, und ich vermisste meine Freunde und mein schönes Zimmer. Aber sehr bald lernte ich viele junge Leute aus Deutschland kennen und hatte in kurzer Zeit einen großen jeckischen Freundeskreis. Ich lebte mich schnell ein, die Sehnsucht nach Berlin jedoch blieb immer in meinem Herzen.«

Mein Schwiegervater pflegte zu sagen: »Frankfurt kenne ich nicht, aber Berlin ist sicher eine schönere Stadt.« Bei meinen Schwiegereltern war ich als Schwiegertochter, die aus dem Jeckeland stammte, sehr willkommen.

Als mich die Großmutter meines Mannes zum ersten Mal sah, sagte sie: »Ruthi ist zu dünn, wenn sie achtzig bis neunzig Kilo wiegen würde, wäre sie eine Schönheit.« Das sagte sie auf Jiddisch, sie sprach eigentlich nur jiddisch und begann jeden Satz mit »Oi« oder »Oi wej«. Sie erzählte mir: »Als wir aus Polen nach Deutschland kamen, wurde unser Geld zu Gold, und als wir nach Israel kamen, verwandelte sich das Geld in Maranzen (Orangen).« Als sie mich am Tag der Hochzeit in meinem Brautkleid sah, sagte sie: »Oi, solln se platzen alle Soinim (Feinde).« Damit meinte sie die Neider der Familie.

Ihr Mann Jehuda war Ende der Fünfzigerjahre gestorben. Jeden Freitagabend kam Safta (Oma) Sally zum Abendessen. Sie zündete die

Schabbatlichter an und sagte die Segenssprüche, die sich wie ein Wehklagen anhörten. Aber nichts glich den Psalmen am Abend des Jom Kippur (Fest- und Versöhnungstag), wenn sich ihre Gebete anhörten wie das Heulen eines verwundeten Tieres. Meine Schwiegermutter sah mein verwundertes Gesicht und sagte nur: »Warte ab, du kennst sie noch nicht.« Mein Schwiegervater goss süßen Wein in den silbernen Kelch und stellte ihn neben sich auf den gedeckten Tisch. Jeder nahm ein Schlückchen, aber Safta Sally kippte den Rest mit einem großen Schluck herunter.

Mein Schwiegervater besaß einen der ersten Säle für Feierlichkeiten, und zwar in der Tel Aviver Innenstadt. Safta Sally arbeitete dort in der Küche mit, denn wenn sie nicht arbeiten konnte, war sie krank. Leider neigte sie zu hysterischen Anfällen. Der Chefkoch zitterte vor ihr, nachdem sie ihn einmal mit einem Messer bedroht hatte, weil er sich in die Zubereitung der gefillte Fisch einmischen wollte. »Es gibt nur einen Kaiser«, sagte sie und erhob drohend ihren gekrümmten Zeigefinger.

Sajid, ein junger Araber, der ebenfalls in der Küche arbeitete, las ihr jeden Wunsch von den Augen ab. Er begleitete sie nach Hause und nahm sie beim Überqueren der Straßen an die Hand. Er machte Einkäufe, erledigte Reparaturen und war ihr total ergeben. Er nannte sie Safta. Safta nannte ihn Saida. Safta liebte Sajid, und mein Schwiegervater entlohnte ihn großzügig.

Mein Mann Jitzchak und sein Bruder Dani litten häufig unter den Spannungen zwischen ihrer Mutter und Safta Sally. Dann musste sich ihr Vater als Schlichter bewähren. Safta wohnte die ersten zehn Jahre lang bei ihnen. Das Zusammenleben mit dieser dominanten Frau war nicht leicht. Sie schaltete den Ofen aus, um Strom zu sparen, oder ging barfuß durch die Wohnung, nachdem sie die trockene Haut ihrer Füße mit Vaseline eingerieben hatte. Ihre fettigen Fußabdrücke hinterließen Spuren, die meine Schwiegermutter in den Wahnsinn trieben. Die beiderseitige Abneigung zwischen meiner Schwiegermutter und Safta Sally schwebte ständig in der Luft. »Ich bin aus Eisen, dass ich das noch aushalte, sie wird uns alle überleben«, zischte meine Schwiegermutter manchmal durch die Zähne.

Safta Sally lag wegen einer Augenoperation im Krankenhaus. Meine Schwiegermutter brachte ihr Joghurt mit durchgesiebtem Quark, denn Safta mochte keine Klümpchen. Als der Hausarzt Doktor Dünner ins

Zimmer kam, sagte Safta, auf mich deutend: »Doktor Dünner, das ist die Schwiegertochter von meinem Sohn.« Und meine Schwiegermutter ärgerte sich wieder: »Hast du das gehört, ich existiere nicht für sie.«

An den großen Händen Saftas zeigten sich die Spuren schwerer Küchenarbeit, aber sie war immer ordentlich gekleidet und steckte ihre halblangen grauen Haare mit Klammern am Hinterkopf zusammen. Sie achtete sehr auf ihr Äußeres. Safta sparte mit Strom: »Zieht euch Jacken an, Strom kostet Geld.« Und beim Geschirrspülen sparte sie mit Spülseife. Aber wenn sie ihre Urenkel erblickte, stahlen sich liebevolle Züge in ihr Gesicht. Sie beschenkte sie mit Schokolade der Marke »Elite«, und ihre herrische, tiefe Stimme verwandelte sich und wurde weich.

Mir steckte sie manchen Geldschein zu mit den Worten: »Keuf dir Eppes.« Meine Schwiegermutter stand vor einem Rätsel. Mein Schwiegervater erzählte mir Geschichten aus den Fünfzigerjahren: In seinem Hochzeitssaal, dem »Ulame Gil«, wurden die Speisen für eine große Hochzeit zubereitet. Die gefilte Fisch verdarben in der großen Sommerhitze, weil die Kühlschränke in den Fünfzigerjahren nicht ausreichend waren und nicht genügend Eis vorhanden war. Nach der Trauung wurde das Essen ausgeteilt. Kurz danach fiel die Braut in Ohnmacht, und dem Bräutigam ging's in die Hosen. Viele Gäste erlitten ähnliche Symptome einer Fischvergiftung und wurden ins nächstliegende Krankenhaus eingeliefert. Da mein Schwiegervater sehr beliebt war, wurde keine Anklage gegen ihn erhoben. Er revanchierte sich mit einem großen Abendessen für alle Betroffenen.

Für meine Schwiegermutter war es eine Katastrophe, wenn ihre Enkel als Babys und Kleinkinder nicht essen wollten. Sie dachte sich die außergewöhnlichsten Systeme aus, um sie zum Essen zu bringen. Sie gab mir den vollen Teller mit einem kleinen Löffel, versteckte sich hinter der Tür mit einer Rolle Bindfaden, lugte hervor, rollte den Bindfaden auf und sang dazu »Rulle, Rulle, Rulle«. Ich fing an zu lachen, und sie sagte mit hochrotem Kopf: »Narrische Meud, lach nicht, schtip das Essen rein!« (»Albernes Mädchen, lach nicht, stopf ihnen das Essen rein!«) Und meine Kinder, fasziniert von ihrem Schauspiel, aßen tatsächlich.

Um meine Kinder war ich immer besorgt. Aber oft wurde ich ungeduldig, wenn sie nicht folgsam waren oder miteinander stritten. Ich schrie und teilte mitunter Schläge auf den Hintern aus, für die ich mich später schämte und mich entschuldigte. Nachts lag ich mit quälenden Selbstvorwürfen im Bett. Warum war ich so unbeherrscht? Hatte ich nicht selbst unter dem Jähzorn meines Vaters gelitten? Ich stand auf und küsste meine schlafenden Kinder und nahm mir immer wieder vor, sanftmütiger zu werden.

Wir fanden eine Babysitterin, die aus einer zehnköpfigen Familie aus dem Yemen stammte. Wenn Ilana keine Zeit hatte, schickte sie uns Tamar, danach Naomi und Ruth. Meine Kinder liebten diese Babysitter. Öfters kamen sie schon am Nachmittag, Ruchale brachte ihre Kinder zu mir, und ich konnte mit meiner Freundin in Ruhe einen Stadtbummel machen.

Zusammen mit unseren Freunden gingen wir auch gern ins Kino. Wer im letzten Moment Kinokarten haben wollte, erhielt sie bei jungen Männern, die neben den Kinos standen und sie unter der Hand verkauften. Um Mitternacht standen ältere Männer an den Straßenecken und verkauften heiße Maiskolben, die in großen Aluminiumkesseln schwammen. Gelegentlich kamen Stadtbeamte, die sie verscheuchten, doch sie wurden von den Menschen, die ihren Mais essen wollten, beschimpft: »Lasst die Menschen ein paar Groschen verdienen!«, schrieen sie. Nach dem Kino fuhren wir gruppenweise nach Jaffa zu dem Rumänen Nelu, der die besten mit Knoblauch gewürzten Steaks grillte. In den Morgenstunden fuhren Tender durch die Straßen, mit Lautsprechern, aus denen es hallte: »Alte Sachen, alte Sachen!« Junge Araber verkauften Wassermelonen von ihren Pferdewagen und schrieen: »Avatiach al ha Sakin!« Das bedeutet: »Melonen vom Messer!« – man kann auch halbe kaufen. Wer mag schon eine ganze große Melone nach Hause schleppen?

Meine Kinder hatten einen Saba (Opa) Schimon, Safta Lotti (Oma Lea), Safta Sally (die Urgroßmutter), und meine Mutter ist bis heute die Omi aus Frankfurt. Meine Tochter Schira fragte früher oft: »Wohnt die Omi im Flugzeug?«

Schira war zwei Jahre und mein Sohn Arie drei Monate alt, als am 6. Oktober 1973 um vierzehn Uhr die Sirenen losheulten. Am Yom Kippur, unserem höchsten Feiertag, an dem die meisten Menschen in den Synagogen sind und fasten. Alle liefen nach Hause. Niemand wusste, was passiert war, man stürzte sich auf Radio und Fernseher, die Telefone läuteten, und alle Militärbasen wurden in Eile mobilisiert. Wir wohnten damals nicht weit von der Tel Aviver Küstenstraße entfernt. Dort rasten jetzt Autos, Busse und Militärfahrzeuge entlang. Wir sahen, wie sich junge Männer von ihren Eltern verabschiedeten mit den Worten: »Ima, Aba, macht euch keine Sorgen.«

Das Ausmaß der Katastrophe hörten und sahen wir in den Medien. Die Syrer und Ägypter drangen mit Tausenden von Panzern vor, und wir begriffen, dass dies kein Blitzkrieg war. Ägypten und Syrien hatten gezielt diesen Feiertag für ihren Überraschungsangriff gewählt. Die USA standen uns mit ihrer lebenswichtigen Luftbrücke zur Seite, aber es wurde ein grausamer Kampf. Der Krieg dauerte drei Wochen. An die 2.700 israelische Soldaten fielen. Das Volk war erschüttert. Wie konnten sich zwei arabische Staaten auf einen massiven Krieg vorbereiten, ohne dass es auf unserer Seite bemerkt wurde? Wo war der Mossad, unser Geheimdienst? Das Volk erwartete eine Erklärung. Die Mobilmachung jenseits der Grenzen war als Manöver gedeutet worden. Die damalige Ministerpräsidentin Golda Meir und der Verteidigungsminister Mosche Dayan traten zurück. Tiefe Trauer erfüllte das Land. Zahlreiche Soldaten kamen als Invaliden von der Front zurück.

Im Gan Oranim (Tel Aviver Festsaal) wurde ein Abend zugunsten der Kriegsinvaliden veranstaltet. Diesen Abend werde ich immer in meiner Erinnerung behalten. Ich sah junge Männer, noch halbe Kinder, die Gliedmaßen verloren oder ihr Augenlicht eingebüßt hatten. Gesichter, die von Brandwunden entstellt waren. Das war die Bilanz des Krieges: Vernichtung und Zerstörung. Viele Künstler traten ehrenamtlich auf. Einer von ihnen, Gadi Yagil, trug seine besten Witze vor. Hinter der Bühne, nach der Vorstellung, weinte er. Ich ging früh nach Hause, es tat mir zu weh, und die Bilder verfolgten mich noch monatelang.

Israel brauchte Jahre zum wirtschaftlichen Wiederaufbau, und Jahre dauerte es auch, bis nach zähen Verhandlungen, die immer wieder abgebrochen wurden, Ägypten als erster arabischer Staat zu einem Friedensvertrag bereit war. Am 19. November 1977 saßen wir mit Freunden vor dem Fernseher und verfolgten mit freudiger Begeisterung die Ankunft des ägyptischen Staatspräsidenten Anwar al-Sadat. Zum ersten Mal erklang die ägyptische Nationalhymne auf israelischem Boden. Die Mehrheit der Israelis befürwortete es, zugunsten einer friedlichen Grenze auf die Halbinsel Sinai zu verzichten.

Die Stimmung in Israel war optimistisch, der ersehnte Frieden schien nah, er musste nur noch verwirklicht werden. Man hoffte, dass sich die übrigen arabischen Staaten anschließen würden. Als Sadat seine Rede in der Knesset hielt, waren die Straßen menschenleer. 1978 wurde Sadat bei einer Militärparade in Kairo von einem Mitglied des islamischen Dschihad erschossen. In Israel wurde sein Tod zutiefst bedauert. Ich hatte damals ein Gefühl, dass der Frieden wieder einmal in weite Ferne gerückt war.

Rom 1985

Von Freunden wurden wir zu einer Familienfeier nach Rom eingeladen. Das Fest fand in einem Schloss auf einem der Hügel statt, und der Luxus übertraf all meine Erwartungen. Wir wohnten in einem Hotel in der Via Veneto, in dem auch viele Araber logierten. Ich hätte mich gerne mit ihnen unterhalten, traute mich aber nicht.

Eines Morgens stieg eine junge Araberin mit einem kleinen Mädchen an der Hand zu mir in den Aufzug. Die Kleine lächelte mir zu, und ich lächelte zurück. Das ältere Mädchen fragte mich: »Where do you come from?« Als ich antwortete: »I am from Israel«, entstellte sich ihr Gesicht vor Hass. »From Israel?« Ich erschrak und sagte beruhigend: »One day we will be friends.« »Never ever«, schrie sie und zerrte das Kind hinter sich her aus dem Lift. Ich zitterte am ganzen Körper, nie in meinem Leben war ich mit derartigem Hass konfrontiert worden. Dieser Vorfall beschäftigt mich bis heute und stimmt mich stets auf Neue traurig.

Raketenangriffe auf Israel

1990 schauten wir mit gemischten Gefühlen auf Kuwait, den Golfstaat, der unerwartet von seinem Nachbarn Irak überfallen worden war. Saddam Hussein stellte die Bedingung, Israel müsse sich aus den besetzten Gebieten zurückziehen. Seine Forderungen wurden nicht erfüllt, und Saddam Hussein drohte mit Raketenangriffen auf Israel.

Damals arbeitete ich als Diamantensortiererin an der Börse in Ramat Gan. Ich erinnere mich noch an die Spannung, die in der Luft lag, denn die Hochhäuser der Diamantenbörse waren extrem gefährdet.

Flugzeugträger und Kriegsschiffe waren auf dem Weg zum Persischen Golf. Die Lage verschärfte sich zusehends. Die Regierung rief die Bevölkerung Israels auf, in jedem Haus einen Raum abzudichten. Gasmasken wurden verteilt, in kleinen Kartons mit starken Plastikriemen, an denen man sie über die Schulter hängen konnte. Sie enthielten auch eine Spritze mit einem Gegenmittel gegen Nervengas. Die Menschen gingen mit ihren Gasmasken über der Schulter zu den Arbeitsplätzen. Im ganzen Land wurden Abwehrraketen installiert. Die Meinungen waren geteilt. Viele glaubten, dass die Reichweite der irakischen Raketen zu gering wäre, als dass sie Israel hätten gefährden könnten. Trotzdem war die Stimmung angespannt.

Mitte Januar begann die Operation »Wüstensturm«. Amerikanische Kampfflieger bombardierten den Irak. Kurz darauf folgten die Raketenangriffe auf Israel, die zum Teil größere Schäden anrichteten.

Wir fuhren mit Freunden in ein Hotel in Jerusalem. Während unserer Abwesenheit wurde ein chemischer Filter im Bunker unseres Hauses angebracht. Danach fuhren wir zurück nach Tel Aviv. Wir schliefen in Trainingsanzügen, um so schnell wie möglich in den Bunker im Keller unseres Hauses gelangen zu können. Die Angriffe erfolgten nur in den Abendstunden. Bei jedem Alarm öffneten wir unsere Haustür, damit auch unsere Nachbarn in den Bunker kommen konnten.

Nachdem sich die Lage entschärft hatte und der Alltag wieder eingekehrt war, schenkte uns Pnina, unsere Nachbarin, eine Topfblume mit einer Karte, auf der sie sich für die Benutzung unseres Bunkers bedankte, und dem Bild einer kleinen Scud-Rakete, gemalt von ihrem Enkelsohn Oren. Vorerst hatte der Spuk ein Ende. Wann würde er sich wiederholen?

1993 brach eine Welle von Selbstmordattentaten über Israel herein. Junge Araber sprengten sich mit Sprengstoff, den sie in Gürteln am Körper trugen, in die Luft und rissen Hunderte von Menschen mit in den Tod. Sie stiegen in voll besetzte Autobusse oder verübten Anschläge in Einkaufszentren und Diskotheken. Israel reagierte mit Gegenschlägen, das Töten ging weiter, und unschuldige Menschen starben auf beiden Seiten.

Ich wuchs immer mehr mit meiner Wahlheimat zusammen, trotz des Terrorismus, der Überfälle, Bombenattentate und Mordanschläge, die das Leben in Israel bis heute bedrohen.

Am 4. November 1995 betrat Ministerpräsident Jitzchak Rabin die Tribüne vor der Stadtverwaltung in Tel Aviv. Etwa 200.000 Menschen nahmen an der Friedensdemonstration teil. Nach seiner ergreifenden Rede wurde er von einem rechtsradikalen Israeli erschossen. In Israel herrschten Trauer und Entsetzen. Warum mussten Staatsmänner wie Anwar al-Sadat und Jitzchak Rabin sterben? Weil sie sich für den Frieden einsetzten?

Am 13. März 1997 begab sich eine Schulklasse aus Beit Schemesch nach Naharayim, unweit der Grenze zu Jordanien. Es ist eine der friedlichsten Grenzen unseres Landes. Plötzlich eröffnete ein jordanischer Soldat das Feuer und tötete mit einer Salve sieben Schülerinnen. König Hussein von Jordanien kam in Begleitung seiner Tochter nach Israel, um den trauernden Familien kniend (nach jüdischer Tradition sitzen die Angehörigen Schiwa, d. h., sie hocken sieben Trauertage auf niedrigen Schemeln) sein Bedauern und persönliches Mitleid auszudrücken. In Israel fand diese menschliche Geste aufrichtige Anerkennung.

Die Selbstmordattentate nahmen kein Ende, sie kamen stets in Wellen. An einem sonnigen Tag im März 1997 saß Anat Winter-Rosen mit ihrem sechs Monate alten Baby in einem Tel Aviver Café, als sich ein Selbstmörder in die Luft sprengte. Die junge Mutter schützte ihr Kind mit dem eigenen Körper und wurde getötet. Das Kind überlebte. Die Zahnarztpraxis des Ehemannes lag nicht weit von der Unglücksstelle entfernt, er hörte die Explosion und bekam kurze Zeit danach die bittere Nachricht. In den Abendnachrichten sah man eine Polizistin, die ein weinendes blutbeflecktes Baby in den Armen hielt und nicht wusste, zu wem es gehörte. Vor einiger Zeit wurde dieses Kind, das mittlerweile zu einem hübschen Mädchen herangewachsen ist, im Fernsehen interviewt. Sie sagte, dass sie sich an nichts erinnern könne und es bedaure, dass ihre Mutter so jung sterben musste. Zwei weitere Menschen kamen bei dieser Attacke ums Leben. Achtundvierzig Personen erlitten Verletzungen. Diese Terrorangriffe werfen immer wieder Schatten auf unseren Alltag.

Ein mit fünf Kilogramm Sprengstoff beladener junger Araber betrat in der Pessachwoche 2002 ein Restaurant in Haifa. Eine Mutter saß mit ihren Kindern an einem der Tische und hielt nach dem Kellner Ausschau, den sie wegen Matzot in das danebengelegene Lebensmittelgeschäft geschickt hatte. Sie sah den nervös um sich blickenden Araber, erkannte die Gefahr und zerrte ihre Kinder geistesgegenwärtig unter den Tisch. Sie rettete ihren Kindern und sich selbst das Leben. Es gab viele Tote und Verletzte, Juden und Araber aus Wadi Nisnas, einer arabischen Stadt, die im unteren Teil Haifas liegt. Dem Fernsehreporter, der die trauernden Angehörigen und Nachbarn interviewte, wurde erzählt, dass Juden, Araber und Christen friedlich in harmonischer Nachbarschaft zusammen leben, sich gegenseitig besuchen und gemeinsam Familienfeste feiern.

Sogar die Feiertage Ramadan, Weihnachten und Channuka verbringen sie gemeinsam. Man kann friedlich miteinander leben. Die bildschöne, aus Wadi Nisnas stammende Araberin Rana Raslan wurde 1999 zu Israels Schönheitskönigin gewählt. Als man ihr die Krone aufsetzte, sagte sie unter Tränen: »Es ist nicht wichtig, ob ich Araberin oder Jüdin bin. Wir müssen der Welt beweisen, dass wir zusammen leben können, wir sind alle Menschen.«

22. Februar 2004: Um sieben Uhr stehe ich auf, trinke meinen Kaffee, befülle die Waschmaschine und koche das Mittagessen. Zwei Stunden später bin ich auf dem Weg zur Arbeit. Ich schalte das Radio an, um Nachrichten zu hören. Der Sprecher gibt durch, dass sich ein Selbstmörder in einem Autobus auf dem Weg nach Jerusalem in die Luft sprengte. Acht Tote, fünfundvierzig Verwundete. Die Moral im ganzen Land ist abermals auf dem Nullpunkt angelangt.

Immer wieder wurden Terroranschläge verübt. Am 1. November 2004 saß ich mit meiner Freundin Rale in einem Café, als mein Handy klingelte. Meine Tochter Dana fragt mich: »Ima, wo bist du? Eine Bombe explodierte auf dem Schuk Ha Carmel (Tel Aviver Markt), es gibt Tote und Verletzte.« So wie wir telefonierten in diesem Moment unzählige Israelis mit ihren Familienangehörigen.

Nach jedem Anschlag berichten die Zeitungen über die Schicksale der Opfer. Es gibt Familien, die in den Kriegen oder bei Attentaten schon mehrere Angehörige verloren haben.

Als Israel 1948 ein selbständiger Staat wurde, war der Jubel überschäumend, die Menschen jubelten und tanzten auf den Straßen. Doch die Freude war nicht von Dauer. Noch Jahrzehnte später beerdigen Menschen, die ihre Familien in den Lagern verloren, ihre Kinder und Enkelkinder, die den Kriegen und Anschlägen zum Opfer fallen.

In den frühen Morgenstunden zwischen fünf und sechs Uhr herrscht noch die Stille, die ich zum Schreiben benötige. Denn um sieben Uhr beginnen die Geräusche des Alltags. Das Öffnen der Fenster und Terrassentüren, das Klappern des Frühstücksgeschirrs und die Stimmen der Nachbarn verkünden einen neuen Tag. Eine Männerstimme von einem Balkon ist zu hören: »Ester, heute ist ein Chamsin angesagt, vergiss nicht, alle Fenster zu schließen und die Pflanzen erst in den Abendstunden zu gießen, damit sie sich vollsaugen können. Hast du meine braunen Schuhe gesehen?« Eine Kinderstimme kräht: »Ima, ich will Cornflakes mit Milch!« Von irgendwo her die Stimme eines Radiosprechers: Ein Selbstmordattentäter bestieg einen überfüllten Autobus in Jerusalem und zündete mehrere Kilogramm Sprengstoff, die er am Leib trug. Grausame Bilder steigen in meiner Phantasie auf, von schreienden, blutüberströmten Menschen, zerfetzten Leibern und brennenden Autobussen. Die Beerdigungen und die Bilder der trauernden Familien füllen die Zeitungen der nächsten Tage, und Israel holt zum Gegenschlag aus.

Wie soll es weitergehen? Unschuldige Menschen sterben auf unserer und auf der palästinensischen Seite. Was bringt es uns? Nichts, gar nichts. Es sät nur neuen Hass.

Meine Freundin Ilana gehörte jahrelang der Organisation »Touch of Peace« an, die von palästinensischen und israelischen Frauen gegründet wurde. Ilana erzählte: »Zwischen uns entwickelte sich eine herzliche Freundschaft. Wir luden uns gegenseitig ein, die Frauen schliefen in unseren Häusern und wir in ihren. Die Frauen kamen in zwei Autobussen. Wir eröffneten Basare, die Frauen verkauften ihre Handarbeiten und Delikatessen. Bei allen Veranstaltungen übernahm Ruth Dayan die Schirmherrschaft. Wir sprachen über Kultur, Kunst, Politik und Kindererziehung. Die palästinensischen Frauen sagten: ›Wir wollen unsere Kinder in Ruhe und Frieden großziehen und ein normales Leben führen.‹ Es war eine schöne Zeit der beiderseitigen Hoffnung, an die ich voller Trauer zurückdenke. Denn mit der Intifada brach der Kontakt ab.«

Am Tel Aviver Hafen sitzen die Menschen in Caféhäusern, es ist ein strahlend schöner Tag. Der Himmel ist wolkenlos, das Meer ruhig. Eine Idylle, ein Paradies, könnte man meinen, aber die Wirklichkeit sieht ganz anders aus.

Die Siedler wurden unter massivem Protest und mit Gewalt aus den besetzten Gebieten entfernt. Das israelische Militär zog sich aus Gaza zurück. Und was brachte es uns? Diese Frage stellen sich die Menschen, die tagtäglich von Raketen angegriffen werden.»Fünf- bis zehnmal täglich sind wir gezwungen, unsere Bunker aufzusuchen. Ist das ein Leben? Täglich gelangen Katjuschas und Qassam-Raketen in unsere Gebiete. Es sind selbstgebaute Raketen, die von jedem Standort abgefeuert werden können, weil sie keine Abschussrampe benötigen. Wir haben Todesopfer, zahlreiche Verwundete und erhebliche Sachschäden. Unsere Kinder sind traumatisiert und haben Angst einzuschlafen. Wir haben zehn bis fünfzehn Sekunden Zeit, uns in Sicherheit zu bringen. Zeigt uns noch ein Land, das mit Raketen angegriffen wird und sich nicht wehrt.«

Aus meinem Alltag

Ich gehe gern im südlichen Teil Tel Avivs spazieren und einkaufen. In den unzähligen Geschäften auf der belebten Herzel-Straße gibt es alles, was man zum Leben braucht. Überall herrscht lebhaftes Treiben, ein Kommen und Gehen, Autos bahnen sich hupend ihren Weg durch die engen Gassen, und wenn ich in die Levinzky-Straße einbiege, weht mir der Duft der Gewürzstände, der Trockenfrüchte, Burekas, Schawarma und der Backwaren entgegen. Dies ist das frühere, gemütliche Tel Aviv, in dem die alten Väter noch neben ihren Geschäften sitzen.

Auf dem Rückweg fahre ich durch die Rotschildallee mit den von Baron de Rotschild gespendeten Baumgruppen. Die Allee ist von restaurierten Häusern gesäumt, in denen sich in den letzten Jahren viele junge Menschen angesiedelt haben.

In den Abendstunden schließen die Geschäfte, und das Tel Aviver Nachtleben beginnt. Bis in die frühen Morgenstunden herrscht Betrieb. Discos, Restaurants, Bars, Eisdielen, Sandwichbars, Schawarma- und Falafelstände werden umlagert, die Pizzerien sind voll besetzt.

Eine der vielen Pizzerien befindet sich in der Ibn Gwirol-Straße. Auf einem weißroten Schild steht in großen Buchstaben »Ha Sowel« (»Der Leidende«). Avi, der Besitzer, ist ein Prachtexemplar, deswegen muss ich von ihm berichten. Meine Tochter machte mich mit ihm bekannt. Avi steht hinter der Theke in knielangen Khakihosen und einem weißen

T-Shirt. Seine Frau Tali knetet den Teig, rollt ihn aus und legt ihn auf das bemehlte Aluminiumblech. Sie begießt ihn mit Tomatensoße und bestreut ihn mit geriebenem Käse. Tali befördert eine Pizza nach der anderen in den Ofen, holt die fertigen heraus und schiebt sie ihrem Mann zu. »Der Leidende« hat tagsüber geschlossen. Avi beginnt um Mitternacht zu arbeiten und schließt erst in den frühen Morgenstunden. Er weiß alles und kennt jeden, denn seit siebenunddreißig Jahren schneidet er die Pizza, bestreut sie mit drei verschiedenen Gewürzen und belegt sie auf Wunsch mit hartgekochten Eiern.

Seine Kunden sind vorwiegend junge Leute, mit denen er ununterbrochen redet: »Was willst du, warme oder kalte, mit oder ohne Ei, geh zur Seite, lass andere auch essen.« Oder: »Ho, hier kommt der Wohlhabende, hast ein neues Auto gekauft, beklagst dich über meine Preise, und ich leide.« Oder er fragt: »Was willst du? Pizza?« Man könnte meinen, dass er etwas anderes hätte! Zwischen zwei und drei Uhr früh verliert er die Geduld: »Sag endlich, was du willst!«, faucht er die Leute an. »Schläfst du im Stehen?« Zu einem anderen: »Sewel (Mistkerl), du schuldest mir noch vom letzten Mal Geld, oh, wie ich leide.« Je später die Stunde, desto derber werden seine Flüche, die sich aber wohlgemerkt nur an die jungen Männer richten, die Mädchen bleiben verschont. Einen jungen Mann, der neben einem Mädchen steht, fordert er auf: »Bezahle, lad sie ein, du Geizhals!« Der erwidert: »Ich kenne das Mädchen überhaupt nicht!« Mitunter kommt seine Frau an die Reihe: »Jalla (vorwärts), du kommst nicht nach«, und sie antwortet: »Jalla sag zu deiner Schwester.« Die jungen Leute lieben ihn, Nacht für Nacht mampfen sie seine Pizza, lassen sich verfluchen und gehen lachend nach Hause.

Von den vierzig Jahren, die ich in Israel lebe, habe ich achtunddreißig in Tel Aviv verbracht. Vor zwei Jahren zog ich nach Herzliya, 1924 gegründet und nach Theodor Herzl, dem Begründer des Zionismus, benannt. In der Stadt Herzliya und der Villengegend Herzliya Pituach leben etwa 84.000 Einwohner. Sie liegt fünfzehn Kilometer nördlich von Tel Aviv.

Meine Wohnung befindet sich in einer kleinen Seitenstraße des Zentrums. Aus allen Fenstern habe ich eine grüne Aussicht, denn die Straßen sind von Bäumen gesäumt, die im Frühling in voller Blüte stehen. Eigentlich müsste es das grüne Herzliya heißen. Oft sitze ich auf meinem

Balkon und lausche dem Vogelgezwitscher. Das Erblühen der Palme, die an der Seite meines Balkons wächst, kann ich im Zeitlupentempo mitverfolgen. Aus einem grünen Konus quillt der große, gelblich-weiße Blütenstand. Es gleicht einer Geburt. Zwei- bis dreimal im Jahr blüht meine Palme. Ich nenne sie meine, denn ihre Zweige wachsen in meinen Balkon hinein.

Auf der Hauptstraße reihen sich die Geschäfte aneinander. In der Konditorei Nisso gibt es Kuchen, Kekse, Burekas, Gemüseaufläufe, Brötchen verschiedener Sorten und das beste Brot, das ich jemals gegessen habe. Nisso erzählte mir, dass er sein Fach in Dresden und Frankreich erlernte und 1990 in Köln den Preis der Backkunst gewann.

Ich liebe den Sonnenaufgang und noch mehr den Sonnenuntergang. Von meinem Schlafzimmerfenster aus kann ich bis zum Meer blicken. Oft sehe ich zu, wie sich die Sonne in eine tieforangefarbene Kugel verwandelt, die dann binnen fünfzehn Minuten am Horizont verschwindet. Wenn sie ins Meer eintaucht, sagen die Mütter zu ihren kleinen Kindern: »Schaut, wie die Sonne schlafen geht.«

An den Sommerabenden sind die Cafés und Restaurants am Strand voll besetzt. Man trifft sich mit Freunden, doch manch einer sitzt auch allein, döst vor sich hin und lässt den Tag ausklingen. Das Meer erfrischt und beruhigt. Es erfüllt uns mit neuer Energie und lässt uns besser einschlafen.

Freunde

Ich sitze gerne alleine in Caféhäusern und schreibe. Ich genieße die Atmosphäre, die Musik und die plaudernden Menschen um mich herum. Sie inspirieren mich.

Am Nebentisch sitzt eine junge Frau mit drei kleinen Kindern. Sie essen Eis und kichern über eine Katze, die sich immer wieder unter den Tisch schleicht. Israel ist ein sehr kinderliebes Land, und Kinderlärm stört niemanden.

An einem anderen Tisch sitzt ein junges Paar. Die beiden tauschen verliebte Blicke und füttern sich gegenseitig mit Kuchen. Hinter mir höre ich laute Stimmen. Ein Herr und eine Dame, beide nicht mehr ganz jung, führen eine leidenschaftliche Diskussion. Israelis haben keine Hemmungen, laut zu sprechen. Wer zuhören will, soll eben zuhören. Es gibt wichtigere Dinge, um die man sich Gedanken macht, zum Beispiel unsere Sicherheit.

An den Eingängen öffentlicher Gebäude, Cafés, Restaurants und Einkaufszentren stehen Wachleute, die jede Tasche kontrollieren. Im Ausland ist es mir des Öfteren passiert, dass ich geistesabwesend meine Handtasche vor Menschen öffnete, die zufällig am Eingang eines Kaufhauses standen und mich dann verdutzt ansahen. Einmal wäre Moni, der Mann meiner Freundin Friedel, am Eingang einer Ladengalerie beinahe verhaftet worden. Er war den Sicherheitsbeamten aufgefallen, weil er Kabel am Körper trug – ein Langzeit-EKG!

Meine Freundinnen treffen ein. Nach der Begrüßung sprechen wir über Politik, denn das ist praktisch immer das Hauptthema.

Ruchale sagt: »Um Frieden zu erlangen, müssen wir die Grenzen von 1967 wiederherstellen. Es kann so nicht weitergehen. Die Ägypter erhielten den Sinai, das brachte uns den Frieden ein. Glaubt mir, es gibt viele Palästinenser, die gegen jede Art von Gewalt sind, sie wollen den Frieden genauso wie wir. Sie leiden unter unserer Besatzung und unter der schlechten wirtschaftlichen Lage. Ich glaube, dass ein Abzug aus den besetzten Gebieten die Lage stabilisierten würde.«

Liat: »Da lebst du in einem großen Irrtum, sie wollen das ganze Land. Sie erkennen die Existenz Israels nicht an. Wenn wir den Golan an die Syrer zurückgeben, sind wir in einer strategisch schlechten Lage.«

Ruchale: »Das sind wir jetzt auch, vergiss nicht, heute gibt es Raketen.«

Liora sagt: »Meine Eltern stammen aus Russland, sie wanderten 1922 ein, um den Pogromen zu entkommen. Hier hassen uns die Araber, aber wir verteidigen unser Land und wissen, wofür wir kämpfen. Und zeigt mir mal ein Land auf der Welt, das mit Raketen angegriffen wird und sich nicht wehrt. Aber wenn wir uns wehren, werden wir als Mörder bezeichnet.«

Meine Kinder sind Sabres (in Israel Geborene, nach einer Kakteenfrucht benannt, innen süß und außen stachelig). Sie sagen: »Ima, hör auf, dich zu sorgen, genieße dein Leben und vergiss nicht, dass wir eine militärisch starke Nation sind. Kriege, Terrorangriffe und Naturkatastrophen gibt es auch in anderen Ländern.« Diese Meinung vertreten die meisten Angehörigen der jüngeren Generation.

Aber ich sorge mich trotz allem, und wenn ich die Nachrichten höre, erfasst mich manchmal eine tiefe Frustration. Soll es denn wirklich keine Lösung geben? Selbst nach den Weltkriegen haben sich die Nationen wieder verbündet! Doch solange ständig Raketen in Israel einschlagen, Menschen töten und materielle Schäden anrichten, ist an Frieden nicht zu denken.

Am 14. Mai 2008 feierte Israel seinen sechzigsten Unabhängigkeitstag (hebr. Jom Haazmaut). Sämtliche Straßen des Landes waren, wie immer am 14. Mai, mit blauweißen Fahnen geschmückt. Die Menschen strömten in die Parks, machten Picknicks, und jeder, jung und alt, genoss den Feiertag.

Vor dem Gebäude der Stadtverwaltung von Tel Aviv am Kikar Malche Israel (Platz der Könige) war eine Tribüne errichtet worden. Zwei kleine Kinder sangen dort oben ein Geburtstagslied für das Land Israel. Anschließend gab es ein grandioses Feuerwerk, begleitet von einer Lasershow und einem Konzert. Auf einer riesigen Leinwand war Ben Gurion zu sehen, der erste Ministerpräsident Israels, der sechzig Jahre zuvor unter dem Jubel der Menschen verkündet hatte: »Der Staat Israel ist gegründet.«

Auch 2008 waren Tausende auf den Straßen und wedelten mit den kleinen blauweißen Fahnen. In allen Städten gab es Feste und ein vielfältiges Angebot an künstlerischen Veranstaltungen. Die Feiern dauerten bis in die frühen Morgenstunden und ließen das Volk Israels für eine Nacht alle Bedenken und Sorgen vergessen. Ich habe die Feierlichkeiten im Fernsehen verfolgt. Sie stimmten mich traurig. Wann wird es hier Frieden geben? Ist er überhaupt möglich? Unser Land, umringt von arabischen Staaten, ist so klein, dass man seinen Namen auf dem Globus vergeblich sucht. Und dennoch konzentrieren sich hier Konflikte und Kriege.

Ich liebe dieses Land, das sonnige Klima, die herrlichen Landschaften im grünbewachsenen Norden, die trockenen Wüstengegenden mit ihren ockergelb und rötlich changierenden Tönen, das bergige Haifa, Tel Aviv, die quirlige Großstadt mit ihren unzähligen Restaurants, Einkaufszentren,

Wolkenkratzern und etwa 4.000 Bauhäusern, den Strand, gesäumt von Cafés. Die Ruinen Cesarias und das Meer mit seinen unablässig wechselnden Blautönen, die sich am Horizont zu einem tiefblauen Streifen verdichten und sich an stürmischen Wintertagen, wenn die Wellen hoch aufschäumen, grau einfärben.

Jerusalem ist die heiligste Stadt der drei Weltreligionen. Sie wurde während 3.000 Jahren wiederholt erobert, zerstört, zurückerobert und belagert. In der Stadt sind etwa dreißig Religionsgemeinschaften vertreten, die in fünfzehn verschiedenen Sprachen beten.

Wenn man die an der Klagemauer betenden Juden hört und den Muezzin, der die Moslems fünfmal täglich zum Gebet aufruft, und die Kirchenglocken der Christen, könnte man meinen, dass diese drei Weltreligionen hier miteinander verschmelzen.

In Israel mischen sich Europa und der Orient, die feuchten, glühendheißen Sommer und die Chamsime (das arabische Wort bedeutet fünfzig und bezeichnet den heißen, trockenen Wind, der aus der Wüste Sahara kommt – nach ägyptischem Volksglauben bis zu fünfzigmal im Jahr). Der feine, gelbe Sand dringt in alle Ritzen der Häuser.

Lautstarke Diskussionen, keiner lässt den anderen ausreden, die Unpünktlichkeit, jeder kommt zu spät. Die Autofahrer hupen schon, wenn die Ampeln noch auf Orange stehen, die Ungeduld in den Warteschlangen – das ist der Durchschnittsisraeli, ein ungeschliffener Diamant. Aber wen wundert es, dass die Menschen gestresst sind? Wir leben hier in einer ewigen Spannung.

Doch wenn jemand in Not gerät, wird er immer auf hilfsbereite Menschen treffen. Jede Spendenkampagne zeigt uns, wie warmherzig das Volk sein kann. Während des letzten Krieges gegen die Hisbollah im Libanon flohen die im Norden Lebenden vor den Raketen ins Landesinnere, wo sie von vielen Familien herzlich aufgenommen wurden.

Hier lebe ich seit meinem einundzwanzigsten Lebensjahr, hier leben meine Kinder, meine Familie, meine guten Freunde, hier bin ich zu Hause, und ich wünsche mir wie alle Israelis Frieden. Zurzeit scheint er um Lichtjahre entfernt.

Am Jom Kippur (Fasten- und Versöhnungstag), unserem höchsten Feiertag, sind alle Geschäfte und Behörden geschlossen. Der Straßenlärm verstummt. Es gibt keine Radio- und Fernsehsendungen.

Der Himmel ist still ohne das sonst übliche Dröhnen startender und landender Flugzeuge. An diesem Tag gehe ich in die Synagoge zum Jiskor (Gedenkgebet für Verstorbene) und bete für die Seele meines Vaters, für all meine Verwandten, unsere gefallenen Soldaten und für die Opfer des Terrors.

Von Frankfurt nach Leipzig

Ich reise wieder einmal nach Frankfurt, um meine Familie zu besuchen. Als die El-Al-Maschine abhob, erblickte ich unter mir die Lichter von Tel Aviv. Sie sahen aus, als ob sie Ringelreihen tanzten. Die Abendröte war wunderschön, sie wechselte von orangerot zu dunkelblau, bevor sich eine tiefe Dunkelheit herabsenkte.

Im Flugzeug der El Al saß ich inmitten einer Gruppe Jugendlicher, die von einem Schüleraustausch in Israel nach Deutschland zurückkehrten. Sie erzählten, dass schon israelische Schüler bei ihnen weilten und sich viele Freundschaften entwickelt hätten. Ich hörte ihren Gesprächen zu. Israel hatte ihnen gut gefallen, vor allem von Cesaria und Jerusalem waren sie restlos begeistert. Und natürlich hatten sie sich ins Tel Aviver Nachtleben gestürzt – wer will denn auch bei einem solchen Angebot an Attraktionen schlafen gehen?

Die ersten Tage verbrachte ich, wie immer, bei meiner Mutter, die mir in Israel so sehr fehlt. Ich kann sie leider nicht überreden, Frankfurt zu verlassen und ihren Lebensabend in Tel Aviv zu verbringen. Sehr gern würde ich mit ihr in ihre Heimatstadt fahren, aber sie sagt stets: »Es ist alles so lange her, meine Geschwister sind mittlerweile gestorben, deren Kinder und Enkelkinder kennen mich nicht, außerdem sprechen sie nur polnisch. Als ich hätte fahren wollen, fehlten uns die Mittel, und heute fehlt mir die Kraft. Was ist Heimat? Heimat ist da, wo man sich zu Hause fühlt.«

Ich hatte diesmal eine Reise nach Leipzig, die Heimatstadt meines Vaters, eingeplant und bestieg am 3. November 2008 in Frankfurt den Zug, der drei Stunden später im Leipziger Hauptbahnhof, Gleis neun, ankam. Nach fünfundfünfzig Jahren war ich erstmals wieder in Leipzig. Viele Bahnhöfe ähneln sich mit ihren unzähligen Gleisen, ihren aufragenden

Eisenkonstruktionen und dem unverkennbaren Geruch nach Ruß. Doch der Leipziger Bahnhof ist für mich ein ganz besonderer: Um die Jahrhundertwende kamen meine Großeltern dorthin. Dort verabschiedeten sich in den Dreißigerjahren Tausende jüdischer Familien von ihren Freunden und Angehörigen. Auch meine Großeltern nahmen in dieser Halle weinend von ihren Kindern, Enkelkindern, Schwiegertöchtern und Söhnen Abschied.

1947 trafen meine Eltern dort ein, mein Vater kam als Invalide zurück und wurde von Max, seinem großen Bruder, erwartet. Vom Leipziger Hauptbahnhof aus fuhr ich mit meinen Eltern nach Chemnitz, um Onkel Schloime und Tante Martel zu besuchen, und 1953 bestiegen wir ebenfalls dort den Zug, um in den Westen zu flüchten.

Ich trat aus dem Gebäude und ging zur Straßenbahnhaltestelle. Ich fragte eine Dame nach der Georg-Schwarz-Straße und hatte Glück, denn sie fuhr zufällig in die gleiche Richtung. In der Georg-Schwarz-Straße stieg ich aus und ging zur Nummer 95. Ich war überrascht, wie schmal die Straße war. Als Kind schien sie mir unendlich breit.

Nun stand ich vor unserem Haus und schaute nach oben zum ersten Stock. Früher war das Haus hellbraun gewesen, jetzt war es gräulich. Ich kämpfte mit mir: Sollte ich hinaufgehen und an die Tür klopfen? Fremde Menschen würden mir öffnen. Würden sie mich hereinbitten? Wäre unsere Wohnung nach einem halben Jahrhundert überhaupt noch wiederzuerkennen? Nein, ich wollte mir die Erinnerung an meine Kindheit nicht zerstören.

Ich ging auf und ab und schaute immer wieder hinauf zu dem Fenster im ersten Stock. Meine Gedanken schweiften zurück. Hier drückte ich mir die Nase am geschlossenen Fenster platt und zählte die Fahrräder und die Straßenbahnen. Und manchmal die Schneeflocken. Mein Vater rief jedes Mal: »Rena, sind alle Fenster verschlossen? Das Kind könnte auf dumme Gedanken kommen.«

Auf der anderen Straßenseite sah ich einen verwilderten Garten. Doch wo war mein Kindergarten? Daran konnte ich mich nicht mehr erinnern. Ich ging noch in den angrenzenden Straßen spazieren und versuchte, mir Erinnerungen ins Gedächtnis zurückzurufen, aber es ist zu lange her.

Mit dem Taxi fuhr ich in die Berliner Straße, um den jüdischen Friedhof zu besuchen. Der Taxifahrer sagte: »Lassen Sie sich Zeit, ich warte auf Sie.« Dichtes Laub bedeckte die Wege, das Friedhofsgebäude war geschlossen. Viele Grabsteine waren schon sehr verwittert und teilweise unleserlich. Der Friedhof stimmte mich sehr traurig. Es gab hier offenbar keine Überlebenden, die ihn hätten pflegen können.

Der Fahrer brachte mich zur Münzgasse 3, einer kurzen, gepflegten Straße mit restaurierten Häusern. Ich trat durch ein großes Tor und warf einen Blick in den Hinterhof. Hier hatte mein Vater Fußball und Verstecken gespielt, und irgendwo an der Ecke befand sich das Lebensmittelgeschäft von Herrn Albanos. Lothar, der Eisverkäufer, lockte Groß und Klein mit seiner Glocke an seinen Wagen.

Der trübe, graue Novembertag lud nicht gerade zu einem Spaziergang ein, aber ich habe diese Stunden trotz allem genossen. Ich empfand ein Gefühl der Trauer und zugleich eine tiefe Zufriedenheit. Ich hatte mir meinen Wunsch erfüllt.

Leipzig ist eine gemütliche Stadt. Ich liebe den Dialekt, die Bratkartoffeln, den Weihnachtsstollen und die Georg-Schwarz-Straße! Es ist die Stadt meiner Kinderjahre. Ich werde bestimmt noch einmal nach Leipzig fahren.

Sade Nahum

An einem Sommertag fuhr ich mit meiner Cousine Michal in den Kibbuz Sade Nahum. Bevor wir in die schnurgerade Straße einbogen, die nach Sade Nahum führt, sahen wir das braune Straßenschild mit der hebräischen und englischen Aufschrift »Sea Level 50«. Das Beit-Shean-Tal liegt fünfzig Meter unter dem Meeresspiegel!

Wir passierten das breite Eisentor und waren im Kibbuz. Gleich rechts, zwischen struppigen grünen Bäumen und Sträuchern verborgen, liegt wie ein alter, vergessener Park der Friedhof. Die meisten Grabsteine gleichen sich in Form und Farbe. Hier befindet sich das Grab meines Großvaters. Auf der hellen Marmorplatte steht in hebräischen Buchstaben B'R Zwi Jakob Freier gest. 1953. B'R bedeutet »Be Rebbe« (Sohn des Rabbiners).

Der Grabstein meines Großvaters Hersch Freier

Ich bedaure, dass ich niemals Gelegenheit hatte, ihn kennenzulernen. Wir hätten uns bestimmt gut verstanden. Er hätte mir Geschichten aus seiner Kindheit und über seine Familie erzählen können. Aber meine Cousine Deborah erinnert sich an Opa und berichtete: »Opa war groß und schlank und ein ruhiger Mensch. Er sprach nicht viel und rauchte sehr stark, was Oma immer störte, aber das scheint sein einziges Laster gewesen zu sein. Dafür hat Oma gern erzählt, durch sie haben wir viele interessante Geschichten aus Leipzig kennengelernt.«

Michal säuberte den Grabstein mit einem Wasserschlauch. Wir gingen über den kleinen Friedhof, Michal deutete auf einige Gräber und erzählte mir von den Familien, die sie als Kind kannte. Auf der linken Seite des Hauptweges liegen langgestreckte Gebäude. Michal sagte: »Dort waren früher die Schaf- und Kuhställe, und da drüben die Hühnerställe und Maschinenschuppen. Es herrschte reger Betrieb. Tender und Lastwagen verließen den Kibbuz mit Waren, Traktoren fuhren hin und her, bis in den späten Nachmittag hinein.«

Die Olivenbäume, die den Weg säumen, spendeten Schatten. Michal sagte: »Als wir hier lebten, gab es die Bäume noch nicht, es war unerträglich heiß. Zur Abkühlung schütteten wir uns Wasser über den Kopf. Außerdem war der gesamte Kibbuz damals mit dichtem Stacheldraht umgeben, denn die Araber verübten immer wieder Anschläge und versuchten, auf das Gelände vorzudringen.«

Zwischen den grünen Rasenflächen ducken sich kleine, gelbliche Häuser mit Wellblechdächern unter hohen Eukalyptusbäumen. Sie werden heute nicht mehr bewohnt, denn im Laufe der Jahre haben viele Mitglieder den Kibbuz verlassen und sich in den Städten angesiedelt. Vor etlichen neueren Häusern trafen wir junge Frauen, manche mit Kinderwagen. Von ihnen erfuhren wir, dass sie in der Stadt arbeiteten, aber im Kibbuz wohnten, weil ihnen das Leben hier besser gefiele: »Es ist nicht mit dem Stadtleben zu vergleichen.«

Michal zeigte mir das Haus von Oma und Opa, es stand alt und verlassen da. In das Haus gleich nebenan waren Max und Rita 1950 eingezogen. Michal zeigte mir den Speisesaal, die Bäckerei, die Wäscherei und das Haus, in dem sie aufgewachsen war. Nicht weit entfernt befand sich das Kinderhaus.

»Hier, an dieser Stelle«, sagte Michal und deutete auf eine Nische, »saß ich eines Vormittags mit meiner Freundin. Wir spielten und hatten die Zeit vergessen. Wir ahnten nicht, dass wir seit Stunden gesucht wurden, weil wir eigentlich im Kindergarten sein sollten. Als wir endlich dort ankamen, erblickte ich meinen Vater. Sein hochrotes Gesicht und seine Arbeitskleidung waren mit Schafswolle bedeckt. ›Wo warst du?‹, schrie er, und dann verpasste er mir eine Tracht Prügel. Mein geduldiger, liebevoller Vater, der mich noch nie geschlagen hatte, haute mir den Hintern voll. Seine ganze Angst und Sorge bekam ich zu spüren, aber ich hielt meine Tränen zurück, denn seine harte Strafe war gerecht.«

Wir gingen noch ein wenig spazieren, und ich schoss ein paar Fotos, bevor wir den Rückweg antraten.

1949 planten meine Eltern, nach Israel einzuwandern. Wir hätten sicher einen Platz im Kibbuz Sade Nahum gefunden und inmitten unserer großen Familie leben können. Mein Vater hätte im Büro und meine Mutter in der Küche oder auf der Krankenstation arbeiten können. Und mein Bruder und ich wären vielleicht Landwirte geworden, wer weiß? Wie sagte doch meine Großmutter? »Der kleine Vogel heißt Goral, er begleitet uns ein ganzes Leben.«

Ein Taxi brachte mich schließlich zum Tel Aviver Flughafen. In Frankfurt wartete meine Mutter schon auf mich. Der Wagen fuhr an einem ehemaligen Wasserturm vorbei. Hoch oben, über der Einfahrt nach Herzliya, steht die Statue Theodor Herzls, geschaffen von einem der bekanntesten Maler und Bildhauer Israels, Uri Lifshitz. Mit verschränkten Armen schaut Herzl auf uns herab.

In Gedanken sprach ich zu ihm: »Siehst du, dein Traum vom Judenstaat hat sich erfüllt. Wir sind in das Land unserer Väter zurückgekehrt. Aber es ist ein blutdurchtränktes Land. Blut fließt auf beiden Seiten, und wie soll es weitergehen für unsere Kinder und Enkelkinder? Werden wir eines Tages wieder in der Diaspora leben? Wir müssen alles versuchen, um mit unseren arabischen Nachbarn in Ruhe zusammen zu leben, und dürfen die Hoffnung niemals aufgeben.«

Der Taxifahrer schaltete das Radio ein. Ein Sprecher verlas die Morgennachrichten: »Israel wurde in den letzten achtundvierzig Stunden von hundert Qassam-Raketen getroffen.« Der Fahrer sagte: »Vernichten wollen sie uns, ins Meer treiben, Nasser wollte es, Saddam Hussein versuchte es, und der Iran droht uns. Die Pogrome, die Nazis, die Moslems, was wollen sie von uns? Sollen sie doch alle in die arabischen Staaten gehen zu ihren Brüdern.« Ich gab zu bedenken: »Das lässt sich leicht sagen, aber die Moslems leben seit Generationen hier, genauso wie wir.« »Aha«, knurrte er, »Sie sind wohl eine von den Linksradikalen, die alle eroberten Gebiete zurückgeben wollen?« »Ich bin weder links noch rechts eingestellt, ich rede als logisch denkender Mensch. Wir müssen einen Weg finden, miteinander oder wenigstens nebeneinander friedlich zu leben. Der Nahe Osten könnte ein Paradies sein. Wir könnten Handel mit unseren Nachbarn treiben, Waren importieren und exportieren, alle arabischen Staaten könnten davon profitieren und der Tourismus würde blühen. Und es gibt viele Palästinenser, die dasselbe denken.« Der Fahrer gestikulierte und wollte mir widersprechen, doch ich fiel ihm ins Wort: »Biegen Sie rechts ab, versäumen Sie nicht die Ausfahrt zum Flughafen.«

Psychosozial-Verlag

Anna Koellreuter (Hg.)
»Wie benimmt sich der Prof. Freud eigentlich?«

Tomas Böhm, Suzanne Kaplan
Rache

2009 · 317 Seiten · Broschur
ISBN 978-3-89806-897-0

2009 · 265 Seiten · Broschur
ISBN 978-3-89806-830-7

Eine junge Ärztin begibt sich 1921 zu Freud in Analyse. In einem Tagebuch hält sie fest, was sie bewegt. Inspiriert von diesen Aufzeichnungen machen sich PsychoanalytikerInnen und GeschichtsforscherInnen Gedanken zu Freud und seiner Arbeitsweise.

Dieser Fund »kommt für die Wissenschaftsgeschichte einer kleinen Sensation gleich. Es ist das Zusammentreffen von drei Faktoren, das dieses Tagebuch zu einem einzigartigen Dokument macht: Erstens handelt es sich hier um eine reine Patientenanalyse, im Unterschied zu einer Lehranalyse, zweitens fand sie vor Freuds Krebserkrankung statt, und drittens sind die Notizen anscheinend wörtlich notierte Niederschriften dessen, was im Behandlungszimmer gesagt wurde. […] Unter den bisher veröffentlichten Dokumenten gibt es keines, bei dem alle drei Kriterien zutreffen.«
Ernst Falzeder in: DIE ZEIT.

In diesem Buch wird Rache als primitive, destruktive Kraft beschrieben, die allen Individuen, Gruppen und Gesellschaften innewohnt – ein zerstörerisches Potenzial, das sich unter bestimmten Umständen mit Macht den Weg an die Oberfläche bahnt. Das Motiv der Rache findet sich in der psychologischen Verknüpfung von Vorurteilen, Verfolgung, Rassismus und Gewalt. Die Autoren liefern deutliche – und oftmals beunruhigende – Fallbeispiele aus dem Alltag unserer Zeit und stellen Theorien vor, die zum besseren Verstehen von Opfern und Tätern beitragen können. Sie sollen uns helfen, der Versuchung zu widerstehen, selbst Vergeltung zu üben.

Psychosozial-Verlag

Lu Seegers, Jürgen Reulecke (Hg.)
Die »Generation der Kriegskinder«

H. Shmuel Erlich, Mira Erlich-Ginor, Hermann Beland
Gestillt mit Tränen – Vergiftet mit Milch

2009 · 184 Seiten · Broschur
ISBN 978-3-89806-855-0

2009 · 212 Seiten · Broschur
ISBN 978-3-89806-765-2

Die »Kriegskindergeneration« steht in Deutschland seit Ende der 1990er Jahre und besonders seit dem 60. Jahrestag des Kriegsendes 2005 im Fokus der Öffentlichkeit. Die beiden Bücher der Journalistinnen Hilke Lorenz und Sabine Bode, die 2003 und 2004 erschienen, trugen dazu bei, eine neue Generation mediengerecht auszurufen.

Dieser Band beschäftigt sich mit den Hintergründen und den Mechanismen des »generation building« der »Kriegskindergeneration« und versucht aus der historischen Perspektive den ganz verschiedenen Erfahrungen, Sinnstiftungen und Deutungen sogenannter »Kriegskinder« nachzugehen.

Die Nazarethkonferenzen demonstrieren eine realistische Möglichkeit für die Zusammenarbeit von Deutschen und Israelis, bei der Erkenntnisse von unbewussten kollektiven Überzeugungen zugleich mit individuellen Identitätsveränderungen gewonnen werden können. Sie verfolgen nicht primär die Absicht der Schuldentlastung oder der Wiederannäherung der Völker, sondern konzentrieren alles Forschungsinteresse auf die beiden nationalen Gruppen, vertreten durch deutsche und israelische Psychoanalytiker und Psychotherapeuten. Als wirksamstes Mittel zur Erforschung kollektiver Verwicklungen des Einzelnen wurde die Gruppenbeziehungsmethode nach dem Tavistock-Leicester-Modell verwendet und bestätigt gefunden.

Thea Bauriedl, Astrid Brundke (Hg.)

Psychoanalyse in München – eine Spurensuche

Karen Brecht, Volker Friedrich, Ludger M. Hermanns, Isidor J. Kaminer, Dierk H. Juelich (Hg.)

»Hier geht das Leben auf eine sehr merkwürdige Weise weiter ...«

Zur Geschichte der Psychoanalyse in Deutschland

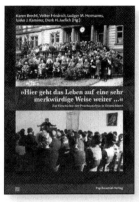

2008 · 385 Seiten · Broschur
ISBN 978-3-89806-849-9

2010 · 219 Seiten · Broschur
ISBN 978-3-8379-2096-3

Mitglieder der vier psychoanalytischen Institute in München machen sich auf die Suche nach den Spuren ihrer psychoanalytischen »Väter« und beleuchten politische Zusammenhänge in Deutschland am Beispiel München. Diese Suche führt sie zurück bis in die ersten Jahre des vergangenen Jahrhunderts. Sie beschreiben die ersten Bemühungen um eine Institutionalisierung der Psychoanalyse in München, die Zerstörung der Psychoanalyse in der NS-Zeit, die konfliktträchtige Aufarbeitung des NS-Erbes aus dem Berliner »Göringinstitut« und die mühsam erkämpfte Rückkehr zur Psychoanalyse nach dem Zweiten Weltkrieg.

Dieses Buch ist der neu aufgelegte Katalog zu einer Ausstellung zur Geschichte der Psychoanalyse in Deutschland, die anlässlich des 34. Kongresses der IPA (International Psychoanalytic Association) im Juli und August 1985 in Hamburg stattfand. Mit ca. 500 Abbildungen, zum großen Teil bis dahin unveröffentlichten Fotos, Dokumenten und Briefen, werden verschiedene Aspekte der Geschichte der Psychoanalyse in Deutschland beleuchtet; einer Geschichte, die besonders für die Zeit des Nationalsozialismus erst bruchstückhaft geschrieben worden ist und gerade für diesen Zeitabschnitt immer wieder zu Diskussionen und Kontroversen führt.

Psychosozial-Verlag

Sabina Spielrein
Sämtliche Schriften

Sabina Spielrein
Tagebuch und Briefe
Die Frau zwischen Jung und Freud

2008 · 389 Seiten · Broschur
ISBN 978-3-89806-880-2

2003 · 321 Seiten · Broschur
ISBN 978-3-89806-184-1

»»Die Destruktion als Ursache des Werdens« – mit diesem theoretischen Titel hatte Sabina Spielrein zugleich die positive autobiographische Formel wenigstens ihres Lebens gefunden. Auch ihre anderen Schriften lesen sich sowohl als Theorie wie als autobiographisches Dokument. [...] Es steigert nur den Wert dieser Lektüre und macht ihre Einzigartigkeit aus. [...] Ihre Schriften zeigen exemplarisch, wie die ehemalige Patientin als Therapeutin für ihre Patienten gerade aufgrund der fließenden Grenze zwischen ihnen hilfreich werden kann. Die Destruktion als Ursache des Werdens auch hier? Vielleicht. Auf jeden Fall die eigene Krankheit als Grund des Verstehens.«
Ludger Lütkehaus in der »Basler Zeitung«

Sabina Spielreins Tagebücher sind ein Dokument voller Poesie über ein Skandalon. Der Beginn der Psychoanalyse ist mit einem Missbrauch behaftet, den es anzuschauen statt zu verdrängen gilt. Spielreins Umgang mit diesem doppelten Verrat (Jungs wie auch Freuds), die Größe, mit der sie aus dieser Affaire hervorgeht, beeindrucken nicht zuletzt durch die liberale Haltung, die sie sich gegenüber beiden »Übervätern« bewahrt. Sie lässt sich auf keine der beiden Seiten der miteinander überworfenen Analytiker ziehen.

»Spielreins Tagebuch dokumentiert menschlich erschütternd eine unglückliche Liebe und einen überaus tapferen Kampf um Gesundung und um menschliche und wissenschaftliche Fruchtbarkeit.«
Ludger Lütkehaus in der »Basler Zeitung«

Walltorstr. 10 · 35390 Gießen · Tel. 0641-969978-18 · Fax 0641-969978-19
bestellung@psychosozial-verlag.de · www.psychosozial-verlag.de